KB235087

국보 제230호

송이영의 혼천시계

송이영의 혼천시계

국보 제230호

김상혁 지음

한국학술정보㈜

조선 사회에서 하늘의 움직임을 살펴 역법을 제정하고 하늘의 이치를 살펴 농사에 필요한 시(時)와 때(날짜)를 알려주는 것은 국왕이 실천해야 하는 가장 중요한 덕목 중의 하나였다. 세종시대에는 1432년부터 1438년까지 다양한 천문의기(天文儀器)가 제작되어 정밀한 천문 관측이 수행되었다. 이를 바탕으로 행성의 운동이나 복잡한 일·월식 계산을 할 수 있게 되었으며, 1442년에 『칠정산내편(七政算內篇)』을 완성할 수 있었다. 이러한 모든 활동이 집약되는 15세기 조선의 천문학은 당시 세계적 수준이었던 이슬람과 중국 원나라의 천문학과 동등한 위치에 오르게 되었다.

16세기 말, 관상감에서 운영하던 천문의기는 임진왜란(1592~1598)을 거치면서 대부분 파손되었다. 하지만 이러한 전쟁 직후의 국가 위기 상황에서도 세종시대의 천문과학기술을 복원하려는 정부의 노력이 있었다. 전쟁 이후의 천문의기 복원사업이 잘 드러나 있는 이항복(李恒福, 1556~1618)의 <중수의상서(重修儀象序)>(1602)에 따르면 가장 먼저 국가의 표준시간을 알려주는 물시계[漏器]와 천체를 관측하는 간의(簡儀)와 하늘의 별들을 천구의에 옮겨 놓은 혼상(渾象)을 중수(重修)하였다.[1] 이때 규표(圭表)나 혼천의(渾天儀) 등은 바로 만들지 못하여 좀 더 시간이 흐른 후에 제작하였다.

1600년대 중국에서 명·청(明淸) 왕조가 교체되고 당시에 사용하던 대통력(大統曆)을 대신하여 서양의 역법인 시헌력(時憲曆)을 사용하기 시작하면서 천문기기들에 대한 관심은 더욱 깊어졌다. 조선에서도 1654년부터 시헌력을 시행하면서 새

---

1) 『增補文獻備考』「象緯考」권3:1ㄱㄴ; 『국역증보문헌비고』「상위고」(세종대왕기념사업회, 1980), 161~162쪽.

로운 역법에 부합되는 천문 시계의 필요성이 대두되었다.[2]

1657년(효종 8) 최유지(崔攸之, 1603~1673)는 수격식(水激式) 혼천시계를 제작하였고, 이 혼천시계는 누국(漏局)에서 사용되었다.[3] 하지만 1664년(현종 5)에 개조할 곳이 생겨 이민철(李敏哲, 1631~1715)과 송이영(宋以穎)이 수리하였다.[4] 여전히 개량할 부분이 남아 있어 1669년(현종 10)에 이르러 이민철과 송이영은 각각 새로운 혼천시계를 만들었다.[5] 이민철은 세종시대 전통을 계승하고 발전시켜온 수격식 혼천시계를 제작하였고, 송이영은 서양식 자명종 원리를 이용한 추동식(錘動式)의 새로운 혼천시계를 제작하였다.[6] 이러한 혼천의는 실제 관측에 사용되지 않았고, 천체 운행 등에 대한 교육을 하는 데 사용되었다.

송이영이 1669년에 제작한 혼천시계는 동양의 혼천의 기술전통과 서양에서 발전한 추를 이용한 자명종의 동력을 결합시킨 독창적인 천문기기이다. 이 혼천시계는 현재까지도 세계시계사에서 아주 중요한 위치를 차지하고 있다. 이렇게 중요한 혼천시계가 현재 국보 제230호로 지정되어 고려대학교 박물관에 소장[7]되어 있다는 것은 한국을 비롯하여 세계의 과학기술사에 매우 다행스러운 일이다. 이 시계는 조선시대의 여러 혼천시계 중에서 유일하게 거의 완형으로 남아 있다. 이 외에 1700년대 제작된 것으로 알려져 있는 혼천시계의 해와 달의 운행을 나타내는 혼천의의 여러 환(環)만이 숭실대학교 한국기독교박물관에 소장되어 있을 뿐이다.

---

2) 全相運, 『韓國科學技術史』(정음사, 1994b), 86쪽.

3) 『增補文獻備考』 「象緯考」 권3:1ㄴ~2ㄱ.

4) 위의 책, 권3:2ㄱ.

5) 『顯宗改修實錄』 권21:55ㄱㄴ; 『增補文獻備考』 「象緯考」 권3:2ㄱㄴ.

6) 혼천시계(armillary clock)라는 명칭은 '혼천의(armillary sphere)'와 '시계장치(clockwork)'를 합성한 데에서 기인한다. 우리나라 옛 문헌에서는 혼천의(渾天儀)라고만 되어 있을 뿐이며 '혼천시계'라는 용어는 등장하지 않는다. 그러므로 수격식 혼천의(혼천시계)와 구분하여 '(西洋)自鳴鐘牙輪'의 용어로 혼천의를 수식하여 나타내었다. 또한 이러한 혼천의를 '自鳴鐘'이라고도 표현하였다. 이후 이 책을 기술함에 있어 서양의 자명종 톱니를 응용하여 만든 혼천의 시계를 '서양식 자명종 원리를 이용한 (추동식) 혼천시계' 또는 '송이영의 추동식 혼천시계' 또는 '송이영 혼천시계'로 명명하여 기술하도록 하겠다.

7) 진성운, 『한국과학사』(사이언스북스, 2000), 118~119쪽; 이 혼천시계는 인촌(仁村) 김성수(金性洙, 1891~1955)선생이 구입하여 고려대학교에 기증하여 현재에 이르고 있다.

그림 1. 국보 제230호 혼천시계 앞면(좌)과 뒷면(우)[8]

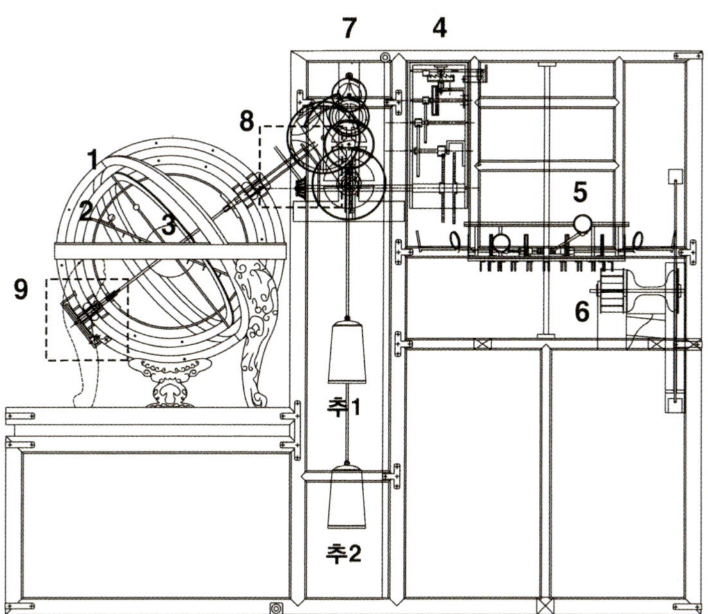

혼 천 의: 1. 육합의, 2. 삼신의, 3. 지구의
시계장치: 4. 시간지속장치(추 1을 포함), 5. 시간지시장치, 6. 구슬신호발생장치, 7. 타종장치(추 2를 포함)
동력연결: 8. 혼천의 북극쪽의 동력연결장치, 9. 혼천의 남극쪽의 동력연결장치

그림 2. 국보 제230호 혼천시계 구성도

---

8) Joseph Needham, Lu Gwei‒Djen, John H. Combridge, John S. Major, *The Hall of Heavenly Records: Korean astronomical instruments and clocks 1380∼1780*(Cambridge University Press, 1986), p.117, p.118; 이 사진들은 1960년대에 전상운이 촬영하여 콤브리지(John H. Combridge)에게 건네주었고, 이것이 이 책에 실리게 되었다. 혼천시계 뒷면은 타종장치와 시간지시장치, 그리고 2개의 추와 종이 잘 드러나 있다.

혼천시계 유물에는 우리나라 최초로 여기는 지구의 모델이 있고, 그 위에는 서양식 세계지도가 그려져 있어 여러 학자들의 지대한 관심을 끌기에 충분했다. 이 지구의가 관심을 끄는 이유는 여기에 표기된 지명과 세계지도의 형태가 1669년의 것인지에 대한 근본적인 질문으로부터 시작되었다. 일부에서는 지구의 구형모습과 세계지도는 후대에 제작한 것으로 보고 있으며 따라서 혼천시계의 제작시점을 1669년보다 후대로 보고 있는 견해도 있다.[9]

<그림 1>과 <그림 2>는 송이영 혼천시계의 사진과 구성도이다. 왼쪽에 위치한 혼천의의 일부 부품이 훼손되고, 오른쪽의 시계장치의 일부 부품이 파손되고 유실되어서 현재는 정상적으로 운행될 수가 없다. <그림 2>의 추 1은 시간지속장치에 매달려 있고, <그림 2>의 추 2는 뒷면에 위치한 타종장치에 매달려 있다. <그림 2>의 네모난 점선표시는 혼천의 북극쪽의 동력연결장치와 혼천의 남극쪽의 동력연결장치 위치를 나타낸 것이다.

이 책은 송이영의 혼천시계를 기술사적으로 조사하고 작동 메커니즘을 분석하여 작동 모델로 복원하는 내용을 담고 있다. 이를 위하여 필자는 각 부속장치를 분석하고, 동력발생과 천체운행 메커니즘, 시계작동 메커니즘을 규명하는 데 최선을 다하였다. 이 책의 종반부에서는 분석한 결과들을 설계도면으로 작성하고, 유기적인 시스템으로 연결하여, 새로운 작동 모델로 제시하였다.

메커니즘을 규명하고 복원하는 과정에는 전상운(1963)과 니덤 등(1986)의 연구에서 밝혀진 여러 결과들이 기계공학적인 구조를 이해하는 데 많이 도움이 되었다. 그러나 니덤 등이 제시한 구조도는 제작을 위한 설계도면은 아니었고, 대부분 메커니즘에 관련한 각 부품별 작동시스템에 관한 내용들이다.

니덤 등의 연구에서 제시된 여러 문제점을 숙지하면서 혼천시계의 작동 메커니즘 연구에서 구체적으로 풀어야 할 것을 몇 가지 제시하면 다음과 같다. 첫째, 구슬신호발생장치에 쇠구슬이 유실되었는데 이들의 크기와 무게, 개수를 밝혀내고자 한다. 둘째, 시간지시장치의 시간알림 창 아래 부분의 스프링장치를 비롯한

---

9) 오상학(2001)은 "조선시대의 세계지도와 세계인식"(서울대학교 대학원 박사학위논문)에서 지구의의 형태와 세계지도의 지명을 연구 검토하여 혼천시계의 제작시기를 19세기 초반이라고 밝힌 바 있고, 이에 대한 내용을 한국과학사학회 추계학술대회(2003)에서 발표한 바 있다(오상학, "조선 후기 지구의 제작과 활용: 고려대학교 박물관 소장 혼천시계의 지구의를 중심으로", 『한국과학사학회 추계학술대회』(2005), 22~27쪽).

시간지속장치와 구술신호발생장치의 작동원리에 대해서 밝혀내고자 한다. 셋째, 혼천의의 삼신의와 월운환의 회전비에 대한 메커니즘을 이해하고, 태양운행장치와 달운행장치에 대한 운행 메커니즘을 복원하고자 한다. 넷째, 타종장치의 타종 수기어의 역할과 감속장치 등, 타종 메커니즘을 밝히고자 한다. 다섯째, 혼천시계의 진자장치의 주기와 시계의 정밀도에 대하여 밝히고자 한다. 여섯째, 위에서 제시한 혼천시계 동력전달 메커니즘에 대한 전체적인 흐름도를 작성하고자 한다.

메커니즘을 연구하는 과정에는 유물에 담겨 있는 역사와 사회배경, 그리고 원천기술을 이해하는 것이 중요하다. 따라서 여러 문헌과 근래의 연구 자료들을 검토하여, 송이영의 생애와 천문활동의 내용과 시대 상황을 검토하고자 한다. 그리고 세종시대와 조선중기에 제작된 혼천시계들을 함께 비교 조사하고, 중국에서 발달해온 혼천의의 오랜 역사 중에서 중요한 관련 부분을 고찰하고자 한다. 아울러 이슬람과 서양에서 발달해 온 기계시계에 대해서도 관련부분을 조사하였다.

혼천시계는 1936년에 연희전문학교의 천문학 교수였던 루퍼스(W. C. Rufus)가 쓴 *Astronomy in Korea*(1936)[10]를 통해 세계에 알려지게 되었다. 그리고 본격적인 연구는 1960년에 미국 예일대학의 과학사 및 의학사학과 교수인 프라이스(D. J. Price)가 한국의 전상운(全相運)에게 조선시대의 천문시계에 대하여 조사 연구를 요청해 옴으로써 시작되었다. 프라이스는 니덤(J. Needham)과 왕링(Wang Ling)과 함께 *Heavenly Clockwork*(1960)에서 혼천시계에 대한 부품별 특징을 기술한 바 있다.[11]

이 당시 전상운은 혼천시계 유물과 문헌에 대한 면밀한 검토 작업을 진행하였다. 이를 위하여 『조선왕조실록(朝鮮王朝實錄)』, 『증보문헌비고(增補文獻備考)』, 『국조보감(國朝寶鑑)』, 『서운관지(書雲觀志)』, 『국조역상고(國朝曆象考)』 등을 통해 혼천시계에 대한 심도 있는 연구를 진행하였다.[12] 그는 조선 혼천의의 문헌을 연구하여 역사와 특징을 일목요연하게 정리하였고, 이 과정에서 혼천시계의 구조와

---

10) W. C. Rufus, "Astronomy in Korea," *Transactions of the Korea Branch of the Royal Asiatic Society,* 26(1936), pp.1〜52.

11) Joseph Needham, Wang Ling, D. J. de Solla Price, *Heavenly Clockwork: The Great Astronomical Clocks of Medieval China*(Cambridge University Press, 1960), pp.161〜163; 니덤 등(1960)은 혼천시계의 특징을 부품에 따른 각 항목별로 정리하였다.

12) 全相運, "璇璣玉衡(天文時計)에 對하여", 『古文化』2집(1963), 2〜10쪽; [재수록]: 전상운, 『한국과학사의 새로운 이해』(연세대학교 출판부, 1998), 553〜570쪽.

작동원리를 소개하였다. 전상운은 그의 논문인 "璇璣玉衡(天文時計)에 對하여(1963)"에서 혼천시계의 특징을 다음과 같이 요약하고 있다.

첫째, 1090년에 제작된 소송의 수격식(水激式) 천문시계의 전통을 이어 받아 1433년 세종대의 과학자들에 의하여 제작된 혼천의와 1631년 명(明)을 통하여 들어온 서양식 자명종의 원리와 특징을 잘 살려 시계장치의 동력을 '물'에서 '추(錘)'로 개량하고 지구의[13]를 두었다는 사실이다.
둘째, 혼천의에 의한 천체운행 관측을 주목적으로 제작[14]되었던 중국식 천문시계와 달리, 실내에 두어 정확한 시간을 측정하는 것을 주목적으로 제작된 천문시계로 혼천의의 회전에 의하여 천체의 위치를 알 수 있게 한 것이다.

전상운은 이와 같은 조사내용과 연구결과들로 니덤과 콤브리지(John H. Combridge) 등이 함께 저술한 한국의 고천문 유물에 대한 역작인 *The Hall of Heavenly Records*(1986)[15]를 완성시키는 데 적극적인 역할을 담당했다. 전상운(1963)의 연구에 이은 니덤 등(1986)의 연구는 실제 작동 메커니즘을 자세히 다루고 있다는 데 그 의의가 있다고 할 수 있겠다.

이상과 같은 연구 성과를 바탕으로 전상운은 고려대학교에 소장되고 있는 유물이 1669년 송이영(宋以穎)이 제작한 유물임을 최종 확인하였다. 이후 이 유물은 전상운과 여러 학자들의 노력에 의하여 1985년 국보 제230호에 지정되었다.[16]

1990년대 한국에서 혼천의에 대한 연구는 조선 중기의 수격식 혼천의와 조선 후기의 혼천의를 중심으로 진행되었다.[17] 한영호·남문현(1997)의 '조선조 중기

---

13) 기존 연구나 일반 서적에서 회전하는 지구의의 모습을 소개하고 있으나 본래 제작은 지동설을 염두해 두고 만들지 않았던 것으로 보인다. 혼천시계의 작동구조를 연구한 이용삼·이용복·김상혁, "국보230호 혼천시계 복원제작"(옛기술과문화, 2005) 보고서에 의하면 기계적 구성에 의한 1회전을 하도록 하는 장치는 없었으므로, '극축에 매달린 지구의'로 보는 것이 무난한 표현이라고 생각된다.

14) 남병철,『의기집설』상권「혼천의」<혼천의설>을 통해 중국 혼천의 기록을 살펴볼 때 혼천의의 제작은 한대(漢代)인 기원전 2세기경부터 시작되어 명말(明末)의 기록까지 12종 이상의 기술적 변화를 갖는 혼천의 기록이 전해진다. 혼천의(이때의 것은 '혼의'라고 표현하고 있으나 실제로는 '혼상'을 뜻하는 말임)를 천체의 운행과 일치하도록 하기 위하여 수력의 동력을 사용한 것은 후한시대의 장형(張衡, 78~139)으로부터 시작하여 당대의 양영찬에 의해서 성행하게 된다. 이후 소송의 수운의상대를 비롯하여 유사한 기기들이 모방되었는데, 천체 관측용이 대부분이었던 중국 혼천의의 전통적인 제작 목적에 비추어 볼 때 학술목적(전시형태)의 혼천의 수는 상대적으로 적었다.

15) Joseph Needham et al., 앞의 책(1986), pp.115~152; 이 책의 4장은 송이영과 이민철의 혼천시계를 기술하고 있는데 유물의 제원 소개, 각 부분의 세부적인 작동원리와 구조를 기계공학적 구조도와 사진으로 소개하고 있다.

16) 전상운, 앞의 책(2000), 120쪽.

17) 南文鉉·韓永浩·李秀雄·梁必承, "朝鮮朝의 渾天儀 硏究", 『建國大學校 學術誌』(人文·社會篇)39(1995), 519~543쪽; 민영호·남문현, "소신소 숭기의 渾天儀 復元 연구: 李敏哲의 渾天時計", 『한국과학사학회지』 제19권 1호(1997), 3~19쪽; 韓永浩·南文鉉·李秀雄, "朝鮮의 天文時計 연구−水激式 渾天時計−", 『한국사연구』 113(2001), 57~83쪽; 이용삼·김

의 渾天儀 復元 연구: 李敏哲의 渾天時計’에서는 이민철의 수격식 혼천의를 시기에 따른 발전 단계로 나누고 이민철 혼천의의 복원연구를 진행하였다. 그리고 수격식 메커니즘에 대한 연구가 진행되었다. 이후 한영호·남문현·이수웅(2001)의 ‘朝鮮의 天文時計 연구－水激式 渾天時計－’에서는 조선 초기의 수격식 혼천의와 조선 중기 이민철의 수격식 혼천시계를 중심으로 연구하였는데, 여기서는 중국의 수격식 자동시계와 조선의 혼의와 혼상에 대한 구체적인 논의가 진행되었으며, 혼천의의 천체운행에 대한 메커니즘도 연구되었다.

그리고 조선 후기 남병철(南秉哲, 1817~1863)의 혼천의에 대한 구조적 메커니즘과 사용법에 대한 연구가 이용삼 등(2001)과 김상혁 등(2006)에 의해서 진행되었다. 또한 한영호(2003)는 홍대용(洪大容, 1731~1783)의 사설천문대인 농수각(籠水閣) 혼천시계를 중심으로 연구하였는데, 특히 혼천의를 이루고 있는 각 환들의 구조와 태양과 달운행장치에 대한 연구를 진행시켰다. 구만옥(2005)에 의해서 진행된 최유지(崔攸之)의 혼천의 연구에서 위에서 언급된 태양과 달운행 메커니즘보다 더 구체적이고 자세한 소개가 이루어졌다. 최유지의 천체운행 메커니즘은 송이영이나 이민철의 천체운행 메커니즘과 직접적 영향을 주었던 것으로 매우 중요한 의미를 담고 있다.

한편 혼천시계 제작자인 송이영에 대해서는 조선 중후기의 다른 혼천의들이 연구되면서 언급되는 수준의 소개만 있었을 뿐이다. 더구나 혼천시계 메커니즘에 담고 있는 동서양의 다양한 자동 시계장치 기술들은 자세히 조명되지 못했다.

상혁·남문현, “남병철의 혼천의 연구 I”, 『Journal of the Korean Astronomical Society』 34(2001), 47~57쪽; 김상혁, “의기집설의 혼천의 연구”(충북대학교 대학원 석사학위논문, 2002); 한영호, “농수각 천문시계”, 『역사학보』 제177집(2003), 1~32쪽; 구만옥, “崔攸之(1603~1673)의 竹圓子 －17세기 중반 朝鮮의 水激式 渾天儀－”, 『한국사상사학』 제25집(2005), 173~210쪽; 김상혁, “조선 혼천의의 역사와 남병철의 창안”, 『충북사학』 제16권(2006), 143~181쪽; 김상혁·이용삼·남문현, “남병철의 혼천의 연구 II －『의기집설』에 나오는 〈혼천의용법〉의 譯解說－”, 『Journal of Astronomy & Space Sciences』 23(1)(2006), 73~92쪽.

차례

05_맺음말

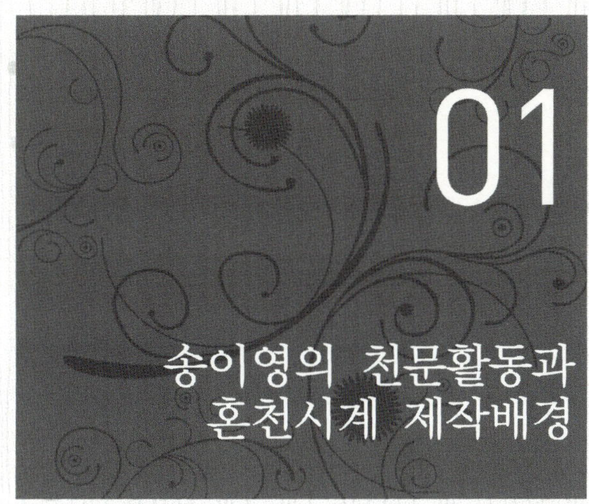

송이영의 천문활동과 혼천시계 제작배경

혼천시계의 제작자는 당시 천문학 교수(天文學敎授)[18]였던 송이영(宋以穎)이다. 송이영에 대한 문헌은 『현종개수실록』, 『증보문헌비고』, 『서운관지』(1818), 『국조보감』(1782)에 소개되어 있는 것이 전부이다.[19] 이러한 문헌에 흩어져 있는 송이영의 관련기록을 재구성하여 천문활동에 대하여 살펴보았다. 그리고 송이영 가문의 『세보(世譜)』로 추정되는 『연안송씨세보(延安宋氏世譜)』에 대하여 조사하여 문헌기록과 검토할 수 있도록 하였다. 혼천시계의 제작 관리를 관상감이 아닌 홍문관에서 하였는데, 천문관측의 실무부서가 아닌 홍문관에서 혼천의 제작을 주관했던 사유에 대하여 살펴보았다. 또한 혼천시계의 제작배경에 대하여 정치사회적인 흐름, 서양과학기술의 도입, 시헌력 시행 전후의 상황을 중심으로 정리하였다.

1. 송이영과 『연안송씨세보』

『현종개수실록』, 『증보문헌비고』 「상위고」, 『서운관지』 「고사」 등에는 송이영

---

18) 관상감의 관직명으로 종6품 실녹관직(實祿官職)에 해당한다. 삼력관(역서를 편찬하던 일을 주로 담당한 사람)들 가운데 판관 이상의 녹관직을 지낸 관원들 중에서 임명하였다. 후보를 추천할 때에는 본학(천문학)의 당상관, 동반정직(東班正職)을 지낸 관원(관상감의 관원은 잡과출신이지만 문무관들에게 주어지는 정직을 제수 받을 수 있었음), 겸교수 그리고 구임이 모여서 권점(圈點)한다. 천문학 교수는 천문학 관련 과목의 교육을 담당하였다.

19) 국가에서 기록한 문헌 이외에 김석주의 『식암유고(息庵遺稿)』(1680), 송준길의 『동춘당집(同春堂集)』(1687), 최석정의 『명곡집』 (1721), 이규경의 『오주연문장전산고』(19C 중엽) 등의 개인 문집에 나와 있다. 『동춘당문집(同春堂文集)』(1680)은 왕명에 의해서 예조에서 편찬하였다.

이 주부(主簿)20)와 현감(縣監)21)을 지냈고, 관상감원(觀象監員)22)과 천문학 교수를 역임했으며, 천문관측에 대한 지식이 높았음을 알려주는 기록들 등이 나와 있다. 하지만 송이영의 출생과 사망, 가족관계, 가문에 대한 기록은 없었다. 전상운(2006)은 이민철의 부인이 여산송씨(礪山宋氏)였음을 들어 송이영과의 친척관계를 추측하기도 했었다. 하지만 이민철(李敏哲) 가계의 『전주이씨밀성군파세보(全州李氏密城君派世譜)』23)에도 송이영의 생애와 관련된 기록은 없었다. 그런데 연안송씨세보편찬위원회(延安宋氏世譜編纂委員會)가 편찬한 『연안송씨세보(延安宋氏世譜), 이하 '세보'』(1972)에서 송이영에 대한 여러 기록을 처음으로 확인할 수 있었다.

하지만 『세보』에서 말하고 있는 송이영이 현종대(顯宗代, 1659~1674) 천문학 교수였던 송이영을 지칭하는지에 대해서는 신중한 접근을 할 수 밖에 없다.24) 왜냐하면 『세보』에 나온 송이영은 음사(蔭仕, 또는 음직)25)에 의해 관직에 진출하였고, 옥과(玉果)26) 현감을 지냈다는 기록만 있기 때문이다. 송이영이 천문학 교수였다거나 혼천시계를 제작했다는 기록은 나와 있지 않았다.

우선 동일한 인물이라고 여겨지는 부분은 다음과 같다.27) 송이영이 활동한 시기는 현종대(1659~1674)로 『세보』에 있는 송이영의 생애(1619~1692)와 잘 들어맞는다. 그리고 송이영이 옥과 현감을 지냈다는 기록은 『현종개수실록』과 『세보』에 공통적으로 기술되어 있다.28) 또한 송이영이 관직에 물러나 있었을 때 연안(延安)에 머물렀던 기록29)은 그가 바로 '연안송씨'임을 보여주는 증거로 볼 수 있다. 그

---

20) 조선시대의 광흥창(廣興倉) 등에 소속된 종6품의 관직.

21) 조선시대 현에 파견된 종6품 지방관으로 현은 최하위의 지방행정구획 단위이면서 중앙에서 임명하는 최하위 관직이었다.

22) 조선 시대 예조에 속하여 천문(天文), 지리(地理), 역수(曆數), 기후관측, 각루(刻漏) 따위를 맡아보던 관청에 속한 관리이다.

23) 全州李氏密城君派宗會, 『全州李氏密城君派世譜』 卷1, (家乘미디어, 2002).

24) 현재 국내(남한)의 송씨(宋氏)의 본은 총 55개이다. 통계청, 『(2000 인구주택총조사) 성씨 및 본관 보고서』(2003)의 2000년 11월1일을 기준으로 인주주택 총조사의 「성씨 및 본관」 항목을 집계한 결과이다. 그러나 대표적인 송씨 본관수(本貫數)는 16개 정도이다. 김해(金海), 남양(南陽), 덕산(德山), 문경(聞慶), 신평(新平), 야로(冶爐), 양주(楊州), 현주(見州), 여산(礪山), 연안(延安) 1·2, 용성(龍城), 은진(恩津), 진천(鎭川), 철원(鐵原), 청주(淸州), 홍주(洪州)이다. 이 중에서 천문학 교수 송이영이 나오는 현종시대의 기록을 찾아보았고, 연안(延安) 송씨에서 송이영의 이름을 확인할 수 있었다. 이 연안송씨는 연안 1과 연안 2로 구분되며, 송이영은 연안 2에 해당된다(중앙일보사, 『姓氏의고향』, 1989).

25) 과거를 거치지 않고 조상이 세운 공의 혜택으로 얻던 관직을 말함.

26) 옥과(玉果)는 지금의 전라남도 곡성(谷城) 일대를 말함.

27) 김상혁·고경신, "송이영의 혼천시계 제작과 작동 구조 문헌연구", 『충북사학』 제18권(2007), 483~519쪽; 여기에 발표한 송이영의 생애와 천문활동은 『조선왕조실록』 등의 문헌과 『연안송씨세보』에 나오는 인물을 동일한 사람으로 확정하고 기술한 것이지만 이 책에서는 동일한 인물이었을 경우와 그렇지 않을 경우로 구분하여 기술하였다.

28) 『顯宗改修實錄』 권10:46ㄱ; 현종 5년 3월 9일(신미), 延安宋氏世譜編纂委員會, 『延安宋氏世譜』(延安宋氏修譜所, 1972), 33쪽.

리고 천문학 교수는 잡과(雜科) 출신자들이 오르게 되는 관직인데, 잡과 합격자 명단에서는 그 기록을 찾을 수 없었다.30) 그것은 『세보』에 적혀 있듯이 음사제도에 의한 관직 등용으로 잡과 출신자가 아니었던 정황과 일치한다.

천문학 교수 송이영과 『세보』의 인물이 다르게 여겨지는 부분은 다음과 같다. 우선 『세보』에서는 송이영이 천문학 교수를 지냈다는 기록은 나와 있지 않다. 국가적인 중요한 제작 사업으로 알려진 혼천시계 제작 사업이 진행될 때 천문학 교수를 지냈다는 것은 중요한 의미와 가치를 가질 법도 한데, 『세보』에 실리지 않았다는 것이 석연치 않은 대목이라고 할 수 있다.

또한 『세보』에서 밝힌 음사에 의한 관직은 숙종 때의 일이다. 장례원(掌隷院)31) 사의(司儀)32)의 직책에 올랐는데, 이때의 관직이 음사에 의한 최초의 관직이었는지, 아니면 음사제도에 의해서 최고위 관직까지 올랐다고 하는 것인지 불명확하다.33) 『세보』에서 송이영의 생애를 감안한다면 최고위 관직까지 오른 것을 말한 것으로 보인다. 그런데 천문학 교수 송이영의 활동시기가 현종대(顯宗代)임을 감안한다면 숙종대(肅宗代)에 이루어진 음사에 대한 기록은 시기적으로 너무 늦다. 옥과 현감을 지낸 시기도 『실록』과 『세보』에서도 각각 다르게 기록하고 있다. 『실록』에서는 1666년에 나오고, 『세보』에서는 1679년(61세)으로 기록하고 있다.34)

이렇게 부정적인 측면도 있지만 『실록』 등에서 언급한 천문학 교수 송이영과 『세보』에서 말하는 송이영이 동시기의 사람이라는 정황, 현감을 지낸 관직의 동일성, 연안이라는 지역에 대한 연고, 음사에 의한 관직이라는 사실, 그리고 음사에 의한 진출 때문에 천문학 교수임에도 잡과 출신자 명단에서 누락될 수 있음은

29) 『顯宗改修實錄』 권18:41ㄴ; 현종 9년 2월 12일(신사)의 기록에 의하면 송이영은 연안(延安)에 머물면서 혜성을 관측하였는데, 연안은 송이영의 고향이었을 것으로 짐작된다.

30) 李成茂·崔珍玉·金喜福, 『朝鮮時代雜科合格者總攬』(韓國精神文化研究員, 1990); 원래 관상감원은 잡과 출신자가 등용되어 일을 하였는데 송이영의 이름은 조선시대 잡과(雜科) 합격자 명단에 나와 있지 않다.

31) 『세보』에서는 '장례원(掌隷院)'을 '장례원(掌禮院)'으로 표기하고 있으나 후자의 경우 조선 후기의 관청에 속하기 때문 '隷' 자의 오기인 듯싶다. 조선 후기의 장례원(掌禮院)은 궁내부에 속하여 궁중의 의식(儀式)·제향(祭享)·조의(朝儀)·시호(諡號)·능원(陵園)·종실(宗室) 등의 일을 맡아보던 관청이다.

32) 延安宋氏世譜編纂委員會, 위의 책(1972), 92쪽; 숙종대에 장례원(掌隷院) 사의(司儀)에 등용되었다고 기록하고 있다. 장례원은 노비(奴婢) 장부의 보관 및 노비 관계의 소송(訴訟) 처리 등을 맡는 관청으로 사의는 정5품의 관직에 해당한다.

33) 하지만 『세보』의 음사에 의해 최초의 관직이었을 경우 말년에 역임한 옥과 현감(『세보』에서는 1679년이라고 밝히고 있음)은 오히려 관직이 한 단계 낮아진 것이 되므로 음사로 올랐던 최고의 관직이 사의로 보는 것이 타당할 것으로 보인다.

34) 『顯宗改修實錄』 권14:35ㄱㄴ, 延安宋氏世譜編纂委員會, 앞의 책(1972), 92쪽.

『세보』의 기록들을 자세히 살펴볼 필요성을 충분히 제기한다. 또한『세보』의 송이영 가문이 전형적인 양반층의 가문으로 중인신분의 잡과출신이 오르는 천문학교수의 관직 기록을 의도적으로 제외했을 가능성도 완전히 배제할 수 없다.『세보』는 송이영의 생애와 가족관계에 대하여 처음으로 유추해 볼 수 있는 계기를 마련하고 있다. 여기에서는 문헌 기록과『세보』의 기록을 구분하여 정리하였다.

   <표 1>은『세보』에서 발췌한 송이영의 생애에 관련된 자료이다. 그의 본관은 연안(延安)이고, 자는 영보(穎甫)로 아버지인 송정수와 어머니인 선산(善山) 김씨의 3남 3녀 중에서 3남으로 태어났다.

표 1. 송이영의 생애(『연안송씨세보』)

연 도	생애
1619년	출생(6월 10일), 황해도 연안.
1640년경	조유간의 여식(1618~1700)과 혼인. 配淑夫人 漢陽趙氏 父忠義衛惟侃.
1644년 (26세)	모친(선산 김씨) 사망.
1654년 (36세)	부친(송정수) 사망.
1679년 (61세)	옥과현감을 지냄. 己未 通訓大夫 玉果縣監.
미상	숙종대에 음사에 의해 장례원 사의. 肅宗朝 以先考屈聖之功蔭仕 掌隷院 司議.
1692년	74세 나이로 사망(12월 5일). 墓白川柳谷面食峴子坐有表石.

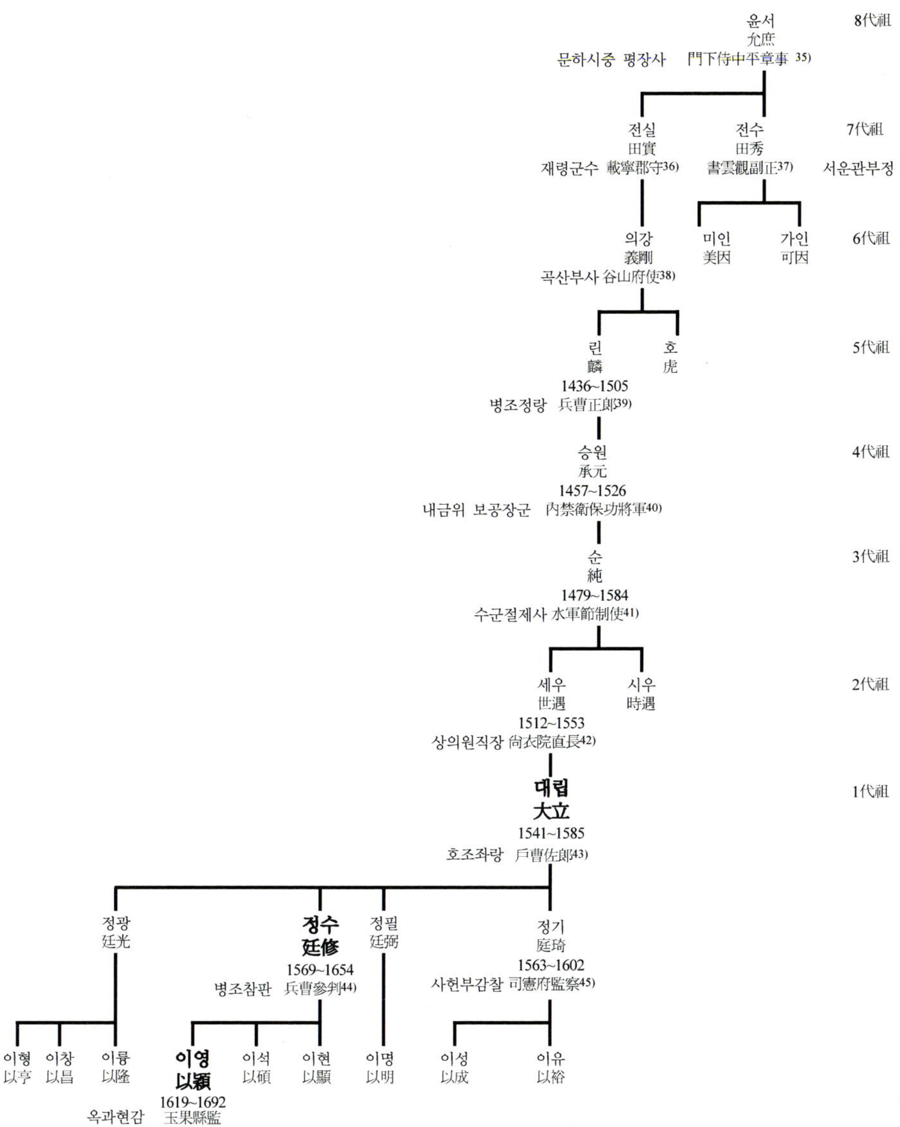

그림 3. 송이영의 가계도(『연안송씨세보』)

---

35) 고려시대 왕명(王命)과 조칙의 선포(宣布) 및 모든 정사(政事)를 맡은 문하성(門下省)의 정2품의 관직이다.

36) 조선시대 군(郡)의 행정을 맡아 보던 지방장관으로 종4품의 관직이다. 조선 건국 초에는 고려와 마찬가지로 지군사(知郡事)라고 하였다가 1466년(세조 12) 군수로 개칭하였다. 재령(載寧)은 오늘날 황해도 중앙지역을 말한다.

37) 『書雲觀志』 권1:1ㄴ ;『국역서운관지』(세종대왕기념사업회, 1999), 25~26쪽;『서운관지』에 따르면 예전에 부정(副正) 1명이 있었고 종3품이었는데 감하였다고 한다, 趙承龜, "朝鮮初期 書雲觀의 機能과 變遷"(연세대학교 대학원 석사학위논문, 1998), 44;『태조실록』에 따르면 서운관 부정은 종4품에 해당하는 직위라고 하였다.

38) 부사(府使)는 조선시대 지방 장관직의 하나이다. 고려시대에는 개성부(開城府) · 지사부(知事府)의 수령을 부사라 하였으며, 조선시대에는 정3품의 대도호부사(大都護府使), 종3품의 도호부사(都護府使)를 가리키는 칭호였다. 곡산(谷山)은 황해도의

송이영의 학문적 토대가 될 가학(家學)을 이해하기 위하여 『세보』에 기술된 송이영을 비롯한 그의 부친 송정수(宋庭修, 1569~1654)부터 8대조 송윤서(宋允庶)까지의 관직을 조사하여 <그림 3>과 같은 가계도로 작성하였다. 송이영의 가문은 고려시대에서 조선시대로 넘어오면서, 최고위 관직에 오르는 인물은 나오지 않았지만 문과와 무과의 관직을 두루 지냈던 전형적인 양반층에 해당하는 집안이었음을 알 수 있다.

송이영의 부친인 송정수는 1591년 무과(武科)에 합격하여 훈련원주부46)에 등용되었고, 1592년 선조(宣祖)의 의주 피난길에 그의 맏형인 송정기(宋庭琦, 1563~1602)와 함께 올라 여러 공을 세웠다.47) 백부인 송정필(宋庭弼)과 숙부인 송정광(宋庭光)은 연안성(延安城) 전투에서 공을 세웠다.48) 이러한 공덕으로 인하여 송정기와 송정필, 송정광의 자제들은 과거시험을 거치지 않고 관리로 임용되었다.49) 송이영

곡산군 일대를 말한다.

39) 병조(兵曹)는 조선시대 군사관계 업무를 총괄하던 중추적 기관으로 고려 성종 때 군무를 장악하는 병부(兵部)가 설치되었고, 그 뒤 1298년(충렬왕 24) 군부사(軍簿司)가 병조로 개칭되어 조선시대에 이르러 1392년 새 관제가 반포되면서 육조(六曹)의 구성과 더불어 병조가 설치되었다. 정랑(正郎)은 조선시대의 정5품의 관직이다.

40) 내금위(內禁衛)는 조선시대 금군(禁軍)의 하나이다. 1407년(태종 7) 종래 궁중숙위(宮中宿衛)를 담당하였던 내상직(內上直)을 개편하여 설치하였다. 처음에는 태종의 신임을 받는 수하병들을 중심으로 편성된 60~90명의 정예부대로 내금위 절제사(內禁衛節制使)에 의해 통솔되었으나 1424년에는 내시위(內侍衛)를 통합하여 그 수가 200명에 달하였으며, 세조 때 절제사를 내금위장(內禁衛將)으로 개칭하고 독립 아문(衙門)으로 승격시켰다. 보공장군(保功將軍)은 조선시대 오위(五衛)에 속하여 있던 대호군(大護軍)의 별칭으로 종3품의 무관직에 해당한다.

41) 조선시대 지방에 두었던 무관직으로 전라도의 제주진에 수군절제사(水軍節制使) 1명을 두었다. 조선 초기에는 2품 이상의 장수로 지방에 파견되는 경우를 절제사라 하였으며, 병마도절제사와 수군도절제사도 절제사라 불렀다. 1455년(세조 1) 수장(守將)으로 변방에 파견되었던 병마절제사는 없어지고, 정3품의 거진장(巨鎭將)으로 수령이 겸하는 병마절제사·병마수군절제사만 남게 되었고, 1466년 병마절도사·수군절도사로 개칭되었다.

42) 상의원(尙衣院)은 조선시대 관청으로 고려의 장복서(掌服署)를 계승한 기관으로 태조 때 설치하여, 임금의 의복과 궁중에서 소요되는 일용품·금·보화 등의 공급에 관한 일을 맡아보았다. 직장(直長)은 각 관아에 두었던 종7품 관직으로, 주로 궁궐 내의 재정·물품 담당아문에 배치되어 전곡·비품 등의 출납실무를 담당하였다.

43) 호조(戶曹)는 조선시대에 호구(戶口)·공부(貢賦)·전토 및 식량과 기타 재화·경제에 관한 정무(政務)를 맡아보던 중앙관청이다. 좌랑(左郎)은 조선 시대의 정6품의 관직이다.

44) 병조참판(兵曹參判)은 조선시대 병조(兵曹)에 속한 종2품의 관직이다.

45) 사헌부는 조선시대의 행정을 감찰하는 기관으로 감찰은 정6품의 관직이다.

46) 조선시대에 병사의 무재(武才)시험, 무예의 연습, 병서(兵書)의 강습을 맡아보던 관청. 주부(主簿)는 종6품의 관리이다.

47) 延安宋氏世譜編纂委員會, 앞의 책(1972), 33쪽; 송정기는 선조의 의주 피난길을 호종하고, 이때 중국 황제가 거느린 군사들에게 조 천(千) 석을 보냈다. 명나라의 송응창(宋應昌)과 이여송(李如松)의 개선 때에도 정성껏 음식을 나누어 주었다.

48) 延安宋氏世譜編纂委員會, 위의 책(1972), 36쪽.

49) 음사제도에 의해 송정기의 아들 송이유(宋以裕, 1584~1625)와 송이성(宋以成, 1599~1649)은 승의랑(承議郎)과 통덕랑(通德郎)을 지냈고, 송광필의 아들 송이명(宋以明)도 통덕랑을 지냈다. 당시 송대립의 4형제의 빛나는 공적의 결과 정기(庭琦)를 파조로 하는 형참의공파(刑參議公派), 정필(庭弼)을 파조로 하는 예참의공파(禮參議公派), 정수(庭修)를 파조로 하는 병참의공파(兵參議公派), 정광(庭光)을 파조로 하는 호참의공파(戶參議公派)의 크게 4개의 파로 갈라져 이어내리고 있다.

이 관직에 진출한 것은 음사제도에 의한 것으로 보이며, 숙종대에 장례원 사의까지 오른 것임을 알 수 있다. 하지만 관직에 진출한 초기에 어떠한 활동을 해왔으며 학문적 깊이와 관심은 어떠했는지에 관한 언급은 없었다.

송이영의 성품에 대한 직접적인 기록을 찾을 수 없어 『세보』에 나와 있는 송이영의 조부와 부친의 성품이 기록되어 있는 행장 기록을 살펴보았다.

조부 송대립(宋大立, 1541~1585)의 행장기록[50]

어머님은 한양(漢陽) 조씨(趙氏)로 부사(府使)였던 세수(世穟)의 딸이니 양경공(良敬公)의 후손이다. 1541년(중종 36)에 공(公)이 서울 연화방(蓮花坊)에서 태어나서, 2세에 어머님을 여의고 8세에 글방에 가서 소학(小學)을 배웠는데, 타고난 성질이 순직하고 총명이 뛰어나, 경서 뜻을 한 번만 보면 능히 알며, 또 천성이 지극한 효도로 어버이의 뜻을 어기지 않고 공양하였고, 13세에 아버님이 상사를 당하여 거상범절을 한결같이 가례대로 하고, 17세에 고령(高嶺) 신씨(申氏)를 맞이하니 판서(判書) 단(湍)의 딸이다. 20세에 사암(思菴) 박순(朴淳)의 문하에서 수학하여 오서(五書)와 오경(五經)을 깊이 연구하여 손에서 책이 떠나지 않았으며, 25세에 우계(牛溪) 성혼(成渾)을 방문하여 예(禮)에 관한 말을 문답하였다. 또 사류재(四留齋) 이정암(李廷馣)을 따라서 경의를 각론하고, 성리학을 연구하여 도의를 천명하기에 힘쓰면서 지조와 행실이 고상하고 결백하여, 벼슬과 영화에 뜻을 두지 않았다.

부친 송정수(宋庭修, 1569~1654)의 행장기록[51]

어머님은 고령(高嶺) 신씨(申氏)로 선조 기미(宣祖己未, 1569년) 12월 10일에 공(公)을 낳았는데, 재능과 인품이 위대하며 음성이 크고 명랑하며 어려서부터 점잖아서 뭇 아이들과 놀 때에 그 몸가짐을 조금도 흐뜨리는 일이 없었다. 커서는 부모의 뜻을 따라 효도로 봉양하고 형제간의 우애하니 노재(魯齋, 부친 송대립의 호) 공이 가장 사랑하더라.

조부 송대립은 박순(朴淳, 1523~1589)의 제자였는데, 박순은 1572년 영의정에 올랐던 인물로 퇴계 이황을 스승으로 모셨다. 송대립은 성리학자 성혼(成渾, 1535~1598), 이정암(李廷馣, 1541~1600)[52] 등과 학문적인 교류를 하였던 것으로 보아

---

50) 延安宋氏世譜編纂委員會, 앞의 책(1972), 29쪽.

51) 延安宋氏世譜編纂委員會, 위의 책(1972), 38~39쪽.

52) 1592년 임진왜란 때 임금을 호종, 개성(開城)에서 방어했고, 개성이 함락되자 황해도에서 의병을 모아 활약한 공으로 황해도 초토사(黃海道招討使)가 되어 연안(延安)에서 포위된 왜군 3,000여 명을 격파하여 경기도관찰사 겸 순찰사(巡察使)가 되고 병조참판에 승진하였다. 이듬해 전라도관찰사가 되었고 1597년 정유재란 때는 해서초토사로 활약하였다. 당시 송대립은 이정암과 학문적 교류가 있었던 것으로 보이며, 송대립의 넷째 아들 송정광은 이정암의 사위가 되었다.

그 학문적 깊이도 상당했던 것으로 보인다. 하지만 관직에 나가 벼슬을 얻거나 부귀영화를 바라지 않은 정직하고 강직한 성품을 지녔던 것으로 나타난다. 부친 송정수에 대해서는 재능과 인품이 뛰어나며, 조부 송대립이 가장 아꼈던 상황이 들어나 있다.

2. 천문활동에 대한 문헌

<표 2>에 『현종개수실록』, 『증보문헌비고』, 『서운관지』 등의 문헌에 나타난 송이영의 천문활동에 대한 내용들을 정리하였다.

표 2. 송이영의 천문활동

연 도	천문활동	문헌자료
1661년	객성의 출현으로 국가적인 불안 상황이 진행되고 있는 때 기상관측 적임자로 송이영이 추천됨.	『현종개수실록』 권5. 1661년(현종 2) 1월 11일. 광흥주부, 천문학 겸(兼)교수.
1664년	누국에 있었던 최유지 혼천시계(1657)를 이민철과 함께 수리함.	『현종개수실록』 권10. 1664년(현종 5) 3월 9일.
1666년	옥과 현감(玉果縣監) 재임 중 탄핵되었으나 무죄임이 밝혀짐.	『현종개수실록』 권14. 1666년(현종 7) 2월 7일. 옥과현감.
1668년	연안에서 천문관측 활동. 혜성의 구분방법 논의.	『현종개수실록』 권18. 1668년(현종 9) 2월 12일.
1669년	서양 자명종을 제작한 공로로 상을 받음. 천문학 교수 송이영은 일본의 자명종 방법을 사용하여 추동식 혼천시계 제작.	『현종개수실록』 권21. 1669년(현종 10) 10월14일. 『서운관지』 「고사」 권3. 『증보문헌비고』 「상위고」 권3. 천문학 교수.
1669년	송형구(宋亨久)와의 윤달과 시헌력에 대해 토론 후 송이영의 의견이 옳았다는 것이 밝혀짐.	『현종개수실록』 권22. 1669년(현종 10) 11월 9일.
1687년	이진(李𣚊)이 송이영 혼천시계를 수리함(1688년에 완성).	『서운관지』에서는 송이영이 1687년 이전 죽은 것으로 기술.

처음 기록은 1661년(현종 2)에 임금이 혜성 출현으로 국가적 불안과 위기를 걱정하던 중 천문학 겸(兼)교수53)였던 송이영에게 기상을 관측하도록 했다는 내용이다.

『현종개수실록』 권5, 1661년(현종 2) 1월 11일(신유)[54]

상이 이르기를,

"천재지변이 근래 거듭 발생하는데 이제 이 성변(星變)이 더욱 참혹하니, 나의 마음이 걱정스럽고 두렵다. 성변을 소멸시킬 계책을 듣고 싶다. 경들은 어떤 생각을 가시고 있는가."

하니, 영의정 정태화는 아뢰기를,

"지난 무오년에 객성(客星)이 자주 나타나더니 그때 심하(深河)의 전쟁에서 전군이 몰살한 참화가 있었습니다. 이제 또 객성이 출현하였으니, 매우 놀랍고 염려됩니다. 전부터 성변이 있으면 문신(文臣) 중에서 천문(天文)을 잘 아는 자를 택하여 관상감(觀象監)의 관원과 함께 기상을 관측하게 하였는데, **지금은 문신 중에 적당한 사람이 없습니다. 전 군수 이광보(李光輔)는 이 방면의 술법으로 일컬음을 받고 광흥 주부(廣興主簿) 송이영도 천문학 교수를 겸하였으니, 이 사람들로 하여금 기상을 관측하게 하는 것이 어떻겠습니까."**

하고, 영돈녕 이경석(李景奭)은 아뢰기를,

"문신을 택해서 정하는 것은 관상감 관원들의 태만을 단속하기 위한 것이니, 비록 감석(甘石)의 술법을 알지 못한다 하더라도 두세 명의 관원을 골라서 윤번으로 숙직하며 기상을 살펴보게 하는 것이 마땅할 듯합니다."

하니, 상이 윤허하였다.

당시에는 문신(文臣)들이 관상감의 직책을 겸(兼)하게 되어 있었으나, 당시 문신 중에는 천문학에 뛰어난 사람이 없었다고 한다. 그러므로 당시 문과출신은 아니었지만 천문학적 소양을 겸비한 송이영에게 좋은 기회가 찾아왔던 것이다.

객성(客星)은 오늘날의 천문학에서 신성(新星)[55]과 변광성(變光星)[56]을 말하는 것이다. 1661년(현종 2) 10월 무진일(戊辰日)에 객성이 여수(女宿)[57]에 나타났는데, 그 크기가 진성(鎭星)[58]만 하였고, 11월 정해일(丁亥日)에 사라진 기록이 나온다.[59] 송이영은 매일 밤 다른 관원들과 함께 이 객성을 관측하고 천변의 기운을

---

53) 『書雲觀志』 권1:2ㄴ, 「官職」; 『국역서운관지』(세종대왕기념사업회, 1999), 27쪽의 번역문에 따르면, '성변의 측후와 총민의 시험을 담당하는 것으로 1자리는 삼력관들 가운데 판관이상의 녹관직을 지낸 관원들 중에서 임명하고, 1자리는 추길관들 중에서 임명한다. 근무일수가 45개월이 차면 동반정직으로 나간다'고 한다.

54) 『顯宗改修實錄』 권5:6ㄱㄴ; 현종 2년 1월 11일(신유); 『현종개수실록』 2(민족문화추진회, 1991), 259~160쪽.

55) 신성(新星, nova)은 거의 보이지 않을 정도로 어두운 항성이 단기간에 그 광도가 수만 배로 증가하여 밝아지는 별을 말한다. 일반적으로 신성은 갑자기 원래 밝기의 수만 배로 밝아졌다가 천천히 원래 밝기로 되돌아간다.

56) 변광성(變光星, variable star)은 시간이 경과함에 따라 밝기가 변하는 항성을 말한다.

57) 하늘의 적도 방향을 28개 지역으로 구분하여 기준 항성인 28개의 수거성(宿距星)을 정하였다. 수거성인 여수(女宿)는 현대별자리로 물병자리 ε (ε Aqu; 적경: 20h 46m 19.3s, 적위: -9° 35′ 18″, 등급: 3.8)에 해당한다.

58) 당시의 토성(土星)은 진성(鎭星)이라고 불렀다. 토성의 밝기 등급은 0등성에 해당되며, 금성의 등급은 -4등성에 해당된다. 밤하늘에서 1등성만 되더라도 아주 밝은 천체이다(1등성은 6등성에 비해 약 100배가 밝음). 비록 여기서는 진성의 크기로 말하였지만 진성만큼이나 밝은 객성이 관측되었음을 보여주는 것이다.

59) 『增補文獻備考』 「象緯考」 권6: <客星>.

살폈던 것으로 보인다. 이때 송이영은 관상감에서 행해지는 주요 천문관측 등의 임무를 수행한 것으로 짐작된다.

1664년(현종 5)의 문헌기록에 의하면 송이영과 이민철과 함께 누국(漏局)에 있었던 혼천시계를 수리하였다. 원래 이곳에 있는 혼천시계는 김제 군수였던 최유지(崔攸之)가 만든 혼천의[60]를 응용하여 제작한 것이다. 그런데 최유지의 혼천시계 기록을 보면 매우 조잡한 구조를 갖고 있는 것처럼 기술되어 있다.

> **『현종개수실록』 권10, 1664년(현종 5) 3월 9일(신미)**[61]
> 성균관이 아뢰기를,
> "일찍이 선왕조 때에 홍문관의 아룀에 따라 전 집의 최유지(崔攸之)에게 명하여 혼천의(渾天儀)를 만들게 했는데, 대내(大內)에 들인 뒤 다시 누국(漏局)에 넘겨 주었습니다. 지금 들으니, 유지가 만든 것에 고쳐야 할 곳이 있다 하니, 누국으로 하여금 성균관에 이송하여 제생들과 상의하여 교정하게 하소서."
> 하니, 상이 따랐다.
> 유지가 만든 혼천의는 만든 법이 엉성하였다. 우선 옆에다 누주(漏籌)를 장치하여 물을 따라 오르락내리락하게 하고 이를 실끈으로 혼천의 허리 부분에 매어 상하 운행의 기틀로 삼았는데, 간단하고 엉성해서 웃음이 날 정도였다. 그 후에 **상이 송이영(宋以穎)과 이민철(李敏哲)로 하여금 각각 자신의 뜻에 따라 측후기(測候器)를 개조하도록 하고, 올리자 그것을 궁중에 두었다.**

송이영과 이민철은 이 수리를 통해서 기술적 습득은 물론 장차 1669년에 제작하게 되는 혼천의 및 구동장치에 대한 이론의 성립과 실제 제작을 하는데 있어 상당한 도움이 되었을 것으로 보인다.

1666년(현종 7)의 기록에 의하면 송이영은 관상감에서의 활동 이후 지방 현감으로 자리를 옮기게 되었다. 옥과 현감으로 재직할 때 고을을 잘 다스리지 못한다 하여 탄핵을 당한 적이 있었다. 하지만 그의 탄핵의 부당함을 상소하는 일들이 있게 됨에 따라 조정의 물의를 일으켰던 최일(崔逸)은 자신의 실수임을 인정하기에 이르렀다. 현감으로서의 능력과 자질시비는 더 이상 문제가 될 수 없었다.

---

60) 구만옥, "崔攸之(1603~1673)의 竹圓子 ―17세기 중반 朝鮮의 水激式 渾天儀―", 『한국사상사학』 제25집(2005), 173~210쪽; 구만옥(2005)은 최유지의 문집인 『간호선생집(艮湖先生集)』에서 최유지의 혼천의를 연구하였다. 『간호선생집』은 그의 조부 최상중(崔尙重)을 비롯한 가족들의 문집과 함께 『대방세고(帶方世稿)』에 포함되어 있다. 같은 논문, 181쪽; 1657년(효종 9) 최유지가 김제 군수로 임명 받았다. 최유지는 이때 혼천의를 제작했던 것으로 보인다.

61) 『顯宗改修實錄』 권10:46ㄱ; 현종 5년 3월 9일(신미); 『현종개수실록』 5(민족문화추진회, 1991), 62쪽의 번역문을 인용함.

『현종개수실록』 권14, 1666년(현종 7) 2월 7일(무오)[62]
헌납 최일(崔逸)이 아뢰기를,
"지난번에 동료가 옥과 현감(玉果縣監) 송이영이 잘 다스리지 못하는 정상에 대해 신에게 말하기에 상의하여 탄핵했습니다. 그런데 지금 물의를 듣건대, 억울하다고 말하고 남쪽에서 온 사부(士夫)들도 그가 잘 다스린다는 것을 말하였습니다. 따라서 신이 일을 논함에 있어 경솔하게 처리한 실책이 드러났습니다."
하고, 사간 정계주가 아뢰기를,
"송이영이 잘 다스리지 못한다는 소문이 파다하기 때문에 신이 지난번 동료와 함께 상의하여 파직시키기를 청했습니다. 그 당시 동료가 신이 들은 것이 명백한 것이었다는 것을 알면서 지금 사실과 어긋난다는 것으로 와서 피혐하니, 이는 모두 신이 경시당한 소치입니다."
하고, 모두 인혐하고 물러가 물론을 기다렸다.

송이영의 지방 현감생활은 오래 지속되지 못하고, 1668년(현종 9)에는 연안에 머무르고 있었다. 당시 현종이 하늘의 천변 현상으로 치우기(蚩尤旗)에 대하여 묻자 영의정 정태화는 송이영의 연안에서의 관측 사실을 그대로 전하여 장성(長星)임을 임금께 아뢰었다. 현종 또한 송이영의 말에 동조하면서 혜성(彗星)과는 다른 장성(長星)임을 이야기 하였다.

『현종개수실록』 권18, 1668년(현종 9) 2월 12일(신사)[63]
상이 치우기(蚩尤旗)에 대해 묻자, 영상 정태화가 아뢰기를,
"송이영은 '근저에 별이 있다는 것도 분명한 것이 아니니 이것은 아마도 장성(長星)인 듯하다.'고 하였습니다."
하니, 상이 이르기를,
"천문서(天文書)에 '꼬리가 짧은 것은 혜성이고 꼬리가 긴 것은 장성(長星)이다.'고 하였으니, 송이영의 말이 옳은 듯하다."
하였다.

---

62) 『顯宗改修實錄』 권14:35ㄱㄴ; 현종 7년 2월 7일(무오); 『현종개수실록』 6(민족문화추진회, 1992), 293~294쪽의 번역문을 인용함.

63) 『顯宗改修實錄』 권18:41ㄴ; 현종 9년 2월 12일(신사); 『현종개수실록』 8(민족문화추진회, 1992), 185~186쪽의 번역문을 인용함; 성주덕 편저, 이면우·허윤섭·박권수 역주, 『書雲觀志』(소명출판, 2003), 263쪽의 번역문을 소개하면 다음과 같다. "…전 현감(縣監) 송이영(宋以穎)이 성문(星文)에 정통한데 그때 연안(延安)에 있었으므로, 계청(啓請)하여 관찰사에 명하여 그의 말을 적어서 보내게 하였다. <그가> 이르기를 "연안 근해에 과연 본관(本觀)에서 측후하기 수일 전에 이미 조짐을 보고 밤마다 살폈더니, 모양과 색깔은 대개 서울에서 본 것과 다를 바가 없으나, 다만 흰 무리 안에는 끝내 성체가 보이지 않았고 무리의 형상도 매우 분명하지 않아서 거의 떠도는 안개와 같습니다. 또 '갈대를 심은 것과 같다'고 말하려면 대개 갈대 끝이 반드시 다 누워서 굽어 있어야 하는데 이번 백기는 끝이 뾰족하고 곧바르므로 결코 갈대를 심은 형상이 아닙니다. 아마도 장성(長星)의 종류일 듯하나 또한 억단할 수는 없습니다." 하였다.…".

이후 송이영은 연안에서 돌아와 1669년(현종 10)에 관상감으로 복귀한 것으로 보인다. 이때 홍문관에서는 이민철과 송이영에게 새로운 혼천의와 자명종을 올리도록 하였다.

> **『현종개수실록』 권21, 1669년(현종 10) 10월 14일(갑술)[64]**
> 홍문관이 혼천의와 자명종(自鳴鐘)을 올렸다. 앞서 상이 이민철에게 명해 물의 힘으로 돌아가는 혼천의를 만들게 하고, 송이영에게는 자명종을 만들게 하고 홍문관으로 하여금 맡아 감독케 하였는데, 이때에 이르러 이민철 등이 완성하자 옥당이 만드는 방법을 글로 적어 올렸다. 상이 이르기를,
> "두 사람이 몸과 마음을 기울인 공로가 결코 적지 않다. 해조로 하여금 참작해 논상토록 하라."
> 하였다.

위의 문헌기록에 의하면 이민철은 물의 힘으로 돌아가는 혼천의를 만들게 하였고, 송이영의 것은 자명종이라고만 기록되어 있을 뿐이다. 『서운관지』「고사」 권3과 『증보문헌비고』「상위고」 권3의 기록들과 비교 검토해 보면 이때 만든 송이영의 것은 서양식 자명종 원리를 이용한 추동식 혼천시계를 지칭하는 것임을 알 수 있다. 이 문헌들을 살펴보면 천문교수 송이영이 제작한 혼천시계는 일본 자명종의 방법을 사용하고 추를 동력으로 사용했음이 나와 있다.[65]

송이영과 이민철은 이때 제작한 혼천시계로 인해 임금의 총애를 더욱 더 받게 되었으며, 후한 상까지 받게 되었다. 송이영은 기기제작자로서의 뛰어난 능력 외에도 서양 역법(曆法)에 대한 신뢰가 상당했음을 알 수 있다. 시헌력(時憲曆)은 1654년(효종 5) 조선에 반포된 이래로 몇 차례 시행착오와 논란이 있었다.[66] 이때 송이영은 윤달의 잘못을 지적하고 시헌력의 오차를 논하는 송형구(宋亨久)와의 토론 끝에 송이영의 지식이 옳았다는 것이 밝혀지게 되는 일이 있었다.

---

64) 『顯宗改修實錄』 권21:55ㄱㄴ; 현종 10년 10월 14일(갑술); 『현종개수실록』 9(민족문화추진회, 1992), 328~329쪽의 번역문을 인용함.

65) 『書雲觀志』「故事」 권3:42ㄴ; 『국역서운관지』(세종대왕기념사업회, 1999), 152쪽, 『增補文獻備考』「象緯考」 卷3:2ㄱㄴ, 3ㄱ; 『국역증보문헌비고』「상위고」(세종대왕기념사업회, 1980), 163~164쪽.

66) 전용훈, "조선후기 서양천문학과 전통천문학의 갈등과 융화"(서울대학교 대학원, 2004), 133~149쪽; 송형구는 현종대 초반 시헌력 반대론을 주장하며 여러 차례 상소를 올린 적이 있었다. 전용훈(2004)의 논문에서는 송형구의 상소내용과 그의 의견에 비판하는 내용 등을 자세히 기술하고 있다.

전 찰방 송형구(宋亨久)가 상소하여, 내년 윤달이 잘못되었음을 말하고 또 시헌
력(時憲曆)의 오차를 논하자, 상이 그 상소를 예조에 내려 관상감으로 하여금 의
논해 아뢰게 하였다. 본감이 형구로 하여금 본감의 관원 송이영과 논란토록 하였
는데, 송이영이 형구의 말이 옳지 않다고 해 결국 시행하지 않았다.

송형구는 시헌력의 오차에 대하여 여러 차례 상소한 바 있다. 이중 세 번째에
상소는 '1669년 12월에 윤달이 없고 다음 해인 1670년 2월에 윤달을 둔다'는 현종
의 조칙(詔勅)이 내려진 이후에 나온 것이다.[68] 하지만 1669년(현종 10)의『현종개
수실록』에는 송이영은 시헌력의 윤달 배치에 대한 자신의 주장에 대하여 흔들림
없이 펼쳤던 것이다. 이것은 송이영이 시헌력에 대하여 올바로 이해하고 수용하
였음을 잘 보여주고 있다.

『서운관지』「고사」에 의하면 "물로 격동하는 혼천의는 이민철을 시켜 보수하
고 학사(學士) 오도일(吳道一)에게 명하여 명문(銘文)을 짓게 하였다. 또한 송이영
혼천시계는 그가 죽었으므로 관상감의 관원인 이진(李䅻)으로 하여금 정교하게
중수하게 하고, 신 최석정에게 명하여 명문을 짓게 하였다"고 기록되어 있다.[69]
이 문헌기록에 의하면 송이영은 1687년에 이미 죽은 것으로 나타나고 있다. 하지만
『세보』에서는 1672년 송이영이 죽은 것으로 기록[70]하고 있어 두 기록 사이에 차
이가 있다.

송이영은 관원으로서 천문을 관측하고, 천문기기를 제작하고, 뛰어난 역산가로
서의 모든 역할을 수행한 당시 천문학 분야에서 총망 받았던 학자였다. 아쉽게도
그의 저술 활동에 대한 자료를 찾을 길이 없어 실록이나 일부 문헌에 의존하여
송이영의 천문활동을 살펴볼 수 있었다.

---

67) 『顯宗改修實錄』 권22:5ㄴ; 현종 10년 11월 9일(무술); 『현종개수실록』 10(민족문화추진회, 1992), 12쪽의 번역문을 인용함.

68) 전용훈, 앞의 논문(2004), 140쪽.

69) 『書雲觀志』「故事」 권3:43ㄱ; 『국역증보문헌비고』「상위고」(세종대왕기념사업회, 1980), 153쪽의 번역문을 인용함. 최석정,
　　『명곡집(明谷集)』 권11(1721년 간행); <자명종명>에 의하면 서운관원 이진(李䅻)과 장인(匠人) 박성건(朴成建) 등이 수리에
　　참여하였다.

70) 延安宋氏世譜編纂委員會, 앞의 책, 92쪽.

3. 혼천시계 제작배경

혼천의의 제작은 천문관측 실무부서인 관상감이외에 홍문관에서도 수차례 제작요청이 있었다. 홍문관은 본래 왕실의 서적을 관리하기 위한 기구였으나, 성종대(成宗代) 이후 사림(士林) 세력의 등장과 함께 사헌부(司憲府), 사간원(司諫院)과 함께 삼사(三司)의 하나가 되었다. 홍문관은 사헌부와 사간원이 갖고 있던 언관(言官)으로서의 정치적 기능과 더불어 집현전(集賢殿)의 후신으로서 양사(兩司)의 언론활동을 이론적으로 뒷받침하는 기능을 한다. 또한 학문과 문화 사업을 주도하여 경연(經筵)을 통해 임금의 학문 성취를 보좌하는 등 학술활동에 직접 참여하는 특징을 함께 가지고 있었다.[71] 이러한 홍문관의 특성상 경연에서 이루어지는 천문역상에 대한 논의나 혼천의 제도에 대한 논의가 이루어질 때, 학술적인 혼천의의 제작을 주청하거나 제작 이후 운영과 관리를 주관하였다.[72]

이러한 예로 1548년(명종 3)에 관상감에서 제작한 혼천의를 홍문관에 두도록한 사실과[73] 1657년(효종 8)에 김제 군수 최유지의 혼천의를 본떠 제작한 혼천시계를 홍문관에 두도록 요청했던 일을 예로 들을 수 있다.[74] 또한 1669년 이민철과 송이영이 혼천시계를 제작하였는데, 홍문관에서 주관하여 운영과 관리를 했던 사실에서도 잘 나타나고 있다.[75] 그러므로 우주관에 대한 이해, 시간 관리, 역법 등의 천체운행원리의 교육과 학습은 관상감뿐만 아니라 홍문관에서도 수행되었음을 확인할 수 있다.

그런데 1669년 국가에서 전통적인 방식의 수격식 혼천시계 이외에 서양의 자명종을 결합한 혼천시계를 만들도록 했던 것은 아주 특별한 의미를 지닌다고 할수 있다. 당시 조선과 중국에서는 서양역법인 시헌력이 도입 되어 사용했던 시기였다. 하지만 중국 강희(康熙, 1662~1722) 년간에 일어났던 양광선(楊光先)[76]이 탕

---

71) 禹景燮, "英・正祖代 弘文館 기능의 변화", 『한국사론』 39(1998), 137~138쪽.

72) 『英祖實錄』 권15:20ㄱㄴ; 영조 4년 2월 18일(기해); 홍문관에서 말하는 학술적인 혼천의는 실제 관측을 제외한 과학적인 측면과 정치사상적인 측면을 담는 의미로 기술함.

73) 『增補文獻備考』 「象緯考」 권2:33ㄴ; 명종 3년(1548) 10월; "명종 3년에 관상감에 명하여 혼천의를 만들어 홍문관에 두게 하였다. 10월에 명이 내려져 다음해 정월에 준공되었다".

74) 위의 책, 권3:1ㄴ・2ㄱ.

75) 『顯宗改修實錄』 권21:55ㄱㄴ; 현종 10년 10월 14일(갑술).

약망(湯若望, Johann Adam Schall von Bell, 1591~1666)[77]을 탄핵했던 사건으로 이전의 대통력(大統曆)으로의 복귀한 상황에 이르게 되었다.[78] 이후 양광선의 몰락으로 시헌력을 재시행하는 혼란시기를 거치면서 조선에서도 시헌력에 대한 찬반론이 복잡하게 전개되었던 시기였다.

전용훈(2004)에 의하면 이시기는 "국내에서 지속되어 온 시헌력에 대한 불신감과 대통력에 대한 숭앙(崇仰)의 태도에 강희초년(康熙初年)에 중국에서 일어났던 역국대옥(曆局大獄, 1664~1665)의 사건전개가 맞물리면서 현종대(顯宗代, 재위 1660~1674)에서 시헌력 폐지와 대통력으로 회귀, 그리고 시헌력 자체에 대한 신뢰가 지속되기 어려운 상황"으로 보았고 "시헌력에 대한 신뢰의 불완전함으로 현종대에는 이미 사용하고 있는 시헌력을 폐지하자는 주장까지 공식적으로 제기될 정도였다"라고 언급하고 있다.[79]

하지만, 이미 관상감에서는 서양과학인 새로운 역법을 시행하고 있었고, 17세기 초반부터 현종대(顯宗代)까지 보여주었던 홍문관 학자들의 서양과학기술 수용에 진취적이었던 상황은 서양식 자명종 원리를 이용한 송이영 혼천시계의 제작을 가능하게 하였다. 이러한 혼천시계의 출현배경이 될 수 있는 정치사회적인 맥락을 다음과 같이 살펴보았다.

1623년 광해군(光海君, 재위 1608~1623)이 서인(西人)에 의해서 물러나고 인조가 즉위하였다(仁祖反正). 인조를 왕위로 계승시킨 서인은 명(明)과의 친분을 유지하면서 금(金)을 배척하려는 외교노선을 펼쳤고, 이 결과 두 차례 후금(청)의 침략이 있었다. 정묘호란(丁卯胡亂, 1627)에 이은 병자호란(丙子胡亂, 1636)의 결과 발생된 삼전도(三田渡, 송파)의 굴욕으로 왕실의 위신은 땅에 떨어지고 당시 지식인이었

---

76) 중국 학자인 양광선(楊光先)은 서양배척론을 주장하였다. 1664년 양광선의 무고로 탕약망이 체포되는 일이 있었다. 이때 F. 페르비스트(南懷仁)의 변호에도 불구하고 탕약망은 사형이 선고되었고 흠천감(欽天監)의 관리와 많은 선교사들도 연루되었다. 그러나 천재지변이 계속되었기 때문에 다른 신부들과 함께 살 신부도 태황태후(太皇太后)의 명령으로 석방되었다. 그 뒤 남당(南堂)으로 되돌아갔으나 양광선 등의 박해가 끊이지 않았다.

77) 중국 명(明)나라 말기부터 청(淸)나라 초에 걸쳐 포교활동과 천문역산(天文曆算)을 위해 활동한 예수회 신부이다. 1634년 서광계(徐光啓) 등을 도와 서양천문학에 근거한 『숭정역서(崇禎曆書)』를 완성했다. 1645년 청나라에서 흠천감감정(欽天監監正; 天文臺長)에 임명되었고 『숭정역서』에 기초한 『시헌서(時憲書)』를 완성했다. 이 달력은 1645년부터 1911년 청나라가 멸망할 때까지 시행되었다.

78) 전용훈, 앞의 논문(2004), 133쪽.

79) 전용훈, 위의 논문(2004), 21쪽.

던 사대부들의 자존심도 처참히 무너진 상황이었다. 많은 관료들이 관계(官界)를 떠나고 일반 지식인들도 향촌에서 은둔생활을 하기에 이르렀다. 이러한 시대 분위기속에 소현세자(昭顯世子)와 봉림대군(鳳林大君)이 8년 동안의 볼모생활을 끝내고 조선으로 돌아오게 되었다.

그런데 소현세자는 귀국 후 얼마 지나지 않아 죽게 되고, 소현세자의 아들이 있었음에도 불구하고 봉림대군이 세자로 책봉되었다. 봉림대군(효종)은 후에 왕위에 오르게 되지만 이러한 변칙적인 방법으로 왕위에 오르게 되면서 많은 부담을 안게 되었다. 그러므로 효종은 집권 초기에 인조대의 기본 외교노선을 고수하면서, 한 단계 더 나아가고 진전된 형태의 대외정책의 표방으로 북벌정책을 폈다.[80] 효종대의 북벌정책 추진은 청과의 전쟁과 문화적인 우월감이 겹쳐서 청에 대한 반감이 크게 일어났고,[81] 이러한 분위기를 대변하면서 북벌을 도모할 수 있는 중심인물로 김집(金集, 1574~1656), 송시열(宋時烈, 1607~1689), 송준길 등이 대두되었다.[82]

효종의 뒤를 이은 현종대에 주된 정치세력은 서인과 남인이었는데, 현종 즉위년에 일어난 효종의 모후(母后) 조대비(趙大妃)의 상복(喪服) 문제를 둘러싼 예송(禮訟) 논쟁에서 남인은 중앙정계에 물러나고, 송시열이 주류인 서인의 독주체제가 지속되었던 시기였다. 송시열과 송준길은 현종으로부터 대단한 신임을 받게 되었는데, 현종은 국가의 중대사에서 예(禮)와 관련되면 대신들과 함께 꼭 양송을 지목하여 그들의 의견을 묻게 하였을 정도이다.[83] 하지만 현종 재위 7년 이후에는 남인이 현종의 비호 아래 중앙정계에 발판을 마련하게 되었다.

최유지의 혼천시계 제작은 효종의 북벌정책과 청에 대한 반감을 갖는 시기인 1657년(효종 8)에 이루어졌다. 이 시기는 송준길이 효종의 부름을 받아 중앙정계로 진출한 때이다. 당시에 최유지가 제작한 수격식 혼천시계는 누국(漏局)에서 사용되었다. 누국은 국가표준시계인 자격루를 운영하던 곳이었다. 그러므로 누국에

---

80) 禹仁秀, 『朝鮮後期 山林勢力研究』(일조각, 2002), 113쪽.

81) 이기백, 『한국사신론』(일조각, 2007), 238쪽.

82) 이러한 효종 재위 시 송시열과 송준길의 위상에 대해서는 禹仁秀(2002)의 『朝鮮後期 山林勢力研究』(일조각, 2002), 148~164쪽에 자세히 기술되어 있다.

83) 禹仁秀, 위의 책(2002), 165~166쪽.

설치한 혼천시계의 위상은 세종시대의 보루각루(報漏閣漏, 또는 '자격루(自擊漏)'로 부름)나 흠경각루(欽敬閣漏, 또는 '옥루(玉漏)'로 부름)에 비견되는 중요한 시계 장치로 활용되었음을 알 수 있다.

이후 혼천시계의 제작은 송준길이 흠경각의 옛 제도를 복구할 수 있다고 하여 시작되었다. 송준길을 절대적으로 신임하고 있던 상황에서 세종시대의 흠경각에 대한 복원 주청은 앞서 인조반정에 이은 효종의 왕위 계승, 현종으로 이어지는 조선왕조의 정통성 문제와 결부되는 중요한 시점에서 나왔음 알 수 있다. 따라서 송준길의 주청은 현종의 권위를 굳건히 세우고, 영화로웠던 세종시대에 비견되는 시대로 만들어 가고자 하는 정치적인 의도가 가미된 행위였다고 볼 수 있다. 그러므로 새롭게 제작된 전통방식의 수격식 혼천시계가 임금의 어좌(御座) 옆으로 보내진 사실과 무관하지 않다.

시헌력 도입과 관련하여 중국에 있었던 소현세자가 탕약망으로부터 천문, 수학, 종교에 관한 여러 서적과 여지구(輿地球) 등의 선물을 받아왔는데,[84] 이때 소현세자는 "그것과 비슷한 서적이 우리 왕국에도 있긴 하나 솔직히 말씀드리면 그것은 결함투성이며 수세기 동안 천행(天行)의 사실과는 상반되는 것들이었습니다"[85]라고 하여 조선에서 사용하고 있는 대통력에 대한 개력 필요성을 언급하였다. 소현세자뿐만 아니라 봉림대군을 수행했던 한흥일(韓興一, 1587~1651)은 1645년에 귀국하여 국내에서는 공식적으로 가장 먼저 시헌력으로 개력을 주장하였다. 또한 같은 시기 김육(金堉, 1580~1658)은 인조에게 개력을 상소하였고 10년가량이 흐른 후 1654년(효종 5)이 되어서 시헌력을 반포하게 되었다.[86]

현종대에 시헌력의 계산과 역서를 담당했던 관상감의 관원들이나 김석주(金錫胄, 1634~1684)와 김만중(金萬重, 1637~1692) 등 일부 관료들 사이에서 시헌력은 상당한 신뢰를 획득해 가고 있었다. 김만중의 『서포만필』에서 서양과학에 대한

---

84) 연세대학교 국학연구원 편, 『韓國實學思想研究 4 - 科學技術篇』(혜안, 2005), 283쪽; 전용훈(2005)의 "17·18세기 서양 천문역산학의 도입과 전개"; 원전: 黃斐默, 『正教奉褒』, 上海: 慈母堂, 光緒二十九年, 25쪽 a.

85) 金龍德, 『朝鮮後期思想史研究』(乙酉文化史, 1977), 423쪽.

86) 연세대학교 국학연구원 편, 위의 책(2005), 291쪽; 전용훈(2005)의 "17·18세기 서양 천문역산학의 도입과 전개"에서 인조대의 개력 논의가 시작될 때부터 조선에서는 시헌역법 지식을 배우고자 노력했지만 단기간에 배워서 익힐 수 없는 방대한 지식이었음을 말하고 있다.

인식을 살펴보면 "명 만력 연간에 서양의 지구설이 나타나서 혼천, 개천설이 비로소 하나로 통일되었으니 역시 한 쾌사이다. 대저 고금의 천문을 말한 사람들은 코끼리를 만지는 데 각각 한 부분만 만진 경우라면, 서양역법은 비로소 그 전체를 만졌다 하겠다(明萬曆間 西洋地球之說出 而渾盖兩說 始通爲一 亦一快也 盖古今談天者 譬之捫象 各得一體 至西洋曆法 始得其全體云)"라고 언급하였다.[87] 김만중은 지구설이야말로 그동안 우주체계에 대한 여러 설을 마무리 짓는 것으로 혼천설과 개천설이 함께 어우러진 완전한 모양이라고 여겼다. 또한 서양역법에 대한 신뢰가 얼마나 컸는가를 알 수 있었다. 하지만 시헌력과 함께 대통력은 여전히 계속해서 제작되었고, 국가의 중요 제의(祭儀)가 대통력서에 따라 시행되었다.[88]

병자호란을 겪은 조선에서 시헌력이 도입될 무렵 청(淸)에 대한 반감이 있었고, 일부 학자들은 시헌력을 '청력(淸曆)'으로 인식하여 시헌력 개력에 대한 반대와 상소가 있었다. 이러한 시기 혼천시계의 제작이 가능했던 이유를 몇 가지로 정리하면 다음과 같다.

첫째, 17세기의 초반부터 들어온 『곤여만국전도』(1602), 1631년 정두원이 서양인 신부인 육약한(陸若漢, Joao Rodriguez, S. J., 1561~1634)으로부터 자명종 이외에도 『천문략(天文略)』, 『직방외기(職方外記)』 등의 서학서를 받아 귀국하였던 상황,[89] 시헌력의 도입시기(1644~1653) 들어온 『혼천의설(渾天儀說)』(1644),[90] 여지구(輿地球)(1645)[91]와 같은 서양과학기술 수용의 누적된 결과가 있었다.

둘째, 1650년대부터 수격식 혼천시계가 발달해 오면서 시간의 정확성과 편리성을 높이는 데 특별한 개량지점이 부각되지 못했고, 반면에 천체운행 메커니즘에 대한 기술은 뚜렷한 개량지점이 있었다. 그러므로 송이영은 수격식 시스템의 보완과 천체운행 메커니즘의 개량을 중요한 문제로 보았다. 즉, 수격식 시스템을 변화시키고, 서양 과학기술을 응용해야 하는 변화가 요구되었다.

셋째, 시헌력 시행 이후 반대 상소가 있었던 현종대(顯宗代)에 현종을 비롯한

---

87) 김만중 저, 홍인표 역주, 『서포만필(西浦漫筆)』(일지사, 1987), 284~285쪽의 원문과 번역문을 인용함.

88) 연세대학교 국학연구원 편, 앞의 책(2005), 291쪽; 전용훈(2005)의 "17·18세기 서양 천문역산학의 도입과 전개".

89) 『書雲觀志』「故事」권3:28ㄴ~29ㄴ;『국역서운관지』(세종대왕기념사업회, 1999), 138~139쪽.

90) 『增補文獻備考』「象緯考」卷1:5ㄴ 6ㄴ.

91) 연세대학교 국학연구원 편, 위의 책(2005), 283쪽; 원전: 黃斐默, 『正敎奉褒』, 上海: 慈母堂, 光緒二十九年, 25쪽 a.

홍문관의 학자, 관상감의 관리, 그리고 일부 선진적인 지식인들의 서양과학에 대한 신뢰가 싹트고 있었다. 이들은 서양과학인 시헌력과 그 영향을 받아 제작된 혼천시계와 같은 기술출현에 든든한 후원자 역할을 하였다.

실학자들의 관심은 전통방식의 혼천시계에서 서양식 자명종 동력을 이용한 혼천시계로 옮겨가고 있었다. 이후 수격식 혼천시계를 발전시키기 위한 국가나 개인의 제작은 이루어지지 못했다. 반면 조선 초기의 전통을 이어온 이민철의 수격식 혼천시계의 사용이 조선 후대까지 이어졌던 것[92]은 세종대의 수격식 전통이 얼마나 중요한 의미를 담고 있는지를 보여주는 것이라고 할 수 있다.

---

92) 전상운, 『시간과 시계 그리고 역사』(월간시계사, 1994a), 128쪽, 136쪽.

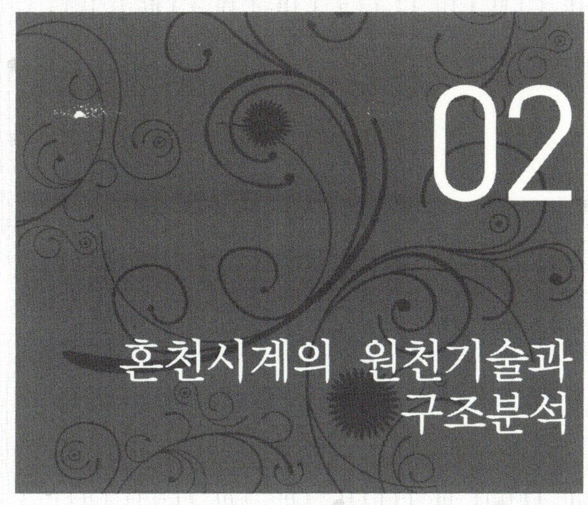

02
혼천시계의 원천기술과
구조분석

송이영의 혼천시계는 조선 세종대 혼의와 혼상(1435), 흠경각루(1438)의 천체운행 원리의 특징을 보여주고 있다.[93] 혼천시계가 제작되기 전에 최유지에 의해서 수력으로 운행하는 혼천의가 제작되었는데, 최유지는 자신이 만든 혼천의를 본떠 1657년에 새로운 수격식 혼천시계를 만들었다. 시간이 흘러 이 혼천시계 수리의 필요성이 제기되었고, 수리를 담당한 송이영과 이민철은 최유지 혼천시계의 메커니즘에 대한 기술을 접할 수 있었다.

송이영과 이민철은 최유지의 혼천시계를 바탕으로 더욱 더 정교해진 혼천시계 구조를 완성할 수 있었다. 혼천시계의 구조는 『조선왕조실록』, 『증보문헌비고』 「상위고」, 『서운관지』 「고사」 등에 나오고 있다. 또한 현존하는 혼천의와 관련 유물들의 문헌기록이 남아 있어 송이영 혼천시계의 특징과 구조를 비교해 볼 수 있다.

조선과 중국 등의 시계장치를 분석하는 것은 혼천시계의 전체적인 구조를 연구하는 데 중요하다. <표 3>은 조선과 중국 등에서 제작되고 운영되어 왔던 자동시계를 연도별로 정리하여 제작기술의 흐름을 알아볼 수 있다. 이 표에서 조선의 자동시계 기술을 중국 등의 기술발전 상황과 비교해 볼 수 있다. 비고란에 제시하고 있는 서양의 수직 왕관형탈진기와 수평 왕관형탈진기의 등장, 진자가 달린 탈진장치와 앵커탈진기(anchor escapement)로의 변화는 송이영 혼천시계의 탈진장치

---

93) 『世宗實錄』 卷80:5ㄱㄴ~6ㄱㄴ; 세종 20년 1월 7일(임진); 옥루에는 금으로 만든 해와 오색구름이 둘러서 산허리 위를 지나도록 되어 있다. 해는 하루에 한 번씩 돌아서 낮에는 산 밖에 나타나고 밤에는 산속으로 들어가며 실제 태양의 운행에 준하도록 하였다. 시간을 알리는 타격 방법은 자격루의 방식을 응용하였다. 시패장치는 실제 12지 동물들이 나오도록 고안되어 있다. 이러한 시스템을 운행하는 동력장치는 물을 공급하여 사용하였다.

와 진자장치의 기술적용과 도입시기를 규명하는 데 중요한 의미를 지닌다.

표 3. 조선과 중국을 중심으로 살펴본 자동시계 연표

시기	조선[94]	중국 및 기타국[95]	비고
2세기		後漢: 장형의 동혼천의(혼상).	
6세기		Byzantine시대: 인형시보 물시계.	
7세기		唐代: 혼천의에 삼신의 신설(선기·월유환).	일·월·5행성의 수동작.
8세기		수운혼천부시도(혼상).	일·월의 상대적 자동운행.
10세기		宋代: 태평혼의에 (평면)달 위상장치.	
		소송은 혼천의에 사상환·천운환,	
		육합의 안에 혼상 (신의상법요).	일·월·5행성의 상대적인
1092		北宋: 소송과 한공렴의 <수운의상대>	수동작, 삼신의(항성)는 자동
		수력에 의한 혼상과 혼의 운행.	운행.
1206		Islam: al Jazari의 50여 종의 기계식 물	구슬이용장치.
		시계(코끼리·양초 시계 등).	
1279		元代: 태사원, 영대의 수격식 혼천의.	
14~15세기		Europe: 수도원에서 기계시계가 발명.	수직 왕관형탈진기.
1434	보루각 자격루.		
1435	세종대 수격식 혼의와 혼상.		
1438	흠경각 옥루.		
1536	신보루각 자격루.		
1580년경		Europe: 자명종의 새로운 탈진시스템 등장.	수평 왕관형탈진기.[96]
1600년 전반		明末·淸代에는 서양식 기계시계가 들어옴.	
1627		王徵의 조속기식(verge and foliot)식 기	
		계시계 제작(구슬 운행).	
1631	정두원의 자명종 도입.		
1637		Italy: 갈릴레이의 진자시계 구상.	
1650	효종즉위년 자명종		
1650년대	유흥발의 자명종 기술터득.		
1657		Netherlands: 호이헨스의 진자시계.	수평 왕관형탈진기와 진자
1657	최유지의 수격식 혼천의.		장치.
	최유지의 수격식 혼천시계.		
1669	이민철의 수격식 혼천시계.		
	송이영의 추동식 혼천시계.		
1670년경		Europe: 수직평면형 탈진기와 진자장치.	수직 앵커탈진기.[97]
1700년대	숭실대학교 혼천의 부품.		
1762	홍대용의 추동식 혼천시계.		
1800년대	강이중·강이오의 추동식 혼천시계.		

94) 『世宗實錄』 권77:26ㄴ; 『中宗實錄』 권82:12; 『增補文獻備考』 「象緯考」 권2:22ㄴ~권3:11ㄴ; 『增正交隣志』 제2권, 지(志) <陳賀差倭>; 홍대용의 『湛軒書』 외집 권6 「籌解需用」; 이규경의 『五州衍文長箋散稿』 권13; 전상운, 앞의 책(1994), 95~96쪽, 136~137쪽에서 발췌 정리함.

95) 남문현, 『한국의 물시계』(건국대학교 출판부, 1995), 5~7쪽; 데이바 소벨·윌리엄 앤드루스 지음, 김진준 옮김, 『해상시계』 (생각의 나무, 2005), 65쪽; Abbott Payson Usher, *A History of Mechanical Inventions* (Harvard University Press, 1954), pp.310~312; Al‑Jazari, Donald R. Hill(ed. & transl.), *The book of knowledge of ingenious mechanical devices* (Pakistan

중국에는 물로 운행하는 자동시계에 대한 문헌이 이미 2세기에 등장한다. 후한(後漢)의 장형(張衡)이 제작한 동혼천의(혼상)에 대한 기록이다. 이후 당대(唐代)와 송대(宋代)를 거치면서 혼천의의 여러 환(環)들이 추가되었고, 천체운행을 나타내는 장치들이 추가되었다. 1092년 북송(北宋)의 소송(蘇頌)과 한공렴(韓公廉)은 수력으로 운행하는 혼의와 혼상이 있는 수운의상대(水運儀象臺)를 제작하였다. 수운의상대의 천체운행과 시보시스템의의 특징과 구조는 송이영 혼천시계에서도 잘 보여주고 있다. 이후 1279년 원대(元代) 태사원(太史院)의 영대(靈臺)에 설치한 수격식 혼천의가 있었다.

서양에도 이미 6세기 비잔틴 시대에 인형시보 물시계에 대한 기록이 있다. 이후 이슬람에서는 기계식 물시계가 제작되었다. 알 자자리(1206)는 여러 종류의 물시계를 제작했는데, 구슬을 이용한 시계장치였다. 유럽의 수도원에서도 기계시계가 제작되었다. 이때에 사용하던 기계시계는 폴리오트가 장착된 수직 왕관형탈진기를 이용한 시계였다. 1580년에 새로운 방식의 탈진기가 등장했는데, 수평으로 설치된 왕관형기어였다. 이러한 기계시계는 중국으로 전해졌다. 1627년 왕징(王徵)은 폴리오트 방식의 구슬신호를 사용한 기계시계를 제작했다.

기계시계의 획기적인 발전은 갈릴레이의 진자시계의 구상(1637)과 호이헨스의 진자시계(1657)가 등장하면서 이루어졌다. 진자시계의 탈진기는 수평 왕관형탈진기에 진자를 장치하였다. 1670년경에는 새로운 방식의 탈진기가 등장하였다. 수직평면형의 탈진기에 진자장치가 부착한 앵커탈진기였다. 혼천시계에 사용한 탈진기는 앵커탈진기가 출현하기 직전에 사용된 호이헨스의 수평 왕관형기어와 진자장치였다.

위와 같은 흐름의 자동시계 발전사 중에서 먼저 조선에서의 발전을 집중적으로 검토하였다. 우선 세종시대의 시계장치에 대하여 분석하였다. 그리고 중국의 수운의상대와 이슬람 물시계의 구조와 시보시스템을 검토하고, 서양의 폴리오트와 진자를 이용한 기계시계에 대하여 분석하였다.

Hijra Council, 1989); 南秉哲, 『儀器輯說』 상권 「渾天儀」의 <渾天儀說> 등에서 발췌 정리함.

96) Edmund Beckett, *Clocks & Watches and Bells* (Crosby Lockwood and Co., 1883), p.28; Hachette Collections Japan, 『古の時計』(アシェット · コレクションズ · ジャパン株式会社, 2006), p.10.

97) 李約瑟, 『中國科學技術史: 第四卷 物理學及相關技術』(科學出版社 · 上海古籍出版社, 1999). p.504.

1. 세종시대의 시계장치

(1) 혼의와 혼상

① 문헌기록

1437년(세종 19)의『세종실록』기록에는, 1435년에 제작한 혼의(또는 혼천의)와 혼상의 설치와 작동기술 등에 대한 기록이 있다.

> **『세종실록』 권77, 1437년(세종 19) 4월 15일(갑술)[98]**
> 표 서쪽에 작은 집을 세우고 혼의와 혼상을 놓았는데, 혼의는 동쪽에 있고 혼상은 서쪽에 있다. 혼의의 제도는 역대와 같지 아니하나, 이제 ≪오씨서찬(吳氏書纂)≫에 실린 글에 의해 나무에 칠을 하여 혼의를 만들고, 혼상의 제도는 베[布]에 칠을 하여 몸통을 만들되 둥글기는 탄환(彈丸)같고 둘레는 10척 8촌 6분이다. 종횡으로 하늘 둘레의 도·분을 그렸는데, 적도는 중간에 있고 황도는 적도의 안팎에 나들되 각각 24도가 약하다. 중외관성(中外官星)이 두루 벌여 있어 하루에 한 바퀴를 돌고 1도를 더 지나간다. 노끈으로 해를 얽어 황도에 매고, 매일 1도씩 물러나서 행하여 하늘의 행함과 합하였다. 물을 이용하여 기계가 움직이는 공교로움은 숨겨져서 보이지 아니한다.

위의 문헌기록에 의하면 혼의와 혼상은 별도의 건물을 지어 그 속에 설치하였다. 혼천의는 원대(元代)에 오징(吳澄)이 편찬한『서찬언(書纂言)』의 기록을 따랐음을 알 수 있다. 하지만 이는 동아시아에서 전통적으로 내려오는 혼천의 표준화된 좌표시스템이나 환들의 배치 등의 기본 틀(우주체계)을 말하는 것이다. 혼천의에서 기본 체계를 제외한 다른 부품들은 조선의 독창적인 제작기법과 미적 감각을 사용하여 제작하였다.[99]

문헌에서 밝힌 혼상의 크기가 10척 8촌 6분[100]이라고 언급하고 있으나 혼천의의 크기는 따로 언급하지 않았다. 혼상 둘레에는 적도와 황도를 그렸고, 그 교각을

---

98)『世宗實錄』권77:26ㄴ; 세종 19년 4월 15일(갑술);『세종장헌대왕실록』12(세종대왕기념사업회, 1980), 144쪽의 번역문을 인용함.

99) 세종시대에 만들어진 천문의기의 제작사례를 살펴보면, 세종대의 앙부일구, 측우기, 일성정시의, 소간의, 현주일구, 정남일구 등의 구조와 형태는 조선의 상황에 맞도록 독창적인 창안이나 개조를 통하여 제작되었다.

100) 주척 1척을 20.7cm로 적용하여 계산하면 혼상의 지름은 71.5cm가 된다.

24도 약101)으로 제시하고 있다. 그리고 하늘에 떠있는 별들이 하루에 1회전하고 1도를 더 회전한다고 하였다. 이는 지구가 자전을 하면서 공전하기 때문에 일어나는 현상이다. 또한 노끈을 이용하여 태양이 황도상을 따라 1도씩 후퇴하는 메커니즘을 언급하고 있다. 이 모든 작동은 수력을 이용한 기계장치로 운영되고 있다.

중국의 경우 오래전부터 혼천의를 물로 작동시키고 혼의와 혼상을 함께 두어 사용하였다. 송나라 원우(元祐, 1086~1094) 때 소송(蘇頌)과 한공렴(韓公廉)이 제작한 수운의상대(水運儀象臺)는 수력으로 운행하였다. 수운의상대와 세종대 혼의와 혼상은 같은 동력을 사용하는 시스템으로 기본적인 원리는 같다고 할 수 있다. 수운의상대의 혼의에 달려 있는 태양과 달운행장치는 수동이었을 것으로 추정되며 이에 비하여 태양운행을 자동화시킨 조선의 것은 진일보한 발전이라고 볼 수 있다.102)

② 구조와 운행원리

『세종실록』의 1433년(세종 15) 6월 9일에 혼천의에 대한 기록이 나오고 있다. 그러나 이는 관측용 혼천의로 수력에 의한 수격식 혼천의는 아니었다. 간의대의 여러 기기 중에서 운행할 수 있는 기륜을 장착한 본격적인 시스템은 이보다 조금 늦은 1435년(세종 17)에 완성한 것으로 보인다.103) 당시 경회루 북쪽에는 간의대가 있었고, 간의대 서쪽에 규표가 설치되었다. 그리고 이보다 서쪽에 작은 집을 만들어 혼의와 혼상을 설치하였다. 간의대 주변의 이러한 기기 배치는 중국 원의 곽수경 등이 수립한 태사원(太史院)의 영대(靈臺)를 모델로 삼아 시행하였던 것으로 보이는데, 이 태사원 영대에도 수격식 혼천의가 설치되었다.104)

세종대 혼의와 혼상에 나오는 작동구조와 매우 유사한 기록이 『제가역상집』 권3에 나온다. 기록에 의하면 당대(8세기 초)의 양영찬(梁令瓚)이 만든 <수운혼천부시도(水運渾天俯視圖)>에는 "물로 바퀴를 쳐 스스로 돌아가게 하는데 1주야에 하늘이 1바퀴 돌아간다. 또 천구의 바깥에 별도의 두 환을 설치하여 해와 달을 매

---

101) 주천도수(365.25도) 24도 약(24도 − 1/12도)은 23.9도가 되며 이를 360도법으로 환산하면 23.572도에 해당된다. 오늘날의 황적도 교각은 23.438도이며 매일 아주 조금씩(0.00000036×day) 줄어들고 있다(역서 2007, 한국천문연구원).

102) 韓永浩 · 南文鉉 · 李秀雄, "朝鮮의 天文時計 연구 − 水激式 渾天時計 −", 『한국사연구』 113(2001), 69~72쪽.

103) 韓永浩 등, 위의 논문(2001), 61쪽.

104) 韓永浩 등, 위의 논문(2001), 62쪽.

달고 운행토록 하였다. 천구가 서쪽으로 1바퀴 돌아갈 동안 해는 동으로 1도 움직이며, 달은 13과 1/19도 이동한다."라고 하였다.[105)

양영찬의 것과 세종대의 혼의와 혼상의 작동구조를 비교해 보면, 세종대에는 기술적 발전의 개선이 특별히 없었던 것으로 보인다. 더구나 달의 운행에 관해서는 세종대에서 볼 수 없는 기록이다. 하지만 한영호 등(2001)은 세종대와는 달리 양영찬이 제작한 혼상의 두 환은 수동으로 회전시킨 것으로 보았다.[106)

이후에 제작된 장사훈(張思訓)의 천문시계에서 일월의 상대적인 운행뿐만 아니라 계절에 따른 주야장단 등도 자동으로 구현되었으나[107) 혼의와 혼상에는 적용하지 못했다.[108) 세종대 수격식 혼의는 황도환이 단환이라는 것과 천운환(天運環)에 대해 언급하지 않았다. 천운환은 물로 운행하는 기륜(機輪)의 회전을 전달받아 삼신의를 자동으로 움직이기 위해 한공렴이 처음으로 개발한 것이다. 그러므로 세종대의 혼의와 혼상에도 천운환의 역할을 하는 기륜의 존재를 추정해 볼 수 있다.

세종대 혼의와 혼상의 태양운행은 문헌에서 언급한 것처럼 혼상의 천상운행만을 나타내고 있다. 한영호(2001)는 혼상뿐만 아니라 혼천의에 이와 같은 기륜이 설치되었을 것으로 보았다. 그는 혼상과 혼의가 함께 나란히 위치해 있고, 같은 동력 축을 갖고, 동시에 태양운행장치를 했을 것으로 보고 있다.[109)

(2) 보루각루와 흠경각루

보루각루(자격루)의 유실된 시보장치 안에는 12지(支) 시패(時牌) 장치가 있었다. 이 장치는 훗날 혼천시계의 시간알림장치인 12지 시패장치시스템과 상당히 유사한 구조를 갖고 있다. 그러므로 보루각루의 전체적인 구성과 시보시스템에

---

105) 『제가역상집』 권3, 22ㄱ; 韓永浩 등, 위의 논문(2001), 69쪽의 번역문을 인용함.

106) 韓永浩 등, 앞의 논문(2001), 69~70쪽; 한영호 등(2001)에 의하면 『元史』 「天文志」에 기록된 장사훈의 의기에 대한 언급에서 "按舊法 日月晝夜行度皆人所運行 新制成于自然 尤爲精妙"라 하여 당 개원(開元, 713~741)의 혼상에 일월의 궤도가 있었으나 해와 달의 움직임은 수동에 의한 것으로 밝히고 있다.

107) 李純之, 『諸家曆象集』 권3:8ㄱ; 韓永浩 등, 위의 논문(2001), 70쪽에서 "舊制太陽晝行度皆以手運 今所制取於自然"이라 하여, 양영찬은 수동 움직임으로, 장사훈은 자동으로 일월의 운행을 나타내고 있음을 알 수 있다.

108) 李志超, 『水運儀象志 – 中國古代天文鍾的歷史』(中國科學技術大學出版社, 1997), 66~71쪽.

109) 韓永浩 등, 위의 논문(2001), 68쪽.

대한 연구 결과를 혼천시계 시보시스템과 비교하여 살펴보았다. 또한 흠경각루 (옥루)의 시보장치와 천체운행시스템이 혼천시계의 시보장치와 태양운행장치의 기술적 유사성에 대해서도 검토하였다.

① 보루각루의 작동 메커니즘과 시보시스템

보루각 자격루는 물시계 부분과 시보장치로 구성되어 있다. 세종대 자격루는 경회루 남쪽에 지은 보루각에 설치하여 운영(1434)하였다.[110] 현재 덕수궁의 야외에 설치되어 있는 것은 물시계 부분만 남아 있다. 이 유물은 세종대 제작한 보루각루가 유실되어 1536년(중종 31)에 박세룡(朴世龍)이 세종대의 보루각루를 본떠 제작한 것이다.[111] 새로운 보루각루는 여러 차례의 개조와 보수를 거쳐 조선 말기까지 전해졌으며, 시보장치는 없어진 채 조선 표준시계의 역할을 마치게 되었다.[112] 이후 이 물시계는 국보 제229호에 지정(1985)되어 현재에 이르고 있다.

보루각루는 현대의 디지털 신호 변환 장치의 원초적 기술에 해당하는 장치가 있다. 그것은 물시계의 아날로그 신호(analogue signal)를 시보장치의 디지털 신호 (digital signal)로 변환시켜주는 방목(方木) 장치이다. 방목은 잣대를 교환할 수 있는 목재 틀인데, 이 방목의 한쪽 측면에 12시용 구슬고임장치에 쇠구슬을 장착하였고, 다른 측면에는 경점(5경 5점)시간용 쇠구슬을 장착하였다. 그러므로 잣대가 올라와 매시(오늘날의 2시간에 해당)마다 12시(종소리)용 신호를 발생시키고, 밤 동안에는 25개의 경점(경에는 북소리, 점에는 징소리)시간용 신호를 발생시키게 된다.

방목에서 만들어진 신호는 물시계와 시보장치를 이어주는 넓은 나무판[廣

---

110) 『世宗實錄』 권64; 세종 16년 6월 24일(병술); 『世宗實錄』 권 65:1ㄱㄴ~3ㄱㄴ; 세종 16년 7월 1일(병자); 이 날을 기해 자격루의 가동이 시작되어 조선시대의 표준시계의 역할을 수행하였다. 김돈(金墩)이 지은 <보루각기(報漏閣記)>는 1,260여 자로 구성되며 자격루의 제작동기, 원리와 기능, 구조에 관해 기술한 것이다(남문현, 앞의 논문(1998), 77쪽).

111) 『中宗實錄』 권82:12ㄴ; 중종 31년 6월 28일(신해); 『이조실록』 147(여강출판사, 1991), 41쪽; 김빈이 지은 <보루각명병서(報漏閣銘并序)>는 740여 자로 구성되며 조선시대에 통치이념이었던 관천수시의 내용과 이에 입각하여 제작된 자격루의 구조와 성능, 시간표준의 중요성, 자격루의 운영과 시보의 전달방법, 장영실에 대한 간략한 기술이 되어 있다(남문현, 앞의 논문(1998), 78쪽). 『中宗實錄』 권81:39ㄱ; 중종 31년 4월 9일(계사); 『이조실록』 147(여강출판사, 1991), 342~343쪽; 자격장(自擊匠) 박세룡(朴世龍)은 장인(匠人)들 가운데 매우 정교한 솜씨를 지니고 있었으므로, 이러한 사람은 반드시 항상 보루각에 머물러 두어 종을 보수케 하면 종을 항상 견고하고 완전하게 할 수 있을 것이라고 하였다.

112) 남문현, "金墩의 「報漏閣記」에 대하여 ─自擊漏의 原理와 構造─", 『한국사연구』 101(1998), 77쪽; 남문현은 자격루 연구에 있어 지속적이고 깊이 있는 연구를 진행하였다. 단행본: 남문현, 『한국의물시계』(건국대학교 출판부, 1995), 연구보고서: 건국대학교 한국기술사연구소, 『보루각 자격루 복원설계 용역』 보고서(문화재관리국, 1998); 나일성·박성래·전상운·남문현, 『과학기술문화재 복원 기초조사 및 설계용역』 보고서(문화재관리국, 1992).

板][113)을 통해서 시보장치 속으로 들어가게 된다. 이후 작은 구슬은 구리로 만들어진 동통(銅筒, 동 재질의 둥근 파이프)을 통해서 철환방출(鐵丸放出) 기구로 오게 된다. 그런 다음 지정된 위치에서 쇠구슬이 떨어지게 되는데, 이때 숟가락기구가 붙잡고 있는 큰 구슬을 12시용이나 경점시간용 기계장치로 갈 수 있도록 해준다. 철환방출 기구는 12시용과 경점시간용 기계장치로 신호를 보낸다는 의미와 함께 작은 구슬이 큰 구슬(철환)로 변화되어 종, 북이나 징을 타격할 수 있는 큰 힘으로 증폭시키는 역할을 하게 되는 것이다.

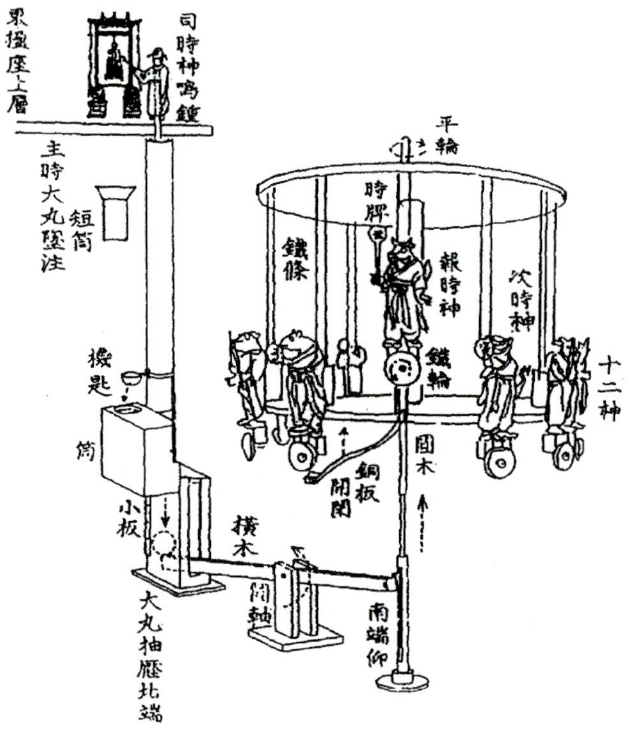

그림 4. 12시용 기계장치와 12지 시패장치(평륜)[114)

---

113) 광판은 목재로 만들었다. 1개의 수수호에서는 12시용과 경점용의 2개의 신호를 받게 되므로 2개의 수수호에서 모두 4개의 신호가 발생되고 광판의 쇠구슬 흠은 1개기 있게 된다.

114) 남문현, 앞의 논문(1998), 104쪽.

철환방출 기구에서 나온 큰 구슬은 경점용 기계장치로 이동하거나 12시용 기계장치로 이동하게 된다. 경점용 기계장치는 경시간 장치(북 타격)와 점시간 장치(징 타격)로 구분되어 1경 1점에 북과 징을 각 1회를 타격하게 된다. 1경 2점이 되면 북은 1회, 징은 2회를 타격하게 된다. 이렇게 하여 1경 5점이 되면 북은 1회, 징은 5회를 타격하게 된다. 시간이 흘러 5경 4점이 되면 5회의 타북과 4회의 타징을, 5경 5점이 되면 5회의 타북과 5회의 타징을 하게 된다. 경점시간의 25번의 신호를 마치게 되면 그동안 경점기계장치에 걸려 있던 25개의 큰 쇠구슬은 일시에 쏟아지게 된다.

<그림 4>는 12시용 기계장치와 12지 시패장치를 나타낸 것이다. 큰 구슬이 12시용 시계장치로 들어가면 쇠구슬이 낙하하는 힘으로 종을 친다. 쇠구슬이 낙하하는 힘은 시보장치의 12지 시패인형(子, 丑, 寅, 卯, 辰, 巳, 午, 未, 申, 酉, 戌, 亥의 시패를 들고 나오는 목제 인형)을 회전시킨다. 이때 시패인형은 시간알림 창을 통해 몇 시 인가를 알려준다.

혼천시계는 추력으로 발생된 기어작동에 의해 12지 시패가 지속적으로 회전하게 되고, T자형장치로 해당 시패를 올려주었다. 보루각루의 시보시스템은 혼천시계의 시간지속장치의 메커니즘과 시간알림 형식에 있어 매우 유사함을 알 수 있다. 다만 보루각루는 오늘날의 2시간 내내 정지한 시간을 표시하게 되고, 혼천시계는 시패가 움직이는 것을 확인할 수 있다.[115] 혼천시계의 이러한 구조로 인하여 시간알림 창에 세분화된 시각눈금이 있었을 가능성이 높다. 시각눈금을 이용하면 시패의 중심축이 가리키는 시간을 읽을 수 있다. 이것은 보루각루의 12지 시패 시간에서 보여 줄 수 없었던 세밀하고 정확한 시간측정을 할 수 있다.[116]

이러한 유사한 장치는 더 있다. 보루각루에 12지 시패인형을 경사진 면으로 오르게 하는 장치가 있다. 혼천시계 전면부에도 활모양의 철제 슬라이딩장치가 있는 것을 확인할 수 있다. 이 장치는 12지 시패장치가 무리하게 운행되지 않도록 고안한 것이다. 보루각루의 경우 더욱 절실한 기술이었을 것이다. 보루각루에서

---

115) 하지만 자격루의 물시계 부분에서 잣대 눈금으로 12시 100각 시간을 읽을 수 있다.

116) 물론 자격루에서는 혼천시계의 이러한 역할을 물시계 부분의 잣대의 운행을 보고 알 수 있다.

시보장치의 시패 부분과, 시각적인 표현방법으로 시간알림 창을 선택한 것은 혼천시계 제작시 충분한 모티브로 작용했음을 알 수 있게 한다.

보루각루의 운영에서 하루가 지나면 수수호의 물을 교체해 주어야 한다. 그리고 12시용과 경점용 구슬을 철환방출 기구에 다시 장착해야 하는 번거로움이 있었다. 또한 방목에서 떨어진 작은 구슬도 일일이 장착해 주었다. 쇠구슬을 이용한 신호발생은 보루각루나 혼천시계에서 모두 사용된 방식이다. 보루각루는 큰 구슬을 이용해 시보장치 바깥 위에 세워진 목각 인형의 타종행위까지 연결시켰다. 하지만 혼천시계에는 타종신호로만 발생시켰다. 혼천시계 구슬신호는 자격루의 기술을 생산적으로 받아들였다.

② 흠경각루의 시보시스템과 태양운행 메커니즘

옥루는 1438년(세종 20) 1월에 완성되어 경복궁 천추전(千秋殿) 서쪽의 흠경각(欽敬閣)에 설치하였다.[117] 흠경각 옥루는 종, 북, 징으로 타격하여 시간을 알려주고 천체의 변화를 보여주는 장치까지 있어 동지, 춘분, 하지, 추분 등을 알려주는 종합적인 자동물시계라고 할 수 있다.[118]

니덤 등(1960)은 흠경각 옥루가 순제(順帝, 1320~1370)의 궁정 물시계와 중세 이슬람의 물시계들에서 보이는 특징인 사신(司辰)과 무사(武士)에 의한 시보장치들과 12시신과 옥녀(玉女)의 출입에 의한 시보장치를 모방하여 제작된 것으로 보았다.[119] 또한 전상운(1994b)은 흠경각 옥루가 중국의 천문시계에서 보이는 물레바퀴(water wheel)의 회전으로 만들어낸 동력에, 순제의 궁정 물시계와 중세 이슬람의 물시계에 나오는 인형에 의한 시보장치를 우리의 전통에 어울리도록 각색하고, 태양운행시스템을 장치한 것으로 보았다.[120]

<표 4>는 흠경각루의 시보인형과 작동시스템을 정리하여 나타낸 것이다. 흠경각루는 태양 아래의 산위에서 산 밑 평지까지 옥녀(玉女), 4신(四神), 사신(司辰)·

---

117) 『世宗實錄』 권80:5ㄱㄴ; 세종 20년 1월 1일(임진); 김돈(金墩)의 <흠경각기(欽敬閣記)>.

118) 조선기술발전사편찬위원회, 『조선기술발전사: 4, 리조전기편』(과학백과사전종합출판사, 1997a), 292쪽.

119) 전상운, 앞의 책(1994b), 80쪽; Joseph Needham et al., 앞의 책(1960), pp.160 163.

120) 전상운, 위의 책(1994b), 81쪽.

무사(武士), 12신(神)·옥녀(玉女)·관인(官人)의 인형들이 있다. 인형들은 각각의 맡은 역할에 따라 요령을 흔들거나, 방향을 회전하거나, 종·북·징을 타격하거나, 시패장치로 시간을 알려준다. 이러한 흠경각루의 시보시스템은 혼천시계의 시보시스템보다 복잡한 과정들로 이루어졌다. 흠경각루는 12시간을 종소리를 울려 알려주었고, 경점시간은 북과 징소리로 알려주었다.

표 4. 흠경각루의 시보인형과 작동시스템

인형	작동 내용
옥녀(玉女) 4명	**[태양 아래]** 옥녀는 손에 금 요령을 들고 구름을 타고 사방에 서있음. 인시, 묘시, 진시의 초정에는 동쪽에 있는 옥녀가 요령을 흔듦. 사시, 오시, 미시의 초정에는 남쪽에 있는 옥녀가 요령을 흔듦. 신시, 유시, 술시의 초정에는 서쪽에 있는 옥녀가 요령을 흔듦. 해시, 자시, 축시의 초정에는 북쪽에 있는 옥녀가 요령을 흔듦.
4신(四神) 4명	**[그 밑에]** 청룡, 주작, 백호, 현무의 4신은 자기의 방위에 서서 모두 산을 향하고 있음. (청룡) 인시가 되면 청룡이 북쪽을 향함(처음엔 서쪽을 향함). 묘시가 되면 청룡이 동쪽을 향함. 진시가 되면 청룡이 남쪽을 향함. 사시가 되면 청룡이 서쪽을 향함. (주작) 사시가 되면 주작은 동쪽을 향함(처음엔 북쪽을 향함). 오시가 되면 주작은 남쪽을 향함. 미시가 되면 주작은 서쪽을 향함. 신시가 되면 주작은 북쪽을 향함. (백호), (현무)도 위의 회전에 따름.
사신(司辰) 1명 · 무사(武士) 3명	**[산기슭]** 남쪽 기슭에는 높은 대가 있고, 그 위에 시간을 맡은 사신(司辰, 시간을 맡은 인형) 한 사람이 붉은 옷을 갖추어 입고 산을 등지고 서 있음. 무사 3인은 모두 갑옷과 투구를 갖춤. 시간마다 사신이 종을 치는 사람(동쪽 무사)을 돌아다보면 종을 치는 사람도 돌아다보고 종을 침. 경마다 북을 치는 사람이 북을 치고 점마다 징을 치는 사람이 징을 침. 서로 돌아다보고 타격하는 것은 종치는 사람과 같음. 북과 징을 치는 수는 모두 각각의 관례에 따름. 동쪽 무사: 종을 치는 망치를 들고 서쪽을 향함. 북쪽에 가까운 서쪽 무사: 북을 치는 북채를 들고 동쪽을 향함. 남쪽에 가까운 서쪽 무사: 징을 치는 징채를 들고 동쪽을 향함.
12신(神) 12명 · 옥녀(玉女) 12명 · 관인(官人) 1명	**[산 밑 평지]** 12신(十二神)이 각각 제자리에 엎드려 있고, 12신 뒤에는 각각 옥녀가 나오는 구명이 있음. 자시가 되면 쥐의 인형(신) 뒤 구명이 저절로 열리고 옥녀가 시패를 들고 나오면 쥐의 신은 그 앞에서 일어남. 자시가 지나면 옥녀가 다시 들어가서 쥐의 신은 다시 엎드림. 축시가 되면 소의 인형(신) 뒤 구명이 저절로 열리고 옥녀가 시패를 들고 나오면 소의 신은 그 앞에서 일어남. 12시(時) 모두 같은 메커니즘으로 동작. 오시 앞에 축대위의 기울어진 그릇과 그 뒤로 관인(官人)이 있음. 금병으로 물을 따름.

흠경각루의 경점시간은 보루각루의 제도를 차용하였다. 보루각루에서 경점시간의 신호발생은 잣대로 하였다. 그런데 흠경각루는 잣대의 등장 없이 부정시법(不定時法)[121]인 경점시간을 어떻게 고안했을지 매우 흥미로운 대목이라고 할 수 있다. 혼천시계에서 12시 타종시간은 보루각루나 흠경각루의 제도를 따르고 있으나 복잡한 경점시간은 폐지되었다.

흠경각루의 운영시스템은 세종대의 보루각루, 혼의와 혼상의 운행에서 연구되거나 개발된 기술적 성과들이 집대성 되어 있다고 할 수 있다. 전상운(1994b)은 흠경각 옥루가 국내 기술의 영향도 있었지만, 중국의 여러 시계들의 특징이 나타나 있는 것으로 보았다.

> 『후한서』의 장형전(張衡傳)에 보이는 혼천의, 『진서』천문지에 보이는 혼천의에 대한 기록, 당의 개원(開元) 연간(8세기)에 양영찬(梁令瓚)이 만든 혼천의와, 목인(木人) 2개를 만들어 하나는 1각(刻)이 지날 때마다 자동적으로 북을 치고 다른 하나는 1진(辰)마다 자동적으로 종을 울렸다는 것이 기록된 『당서』 천문지, 송(宋)의 태평흥국(太平興國) 4년(979)에 장사훈(張思訓)이 자동적으로 시각을 알리는 물시계를 만들었다는 기록이 보이는 『송사』 천문지, 그리고 『신의상법요』의 소송(蘇頌)이 만든 혼천의의 시계장치 등에 나타나 있는 특징들이 있다.[122]

<그림 5>는 <흠경각기>의 문헌기록을 바탕으로 흠경각루의 인형[123]을 산의 정면과 평면에서 살펴보도록 그린 것이다. 문헌을 검토해 보면 산 위의 태양장치 바로 아래에 4명의 옥녀가 있고, 그 아래에 4명의 사신(四神; 청룡, 주작, 백호, 현무)이 있다. 산기슭에는 시간을 관장하는 사신(司辰) 1명, 종·북·징을 타격하는 무사(武士) 3인을 두었다. 평지로 내려오게 되면 신(神) 12명과 옥녀 12명, 그리고 남쪽에 물그릇 뒤에 서 있는 관인 1명이 있다. 그러므로 산 위에 8명, 산기슭에 4명, 평지에 25명이 되어 모두 37명의 인형이 등장한다.

---

121) 아침과 저녁의 박명시간을 제외한 밤 시간을 5경(更)으로 등분하고, 각 경을 다시 5점(點)으로 세분하였다. 이 경점법(更點法)을 사용하면 겨울에는 경과 점시간이 길고, 여름에는 경과 점시간이 짧다. 그러므로 경점법을 사용한 시간을 부정시법(不定時法)이라고 한다.

122) 전상운, 앞의 책(1994b), 80쪽; 藪內淸, "中國の時計", 『科學史研究』(1951), pp.20-22.

123) 이 책에서는 산 위의 옥녀(玉女)와 4신(四神), 산기슭의 사신(司辰)과 무사(武士), 평지의 12신(神)과 옥녀(玉女), 관인(官人)의 수를 모두 '명'으로 표시하였고, 명칭 속에 수가 포함되어 있는 경우라도 녹립명사로 간수하여 별도의 수를 언급하여 기술하였다.

<그림 5>에서 '●' 표시는 인형들의 향한 최초 방향을 나타낸 것이며, 회전하지 않는 인형들은 '□' 안에 명칭으로, 360도 회전하거나 조금 회전하는 인형은 '○' 나 '○'안의 명칭으로 표현하였다. 산 위의 4신(四神)은 최초 방향을 제외한 3면에 12시(時)는 글자를 배치하였는데, 이는 해당 시간에 사신들이 바라보는 방향이 된다. '玉'은 옥녀, '武'는 무사를 나타낸 것이다. '子'는 쥐, '丑'은 소 등의 12지 동물을 나타낸 것이다.

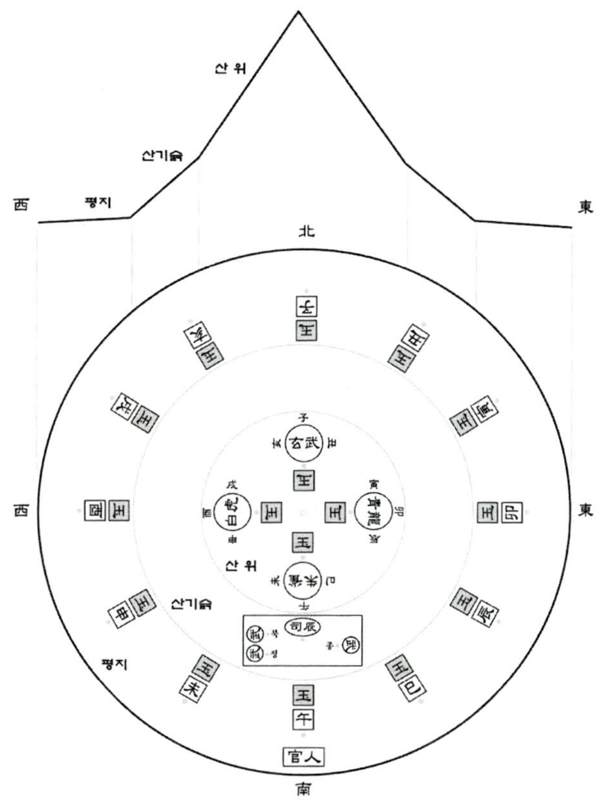

그림 5. 흠경각루의 인형 배치도

그림 6. 흠경각루 3D 모델링[124]

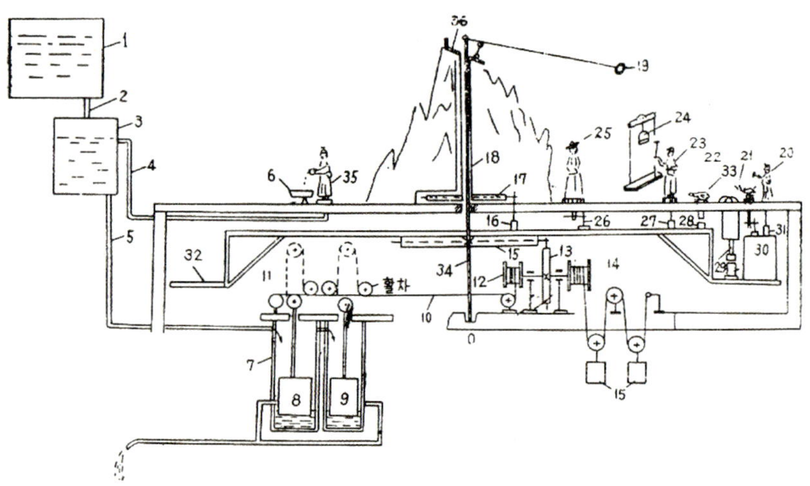

그림 7. 흠경각루의 작동 메커니즘 구조[125]

124) 김상혁·이용삼·이민수, "A Study on the Operation Mechanism of Ongnu, the Astronomical Clock in Sejong", 『Journal of the Korean Astronomical Society』28(2011), 70쪽, Fig. 9를 인용함.

125) 조선기술발전사편찬위원회, 앞의 책(1997a), 293쪽; <그림 10－25>를 인용함.

북한에서는 이미 1990년대 후반에 흠경각루의 작동 모델을 복원하였다. <그림 6>과 <그림 7>은 흠경각루 3D 모델링과 작동 메커니즘 구조를 나타낸 것이다. 흠경각루의 작동 메커니즘을 소개하고 있는 조선기술발전사편찬위원회(1997a)의 내용을 정리하여 기술하면 다음과 같다.

> 파수호(1,3)의 물이 관(2,5)을 통해 내려와서 수수호(7)에 들어가면 부표(8)가 뜨고, 이 힘으로 줄(10)을 당기게 된다. 이때 기륜(12)이 회전하고 치차 역할을 하는 13과 15번이 움직이게 된다. 또한 15에 고정되어 있는 회전대판(32)도 돌아간다. 이 회전대판의 운동으로 인하여 시간을 알리는 장치들이 동작하게 된다. 위 그림에서 16, 26, 27, 28, 29, 30, 31은 회전판에 고정되어 돌출된 걸턱인데, 이 장치들이 돌아가면서 시간을 알려주는 옥녀와 같은 인형들과 동물 모형들을 동작시킨다. 태양의 운동을 나타내기 위한 장치는 16, 17, 18, 19, 34, 36 이다. 치차 17은 걸턱 16에 의해서 하루에 1/365만큼 회전하여 1년 동안 1바퀴를 운행하도록 되어 있으며 회전축 34와 연결되어 있다. 이것은 24기에 따른 태양의 운행과 고도를 재현한 것으로 볼 수 있는데, 18의 위쪽 끝에 수평면과 24° 경사진 판(36)을 고정하여 태양(19)을 운행시킨다.[126]

이상과 같은 작동운행시스템을 살펴보면 노끈을 활용했던 태양운행방식을 너무나 현대적인 기계적 구조로 각색한 것으로 보인다. 중국의 수운의상대(1092)와 수격식 혼천의(1279), 세종대 혼의와 혼상(1435)의 천체운행시스템을 참고하여 제작되었다면 적도환과 황도환의 형태적 구현이 있어야 자연스러운 기술진보의 흐름이라고 볼 수 있기 때문이다.

그러므로 위와 같은 북한에서 연구된 천체운행 메커니즘 구조만 비교해 본다면 혼천시계의 노끈을 이용한 태양운행시스템과는 근본적인 메커니즘의 차이를 나타낸 다고 볼 수 있다. 하지만 분명한 것은 이러한 메커니즘이 최유지의 혼천시계를 이어주는 개념적인 모티브로 작용하였음을 추정해 볼 수 있다.

흠경각루의 시보시스템과 보루각 자격루의 시보시스템은 메커니즘 구조에 차이가 있다. 자격루는 12지 시패가 하루에 1회전 하면서 해당 시패를 보여주었다. 흠경각루는 12지 시패만 출현할 뿐 시패는 회전하지 않는다. 예를 들면, 자시가 되면 쥐의 인형[神] 뒤에 위치한 구멍이 저절로 열리고 옥녀가 시패를 들고 나오면 쥐의

신은 그 앞에서 일어난다. 자시가 지나면 옥녀가 다시 들어가서 쥐의 신은 다시 엎드리게 되어 있다. 다만 산위에 위치한 4신(神)은 고정된 위치에서 시간에 따라 회전하도록 되어 있을 뿐이다. 흠경각루의 시보시스템은 보루각루의 개념적 원리를 응용하였지만 혼천시계 시보시스템 구조에 직접적인 영향을 끼쳤다고 볼 수 없다.

2. 조선 중기 혼천시계의 비교

조선 중기의 최유지와 이민철의 혼천시계는 수격식의 전통적인 제작방식에 따랐으며, 송이영의 혼천시계는 서양식 자명종 원리를 이용한 추동식 혼천시계로 제작되었다. <표 5>는 이 세 가지 혼천시계 시스템을 주요구성과 특징, 재질, 제원 등으로 나누어 표현한 것이다. 혼천의 부품 구성에서 천체운행에 대한 기록과 삼신의 내부장치, 시보장치, 동력방식에 대하여 정리하였다. 세부적인 메커니즘 구조는 각 혼천시계를 다루는 부분에서 다루기로 하겠다.

최유지 혼천시계의 천체운행 메커니즘은 1669년에 제작한 두 가지 혼천시계시스템에서 전반적인 모습을 살펴볼 수 있는 중요한 단서를 제공하고 있다. 또한 최유지 혼천시계의 수리를 맡은 사람이 이민철과 송이영이라는 사실은 중요한 의미를 담고 있다. 그것은 1669년의 혼천시계 제작 시 최유지의 천체운행 메커니즘을 개량하여 제작되었음이 확실해 보이기 때문이다.

표 5. 조선 중기 혼천시계의 비교

구분 \ 종류		최유지 혼천시계[127]	이민철 혼천시계	송이영 혼천시계
제작년대		1657년(효종 8).	1669년(현종 10).	
관련인물		洪處尹의 혼천시계가 잘 맞지 않아 崔攸之로 하여금 혼천시계 제작을 명함.	宋浚吉이 흠경각 옛 제도의 복구를 주청함. 金錫胄의 상언(上言)으로 제작 경과를 밝힘.	
관련기관 (설치장소)		弘文館(漏局).	弘文館·觀象監 (御座 옆→齊政閣).	弘文館·觀象監(弘文館).
주요구성	혼천의	1. 황도환에 태양장치. 2. 일운행(일승)－황색노끈. 3. 백도환에 13도 간격의 27개 핀. 4. 월운행(월승)－청색노끈. 5. 달운행장치－차전을 설치해 달 위상 변화(달은 은구슬 모양).	1. 황도환에 태양장치. 2. 노끈으로 태양운행. 3. 백도환과 달운행장치. 4. 금으로 만든 해와 달 장치. 5. 달의 반은 검은색.	
주요구성	삼신의 내부	지방(地方).	<산하도(山河圖)>에 '九州五嶽神解諸國'이 그려짐.	언급 없음 (현존 유물은 지구의 설치).
주요구성	시보장치	12관패, 경쇠(1時間 마다 경쇠가 울림).	12지 시패, 타종장치, 24개의 쇠방울, 初·正시각표시.	12지 시패, 타종장치의 언급, 구슬장치는 언급 없음.
주요구성	동력방식	수차, 수격식.	수차, 수격식.	진자식 탈진시스템, 추동식.
특징		달운행 메커니즘 최초 등장.	수력에 의한 전통방식의 혼천시계.	혼천의와 서양과학기술의 응용, 일본식 타종법.
제원		언급 없음.	길이 310cm, 너비 103cm 높이 186cm.	이민철의 기형 보다 작음.
재질		혼천의－청동주물. 기어장치－목제.	혼천의－청동주물. 기어장치－목제.	혼천의－청동주물. 기어장치－금속제.
(1차) 수리기록		1664년(현종 5). 成均館에서 수리 요청 (수리 후 궁중으로 보내짐). 李敏哲과 宋以穎이 수리.	崔錫鼎이 개수 주관(1687년~1688년). 李敏哲이 修補. 吳道一이 銘文.	李繡, 朴成建이 重修. 崔錫鼎이 銘文.
메커니즘 문헌기록		崔攸之, <竹園子說>(1800)의 메커니즘에서 추정. 『增補文獻備考』(1908.)	金錫胄, 『息庵遺稿』<新造渾天儀兩架呈進啓>(1680). 『文獻備考』(1770). 成周悳, 『書雲觀志』(1818). 崔錫鼎, 『明谷集』<齊政閣記> (1721). 英祖代, <揆政閣記>(1732).	崔錫鼎, 『明谷集』<自鳴鍾銘> (1721).

1669년에 제작된 2가지 혼천시계 시스템은 1687년부터 1688년까지 보수나 중수의 과정을 거쳤다. 이민철의 것은 보수(원문에서 '修補'로 표현)하고 송이영의 것은 중수(重修)했다고 하였다. 일반적으로 간단한 수리는 보수(補修)로 말해지고,

---

127) 최유지 혼천시계에서 주요구성에 대한 내용은 崔攸之의 <竹園子說>(1800)의 메커니즘이다. 관련인물, 관련기관, 특징, 재질, 1차 수리기록 등은 최유지 혼천시계를 소개한 문헌을 근거로 작성하였다.

거의 사용하지 못하게 되었을 때 중수(重修)라고 표현한다. 오히려 수격식이면서 목제 기어를 사용한 이민철의 것이 간단한 수리만 했던 것은 다른 이유가 있었을 것으로 보인다.

그것은 이민철의 혼천시계가 지속적인 관리나 수리 등이 있었던 것으로 해석될 수 있다. 반면에 내구성이 뛰어난 금속제 기어형식의 송이영의 것을 중수(重修)한 것으로 보면, 이민철의 혼천시계에 비해 더욱 대대적인 수리가 있었다. 아마도 처음 시도되었던 서양식 동력체계로 전달되는 혼천의 연결부분에 대한 문제이거나, 천체운행 메커니즘의 작동 오류, 시패장치의 오작동으로 인한 시패장치의 파손 등에 대한 문제로 추측된다. 또한 탈진시스템의 문제였을 가능성도 있다. 하지만 현재로서는 이러한 보수나 중수가 어떤 범위에서 실시되었는지 확인할 수 없다.

(1) 최유지의 혼천시계

임진왜란으로 대부분의 관측 기기들이 파손되었는데, 이 시기에 세종대의 혼천의도 복구되지 못했다. 그러므로 시간이 흘러 새로운 관측기기를 제작하거나 옛 기기의 수리 등을 통해 사용하기에 이르렀다. 전쟁 후에 당장 필요하였던 것은 천체 관측을 위한 간의나 규표였다. 천구모델이나 전시형태의 시계기능을 갖는 혼천시계의 등장은 임진왜란이 끝난 후 60여 년이 흘러서야 가능했다. 그것은 바로 최유지의 혼천시계였다.

① 문헌기록

1657년(효종 8) 김제 군수였던 최유지는 물의 힘을 이용하여 저절로 해와 달을 움직이도록 수격식 혼천의를 제작하였다.

「증보문헌비고」 「상위고」 권3, 1657년(효종 8)[128]
효종(孝宗) 8년(1657)에 선기옥형(璿璣玉衡)을 만들도록 명하였다. 이보다 앞서

---

128) 『增補文獻備考』 「象緯考」 권3:1ㄴ～2ㄱ; 『국역증보문헌비고』 「상위고」(세종대왕기념사업회, 1980), 162～163쪽의 번역문을 인용함.

임금이 강관(講官) 홍처윤(洪處尹)을 시켜서 선기옥형을 만들어 바치게 하였다. 그러나 그 구조가 법칙(法則)에 맞지 않는 것이 많았다. 이때에 와서 홍문관(弘文館)에서 글을 올리기를, "김제 군수(金提郡守) 최유지(崔攸之)가 선기옥형(璿璣玉衡)을 만들었는데 이는 물의 힘을 이용하여 저절로 움직이게 한 것으로 해와 달의 운행 도수(度數)와 해시계[時晷]의 느리고 빠름에 조금도 어긋남이 없으므로 보는 이는 모두 정묘(精妙)하다고 합니다. 기술 분야에 재능이 뛰어난 사람을 시켜서 그 구조에 따라 선기옥형을 만들어 본관(本館)에 놓게 하여 주십시오."하니, 임금이 그대로 따랐다.

이에 홍문관에서는 최유지의 능력을 높이 평가하여 그가 제작한 혼천의를 모델로 하여 새로운 혼천시계(1657)를 만들도록 하였다. 하지만 시간이 흘러 최유지가 제작한 혼천시계가 잘 맞지 않게 되자, 1664년(현종 5)에 송이영과 이민철에게 개조하도록 명하였고, 이때 수리된 혼천시계가 궁중에 설치되었다.

『증보문헌비고』「상위고」권3, 1664년(현종 5)[129]
현종(顯宗) 5년(1664) 3월 성균관(成均館)에서 아뢰기를, "선조(先朝)에서는 전 집의(執義) 최유지(崔攸之)에게 혼천의를 만들어 누국(漏局)에 설치하게 하였습니다. 지금 듣건대, 고쳐야 할 곳이 있다 하오니, 청컨대 이것을 본관(本館)으로 이송(移送)하여 제생(諸生)과 더불어 바로잡게 하소서." 하니, 그대로 따랐다. 또 송이영·이민철에게 명하여 관측기구를 개조하게 하여 궁중에 설치하였다.

② 천체운행 메커니즘

최유지가 김제 군수 시절에 제작한 수격식 혼천의는 '최유지 혼천의'[130]로, 이후의 영향을 받아 제작한 것은 '최유지 혼천시계'로 표현하였다. 수격식 혼천의(1657)[131]와 그 영향을 받아 제작된 수격식 혼천시계(1657)의 구조는 커다란 변화는 없었을 것이다. 최유지가 혼천시계를 제작할 때 중요한 역할로 참여하였던 정황으로 보아 동일하거나 유사한 메커니즘 구조로 판단된다.[132] 그러므로 최유지 혼천시계의 메커니즘 구조를 설명할 때 최유지 혼천의와 유사한 것으로 추정하여 기술하였다.

---

129) 『增補文獻備考』「象緯考」권3:2ㄱ; 『국역증보문헌비고』「상위고」(세종대왕기념사업회, 1980), 163쪽의 번역문을 인용함.

130) 김제군수 시절 최유지가 제작한 수격식 혼천의에 대하여 구만옥(2005)은 "崔攸之(1603-1673)의 竹圓子 -17세기 중반 朝鮮의 水激式 渾天儀-"의 연구에서 '竹圓子'라고 표현하였다.

131) 최유지는 1657년 김제 군수에 임명되었다. 그러므로 이 혼천의의 제작년도를 1657년으로 기술하였다.

132) 구만옥, 앞의 논문(2005), 192~193쪽.

최유지 혼천의의 특징과 구조를 정리하여 <표 6>에 나타내었다. 최유지 혼천의는 육합의, 삼신의, 지방(地方)으로 구성되어 있다. 육합의는 지평환, 천경쌍환, 천위적단환의 부품으로 이루어졌다. 지평환의 자오방향에서 수직방향으로 천경쌍환이 있으며 남·북극 36도 지점에 삼신의의 회전축을 두었다. 천위적단환은 육합의 중 가장 안쪽에 위치하고 있는데, 바깥에는 365도를, 안에는 24기를 새겼다.[133] 삼신의는 수격식 동력으로 운행되므로 1일 1회전 시키는 기륜을 갖는 구조이다. 여기에 태양과 달운행을 나타내는 장치를 두었다.[134]

표 6. 최유지 혼천의의 특징과 구조(1657)[135]

구　조	부품명칭	특징과 구조
육합의	지평환	자오방향에서 천경쌍환과 수직으로 결합.
	천경쌍환	남북으로 36도 지점에 극축구멍. 천위적단환에서 남북극으로 각각 91도.
	천위적단환	바깥 눈금은 365도, 안쪽 눈금은 24기 표시.
삼신의	삼신환	적도환, 황도환, 백도환이 서로 얽혀 있는 형태, 일축을 통과한 끈이 삼신환 바깥으로 돌아 나가면서 이 끈을 추가 잡아당김.
	적도환	(언급 없음).
	황도환	황도환에는 태양장치와 태양운행 축(日軸)이 있음. 황색 노끈을 이용하여 태양운행(일승; 日繩): 하루에 1도 운행, 황적도 교각: 24도.
	백도환	13도 간격으로 대나무 못을 박음(남측면).
	달운행장치	달운행장치와 달운행 축(月軸)이 있음. 청색 노끈을 이용하여 달운행(월승; 月繩): 하루에 13도 운행, 차전(叉箭)을 설치하여 달의 위상을 변화, 달은 은구슬 모양.
삼신의 내부	지방(地方)	땅을 상징하는 지평면을 설치. 회전축은 자오환을 통과함.
동력발생 및 시보장치	수차	파수호에서 떨어지는 물의 힘으로 동력을 얻음.
	12관패	시간에 따라 12시 관패를 보여줌.
	경쇠	타종장치로 한 시간마다 경쇠가 울림.

전체적인 구조물은 대나무로 구성하여 끈으로 묶어 형태유지.
혼천의 회전축의 360톱니와 시보장치 쪽에서 나온 8개 톱니가 맞물려 동력전달.

---

133) 구만옥, 앞의 논문(2005), 196쪽; 구만옥은 그의 논문(196쪽)에서 가장 안쪽에 있는 (천경)쌍환의 바깥에는 365도, 안에는 24기를 새겼다고 했으나 천경쌍환에 주천도수를 새길 수는 있겠으나 굳이 24기를 써 넣을 이유는 없어 보인다. 오히려 24기는 적도나 황도환에 새겨 넣어야 마땅할 것으로 보인다. 그러므로 이 부분의 원래의 의미는 천경쌍환의 안쪽에 있는 천위적단환을 지칭한 것으로 보이며, 그 천위환의 외측면에는 365도인 주천도수를 새기고, 그 반대편인 내측면에는 24기를 새겼을 것으로 생각된다. 이 부분에 해당하는 『대방세고(帶方世稿)』 권16, 『간호선생집(艮湖先生集)』 권3:11ㄴ, 「죽원자설(竹園子說)」에는 "其最裏雙環 背刻三百六十五度 內鐫二十四氣"라고 적혀 있다.

134) 구만옥, 위의 논문(2005), 196쪽.

135) 구만옥, 위의 논문(2005)에서 발췌 정리; 구만옥의 논문에서 소개하고 있는 육합의와 삼신의의 역할과 구조를 보다 명확히 구분하여 위의 표와 같이 정리함.

혼천의 환의 구성은 육합의를 이루는 3개의 환으로 이루어졌고, 삼신의를 이루는 3개의 환이 얽혀 있어 모두 6개의 환으로 구성되었다.[136] 황도환과 함께 있어야 할 적도환에 대해 언급하지 않는 것이 흥미롭다. 적도환의 구성이 너무나 당연한 구성이라서 생략한 것인지, 아니면 육합의에 천위적단환이 있으므로 굳이 가설할 필요가 없다고 판단했는지는 알 수가 없다.

또한 최유지가 태양의 운행과 달의 운행 메커니즘을 연구하기 위하여 별들의 운행에만 관여하는 유선적도환을 제작하지 않았을 가능성도 있다. 그러나 전통적으로 내려오는 혼천의 구성에서는 이러한 예를 찾아볼 수 없으므로 좀 더 자세한 규명이 있어야 할 것이다. 혼천의의 가장 안쪽인 삼신의 안쪽에 관측용이라면 당연히 있어야 할 사유환 대신에 지방(地方)[137]을 설치한 것은 세종대 흠경각루의 태양아래 위치한 가산(假山)과 평지를 표현한 전통을 그대로 이은 것이라고 할 수 있겠다.

삼신의에는 황도환과 백도환을 설치하고 일축(日軸)과 월축(月軸)을 만들고 노끈을 이용하여 해는 하루에 1도, 달은 13도 후퇴하게 움직이도록 하였다. 최유지 혼천의 태양운행 메커니즘을 소개하면 다음과 같다.

태양운행 메커니즘[138]

일승(日繩, 태양의 운행을 나타내는 끈)은 황색을 사용하고 월승(月繩, 달의 운행을 나타내는 끈)은 청색을 사용한다. 일도(日道, 태양이 운행하는 길)는 천위환 북쪽에서 시작하고, 일축(日軸, 태양의 축)은 환의 바깥을 따라 운행한다. 일축의 가운데에는 구멍이 있어 끈을 꿰어서 하늘을 한 바퀴 둘러서 묶어 고정시킨다. 또 긴 끈으로 일축을 묶어서 한 바퀴 돌리고, 천경환의 바깥으로 돌아나가게 한다. 그 돌아나가는 곳에 따로 소축(小軸)을 설치하여 천경환의 바깥쪽에 부착시킨다. 그 축의 크기는 둘레가 2도이고, 가운데 부분에 네모서리가 있으며, 모서리의 머리 부분에는 차전(叉箭, 끝이 갈라진 화살대 모양, Σ)을 설치한다. 일승으로 그 소축을 꿰뚫어 그 허리 부분을 잡고 지나가서 북극에 이르게 한다. 큰 축에는 구멍을 뚫어 축의 가운데로 끈을 관통시켜 나오게 해서 추를 매달아 혼천의의 바깥에 늘어뜨린다. 그 가장 바깥에 천경환의 위아래를 따라 일도(日道)에 해당하는 곳에 견고하게 경각(梗角, 가시나무 뿔 또는 삼각형모양의 뿔, △)을 설치한다. 하늘이 운행하여 오른쪽으로 회전할 때 일축의 차전은 하루에 두 번 경각에 이르게 되어, 자연스럽게 서로 삐걱거리며 돌게 되는데, 차전이 두 번 삐걱

---

136) 구만옥, 앞의 논문(2005), 195쪽.

137) 구만옥, 위의 논문(2005), 200쪽.

138) 『帶方世稿』 권16, 『艮湖先生集』 권3:12ㄱㄴ, 「竹園子說」; 구만옥, 위의 논문(2005), 197~198쪽의 번역문을 인용함.

거리면 이에 1도를 끌어당기게 된다. 태양이 1도를 물러나는 까닭은 그 축이 회
전하고 추가 끌어당기기 때문이다.

최유지의 혼천의는 태양의 운행을 고정된 천경쌍환 위아래에 설치된 경각(梗角,
가시나무 뿔, 삼각형모양의 뿔, △)과 차전(叉箭, 끝이 갈라진 화살대 모양, Σ)이
2번 만나면서 태양운행끈을 감기도록 한 것으로 보인다. 이는 현존하는 혼천시계
유물에서 보여주는 태양운행끈이 회전축에 감기는 역할과 비교될 수 있겠다. 그
런데, 경각과 차전이 하루에 2번 만나서 발생시키는 작동 메커니즘은 숭실대학교
한국기독교박물관 혼천의에 달려 있는 태양운행기어의 6-톱니기어와 자오환이
만나면서 태양장치를 1도씩 회전시키는 역할과 유사하다.

최유지의 혼천의에서 태양 모형을 황색 노끈으로 묶어 하루에 1도씩 물러나게
한 메커니즘은 세종대의 혼의와 혼상의 태양운동을 그대로 계승하고 있다. 하지
만 앞서 살펴본 일행의 경각과 차전의 역할은 세종대 혼의와 혼상의 메커니즘에
서는 언급되지 않은 중요한 작동기술이었다. 이러한 기술은 송이영 혼천시계에서
태양운행끈이 이동하는 태양운행관의 역할을 담당했을 것으로 짐작된다.

혼천시계에서는 태양운행끈이 하지점에서 시작되도록 하였고 당겨진 실을 회
전축에 감기게 하였다. 그리고 감긴 실이 느슨해지지 않도록 추를 이용해 팽팽하
게 잡아당겼다. 즉, 태양운행끈, 태양운행관, 실을 당긴 추의 역할을 할 수 있도록
최유지의 혼천의에서도 경각과 차전, 그리고 추를 사용한 것으로 볼 수 있다.

최유지 혼천의의 달운행과 달운행장치(달위상 변화장치) 메커니즘과 소개하면
다음과 같다.

달운행 메커니즘[139]

월도(月道)는 남쪽에서 시작하고 월축은 환의 바깥쪽을 따라 운행한다. 끈을 꿰
어 축을 묶어 고정시키는 것은 일축의 방식과 같은데, 축의 아래에 다시 차전을
설치하여 달의 위상이 변화하는 기틀로 삼는다. 긴 끈으로 축을 묶어서 천경환의
위로 돌아나가게 하여 북극에 이르게 한다. 북극축의 바깥에 네모진 뿔을 끼워
넣는데 그 가운데 둘레는 13도의 수치에 준한다. 월승은 왼쪽으로 돌고 우선(右
旋)해서 남극을 향하는데, 축의 중앙을 꿰뚫고 들어가 혼천의의 바깥으로 나간

---

139) 앞의 책, 권3:12ㄴ~13ㄱ, 「竹園子說」; 구만옥, 앞의 논문(2005), 198~199쪽의 번역문을 인용함.

다. 일승이 북극으로 나가는 것과 같고 또한 추를 매달아 늘어뜨린다. 하늘이 운행할 때 월승이 방각(方角)을 감아 돌면 자연스레 오른쪽으로 끌어당기고 왼쪽으로 내뱉는 형세가 있게 된다. 달이 하루에 13도씩 물러나는 까닭은 바로 방각이 월승을 끌어당기기 때문이다.

달운행장치(달위상 변화장치) 메커니즘[140]

또 천위적단환의 남북 가장자리에 각각 하나씩의 작은 고리를 설치하는데 적단환과 나란히 하여 그 왼쪽과 오른쪽에 끼운다. 틈은 1~2분(分)을 수용할 수 있게 하였는데, 일승과 월승은 여기에 말미암아 동행하며, 이에 의거하여 기울어지거나 빠지지 않게 된다. 또 남측 고리[南環=백도환]의 바깥에 13도 간격으로 대나무 못[竹釘]을 부착한다. 일승의 차전이 하루에 한 번씩 삐걱거리고, 또 하늘을 한 바퀴 돌아 태양과 만나는 때에 이르기까지 모두 30번이나 29번 삐걱거린다. 달은 은구슬 모양을 만들어 반은 밝은 색으로 하고 반은 어두운 색으로 해서 삐걱거리며 도는 데에 따라 태양을 향해 차고 이지러지게 되니, 저절로 그 도수에 맞아 오차가 없다.

일축과 마찬가지로 월축도 하루에 13도씩 후퇴하면서 삼신의의 1일 1회전하는 운동과 상대적인 운행을 하였다. 이로부터 12년이 지나 만들어진 송이영의 혼천시계에서는 혼천의 남극쪽에 위치한 2개의 톱니기어의 조합에서 얻어진 회전을 월운환으로 전달시킴으로써 혼천의 월승의 운행을 개량하였다. 즉, 송이영 혼천시계에서 삼신의를 1일 1회전 시키는 것에 관계된 57-톱니기어가 있고, 그 아래에는 월운환과 연동되어 운행하는 59-톱니기어가 있다. 이러한 59-톱니기어와 57-톱니기어의 회전비는 59:57이 되며, 이 결과 삼신의를 1회전 시킬 때 월운환은 약 13도씩 후퇴하는 결과를 가져온다.[141] 이는 실제 천체운동에서 달이 하루에 약 30(~50분)분씩 늦게 떠오르는 달의 운동을 표현한 것이다.

최유지 혼천의의 백단환에는 13도 간격으로 대나무 못을 박았다. 달이 차고 기우는 모양을 은구슬에 밝은 색으로 칠하였고 나타냈고, 나머지 반은 어두운 색을 칠하였다. 이는 은구슬을 회전시켜 달의 위상에 따른 초승달과 상현달, 보름달, 하현달, 그믐달 등을 표현하기 위한 것이다. 이러한 달의 위상변화는 태양의 운행 즉, 삼신의가 황도환을 붙잡고 회전하면서 달을 매달고 있는 백도환을 연동시켜

---

140) 앞의 책, 권3:13ㄱㄴ, 「竹園子說」; 구만옥, 앞의 논문(2005), 199쪽의 번역문을 인용함.

141) 혼천시계의 달운행장치는 하루에 약 13도씩 뒤로 물러나고 있고, 동시에 태양도 약 1도씩 물러나고 있으므로 달과 태양이 멀어지는 각도는 하루에 약 12°.2씩 발생한다.

운행하는 것으로, 이때의 운행으로 13도 간격의 27개 목제 핀을 건드리는 복합적 메커니즘의 결과로 나타나게 된다. 이렇게 되면 달이 뜨는 시간(월승의 운행)은 물론 위상(달운행장치와 27개 목제 핀이 만들어내는 달 모양의 회전 운동)까지도 그대로 표현할 수 있게 되는 것이다. 이에 대한 원리는 니덤 등(1986)이 송이영 혼천시계 연구에서 제시한 바 있다.[142]

최유지 혼천의의 동력전달 부분은 천경쌍환의 바깥 축에 있는 360-톱니기어가 있다. 이 360-톱니기어의 밑바닥 북쪽 기둥 바깥에 8개의 뿔 모양의 톱니기어(일종의 피니언, pinion)가 있어 시보장치 안의 수차의 기륜과 연결하여 설치한다.[143] 수력으로 물을 흐르게 하여 운행하는 수차를 돌리게 되면 톱니기어가 회전하게 되는데 물의 양에 따라 회전속도가 결정된다. 시보장치는 12관패로 보여주거나 경쇠의 소리로 시간을 알려 주었다.[144] 이러한 시보시스템은 중국 수운의 상대의 시보시스템, 조선 자격루와 옥루의 12지 시패 장치를 모티브로 삼고 있다.

(2) 이민철의 혼천시계

송이영의 혼천시계와 함께 만들어진 또 하나의 혼천시계가 있었다. 이 혼천시계는 물항아리를 이용하여 수력으로 운행하였다. 남문현 등(1995)은 "이민철의 수격식 혼천시계 구조에서 쇠공이 굴러가는 길을 만들어 쇠공이 시패장치와 연계되어 작동장치를 눌러 종을 치도록 만든 점으로 보아 세종대 제작한 자격루의 시보장치를 개선한 것"으로 평가하고 있다.[145]

이민철의 혼천시계가 1669년 송준길(宋浚吉, 1606~1672)의 주청에 의해서 흠경각(欽敬閣, 옥루를 설치한 건물)의 옛 제도를 복구하기위해 만들었음을 상기해 본다면, 이민철 혼천시계는 세종시대 흠경각루에 버금가는 의의와 위상을 갖고 있

---

142) Joseph Needham et al., 앞의 책(1986), p.149; 니덤 등(1986)은 달의 위상이 달려 있는 회전하는 곳에 29-톱니기어를 설치했고 이 톱니기어는 또 다른 29-톱니기어와 6-톱니기어(상단에 27개의 핀과 맞물려 회전하는 6-핀이 있음)로 조합하여 구성하고 있다.

143)『帶方世稿』 권16,『艮湖先生集』 권3:13ㄴ, 「竹園子說」; 구만옥, 앞의 논문(2005), 201쪽.

144) 구만옥, 위의 논문(2005), 201~202쪽.

145) 南文鉉·韓永浩·李秀雄·梁必承, "朝鮮朝의 渾天儀 研究",『建國大學校 學術誌』(人文·社會篇) 39(1995), 526쪽.

었음을 알 수 있다.

① 문헌기록

이민철의 수격식 혼천시계에 대한 『증보문헌비고』「상위고」 권3(현종 10)의 기록을 살펴보면 다음과 같다.

『증보문헌비고』「상위고」 권3, 1669년(현종 10)[146]

1669년(현종 10)에 제주(祭酒) 송준길(宋浚吉)이 흠경각(欽敬閣)의 옛 제도를 복구하기를 청하였다. 임금이 이민철에게 명하여 채침(蔡沈)의 『서경(書經)』 순전(舜典) 주(註)에 의거하여 구리(銅)를 부어서 혼천의(渾天儀)를 만들게 하였다.
김석주(金錫胄)가 상언(上言)하기를, "이민철이 만든 혼천의에 있어서, 물의 힘으로 돌아가게 하는 법과 육합의(六合儀)·삼신의(三辰儀)·흑쌍환(黑雙環)·황도(黃道)·적도(赤道)·백도(白道) 등의 환(環)의 제도는, 그 대략이 모두 『서전(書傳)』의 선기옥형(璿璣玉衡) 장(章)의 채침(蔡沈)의 주(註)에서 인용한 혼천의설을 모방하여 차례를 만든 것입니다. 혼천의의 옛 제도는 삼신의(三辰儀)의 속에다 또 사유의(四游儀)를 두고서, 거기에 옥형(玉衡)을 만들어, 이것을 좌우상하로 돌려가며 칠정[七政 일·월(日月)과 오성(五星)]을 규측(窺測)하는데 쓰이도록 되었습니다. 이렇게 옛사람들은 이미 규형(窺衡)의 제도를 가지고 있는데 이는 높은 대(臺) 위에 설치해야지 밀실(密室) 속에 설치해서는 안 된다는 말이 있습니다. 지금 새로 만든 혼천의에다 사유 옥형을 설치하지 않은 이유는 그 옥형이 중의(重儀)의 속에 있기 때문에 실제 관측에는 아무 쓸모가 없기 때문입니다. 또 삼신의 속에 백단환(白單環)의 장치가 있습니다. 옛글에는 다만 '황도(黃道)와의 교점(交點)을 받고 있어서 기울어지지 않게 한다.'라고 되어 있는데, 이것은 달의 운행과는 전혀 관계가 없고, 이 밖에는 또 별달리 운행의 전도(躔度 해·달·별이 운행하는 길)를 기인(記認)할만한 물건이 없는데 이는 기계에 결함이 있는 것이 아니면 반드시 정확하게 기록하지 못한 것으로 이는 옛날부터 늘 의심스럽게 여겨오던 것입니다. 이제 이 새 기계는 소위 백단환(白單環)으로 인하여 약간 변통(變通)시켜서 달이 운행하는 궤도(軌道)를 만들어 삼신의 제도를 갖추게 한 것인데, 이는 물항아리[水壺]를 널빤지의 뚜껑 위에다 안전하게 설치하고 물이 구멍을 통해 흘러내려 통 안에 있는 작은 항아리에 흘러 들어가 번갈아 채워져 바퀴를 쳐서 돌리게 됩니다. 여러 날에 걸쳐 물을 채워서 법식에 따라 시험하여 보면 삼신의의 환이 아울러 일제히 움직이며, 또 각각 그 기본 운행의 길을 따라 느리고 빠른 도수가 조금도 차질이 없습니다. 또 그 옆에 톱니바퀴를 설치하고, 겸하여 방울이 굴러 내리는 길을 만들어서 아울러 시간을 알리고 종을 치는 기관(機關)이 되게 하였습니다. 이것을 지평일구(地平日晷)와 비교하여 보아도 역시 모두 서로 부합합니다.

---

146) 『增補文獻備考』「象緯考」 권3:2ㄱㄴ~3ㄱ; 『국역증보문헌비고』「상위고」(세종대왕기념사업회, 1980), 163~164쪽의 번역문을 인용함.

이민철의 혼천시계에서 혼천의 부분은 『서전(書傳)』에 나오는 채침(蔡沈)의 주석을 인용한 <혼천의설>을 참고하여 만들었다. 혼천의의 환(環)구성은 육합의, 삼신의 등으로 구성되는데, 관측용도가 아니었기 때문에 사유의 장치가 없다.[147] 이 것을 대신하여 달이 운행하는 백단환(백도단환)이 신설되어 달의 위상을 표현할 수 있게 되었다. 세종대에는 없었던 방식이 새로 추가된 것이다. 하지만 최유지 혼천시계에서 달의 운행을 이미 구현되었다. 이민철은 이를 더욱 보완하여 정교하게 제작한 것으로 보인다.

이민철 혼천시계의 수력에 의한 작동은 바깥의 항아리에 물을 공급하여 안쪽으로 흐르게 하였다. 내부에서 일정한 물이 흐르도록 하였지만 자세한 구조를 알 수 없다. 자격루의 물시계 구조를 따랐을 경우, 바깥의 파수호(물항아리)와 나무 상자 안쪽에 2단의 파수호, 그리고 넘친(overflow) 물을 받는 보상호의 시스템을 구성하였을 것이다. 이렇게 파수호를 통과한 물은 기어장치로 동력을 전달하고 혼천의의 삼신의를 회전시켰던 것으로 구성해 볼 수 있다.

삼신의와 연결된 각각의 기계장치는 역할에 따라 삼신의를 하루에 1바퀴씩 회전시키고, 달과 태양의 위치도 실제 하늘에서 벌어지는 현상을 그대로 담아냈다. 이는 송이영 혼천시계 메커니즘을 살펴보면 쉽게 이해할 수 있다. 이러한 수격식 혼천시계는 당시의 해시계인 지평일구의 정확성과 비교하여도 차이가 없을 만큼 정확하였다.[148]

앞의 『증보문헌비고』 「상위고」 권3(현종 10)에서 이어지는 이민철 혼천시계의 기록을 더 살펴보기로 하자.

『증보문헌비고』 「상위고」 권3, 1669(현종 10)[149]

이보다 앞서, 이민철이 기술 분야에 재능이 뛰어났으므로, 송준길(宋浚吉)이 옛 제도를 복구할 수 있다고 하여 선조(先朝)에 고하고 관상감에다 국(局)을 설치하

---

147) 실제 관측을 수행할 수 있는 장치는 규형이다. 이 규형은 사유의에 부착되어 하늘의 남북방향(현대천문학의 적위 값에 해당)과 동서방향(현대천문학의 적경 값에 해당)을 규측할 수 있어 천체의 위치를 측정할 수 있다.

148) 전상운, 앞의 책(1994a), 83~84쪽; 여기서 말하는 지평일구는 1645년 소현세자가 들여온 서양식 (신법)지평일구를 말하는 것으로 짐작해 볼 수 있겠다. (신법)지평일구는 시헌력 시행과 함께 사용되었다.

149) 『增補文獻備考』 「象緯考」 권3:3ㄱㄴ; 『국역증보문헌비고』 「상위고」(세종대왕기념사업회, 1980), 165쪽의 번역문을 일부 수정하여 인용함.

고 기술자를 많이 모집하여 7, 8개월 만에 완성하였다. 그 구조는 큰 궤(櫃)를 만들어 물통과 방울이 굴러가는 장치를 그 속에 설치하고 그 궤의 남쪽 머리에 혼천의·육합의(六合儀)·삼신의(三辰儀)의 종류를 하나같이 **옛 법대로 하되 환의 수는 자신의 의견에 따라 늘이고 줄였으며**, 황도환에 해가 있고, 백도환에는 달이 있다. 가운데에는 옥형을 설치하지 않고 산해(山海)를 그린 것을 가운데에다 연결하였으며, 물통으로부터 장치를 설치하여, 남과 북 두 극의 축(軸) 가운데에 매어 놓고 그 힘으로 인하여 규정대로 환(環)이 돌게 했다. 또 궤(櫃)의 서쪽 벽에 감(龕)을 하나 만들어 목인(木人)을 세우고 옆에다 종(鐘)을 놓아서 시각이 될 때마다 **목인(木人)이 시간 수대로 종을 친다**. 패(牌)를 든 목인은 앞 사람이 들어가면 뒷사람이 나오는데, 시각(時刻)의 느리고 빠른 것이 해시계[日晷]와 비교하여 차이가 없다. 물은 궤위에다 한 개의 그릇을 놓고 거기에서 번갈아 가며 통속으로 들어가는데 안팎의 기관(機關)의 운동은 모두 이 물의 힘을 이용하도록 되었다. 이렇게 만들어 올리니, 명하여 관직(官職)을 제수하게 하고 그 뒤에도 자주 불러들여 그 헐고 고장 난 것을 고치게 하였다. 요즈음 오래된 기계가 못쓰게 되었으므로, 경연(經筵)의 신하들이 고치기를 청하니, 영원 군수(寧遠郡守)로 체임시켜 이를 수리하게 하였는데, 전에 비해 더욱 완비되었다.

위의 기록에 따르면 혼천의에는 태양과 달의 운행을 담당하는 환(둥근 링)을 시설하였으며 가운데에는 관측할 수 있는 옥형을 제거하고 종이에 산해(山海)를 그려 넣어 가운데에 위치하도록 하였다.[150] 그리고 물통으로부터 이어지는 기어 장치를 설치하여, 남극과 북극의 두 축(軸) 가운데에 매어 놓고 그 힘(수력)으로 환을 돌렸다. 환의 수는 옛 법에 따르지만 자유롭게 증감하여 제작하였다고 하였다. 이는 채침(蔡沈)의 『서전(書典)』「순전(舜典)」주(註)에서 인용한 <혼천의설>을 따르지만 필요에 따라 환구조를 개조하거나 개량하여 제작하였음을 알 수 있다(古法環數 畧以意增損之).[151] 또한 나무상자로 만들어진 틀의 서쪽 벽에 나무인형을 세워놓고 종(鐘)을 치도록 하였다. 타종수는 시간에 따라 다르게 하였다(每時至 木擊鍾 有數持牌).[152] 시패장치부분도 나무인형을 매시마다 제작하여 운영하였음을 알 수 있다.

---

150) 앞의 책, 권3:3ㄱ; 用紙書山海; 같은 책, 권3:7ㄱ에서는 산해(山海)를 산하도(山河圖)라고 표현하고 있으며, 최석정,『명곡집』권9의 <제정각기>에서는 이 산하도가 <구주오악비해제국(九州五嶽裨解諸國)>을 그린 것이라고 밝히고 있다. 전상운(1994b)은 이 산하도(山河圖)가 그려진 장치를 지구의(地球儀)로 보았다.

151) 위의 책, 권3:3ㄱ; 이 기록의 중요한 의미는 달운행을 보조하는 월운환을 신설하거나 사유의를 제거하는 협의의 의미로 해석될 수 있지만, 서양과학의 요소인 360° 법의 사용이나 삼신의 속에 장치한 기술적 인공물의 첨가와 같은 광의의 의미로 해석할 수 있는 가능성을 열어 주었다.

152) 위의 책, 권3:3ㄴ; 타종수가 시간에 따라 다르다는 것은 매시 초의 초각과 정의 초각마다 타종 도구나 타종수를 변화시켰을 가능성이 있다. 예를 들면 매시 초각에 종을 치고 매시 정각에 북을 이용하거나 그 횟수를 1회나 2회로 하였을 것으로 짐작해 볼 수 있다.

또한 이민철의 혼천시계는 당시의 최고 기술자를 모집하여 7~8개월의 대작업 끝에 완성되었음을 알 수 있다. 이러한 사실은 송이영의 혼천시계 제작에도 이와 유사한 인력 구성과 제작기간을 두고 완성하였던 것으로 짐작할 수 있다. 이후 1687년(숙종 13)에 최석정(崔錫鼎, 1646~1715)이 주관하여 현종대(顯宗代)의 혼천시계를 수리하였는데, 이민철은 수격식 혼천시계를 수리하여[153] 제정각(齊政閣)에 설치하였다.

「증보문헌비고」 「상위고」 권3, 1687년(숙종 13)[154]
숙종(肅宗) 13년(1687)에 이민철에게 명(命)하여, 현종조(顯宗朝)의 옛 혼천의를 중수(重修)하고, 제정각(齊政閣)을 창덕궁(昌德宮)의 희정당(熙政堂) 남쪽에 지어서 거기에 설치하게 하였다.

이민철 혼천시계의 시보장치에 대해 다루고 있는 『증보문헌비고』의 기록을 살펴보면 다음과 같다.

(시보장치 나무상자는) 시렁의 서쪽에 땅에서 7척 떼어서 나무로 종을 치는 사람을 만들어서 갓과 옷을 입혔다. 그것이 왼손에 홀(笏)을 잡고 오른손에 종을 치는 채를 잡고서 북쪽을 향하여 서 있으며, 위에 조그마한 종을 걸었다. 밖에는 난간(闌干)을 설치하고 오른쪽에 팔격(八格)을 그려서 초(初)·정(正)의 시각을 표시했다. 앞에 시각을 알리는 사람이 12명 있는데, 이들은 관복(官服)을 입고 시간을 표시하는 패(牌)를 잡고 있다. 쇠방울을 24개를 만들었는데 크기는 비둘기 알만 하다. 시렁 위 동족 가까이에 한 개의 구멍을 설치하고 그 속에 방울이 굴러다니는 길이 굴곡(屈曲)으로 비스듬하게 통하고 있다. 구리를 부어서 뜨는 수레[浮車]를 만들어서 구리 항아리 속에 넣어 둔다. 물이 물시계 속으로부터 항아리를 통하여 물이 가득 차면 수레가 뜬다. 그렇게 되면 기륜(機輪)이 돌게 되어 혼천의(渾天儀)의 위에 있는 삼신의(三辰儀)가 스스로 그 궤도(軌度)를 돌면서 쇠방울을 구멍 속으로 던진다. 그러면 차례차례 굴러 내려가서 그 기계의 톱니를 움직이게 한다. 제 시간이 될 때마다 종치는 사람은 종을 치고 시각을 알리는 사람이 번갈아 올라오게 되어 있다.[155]

위의 기록에서 보이는 초·정(初正) 시각을 표시한 것은 100각법 또는 96각법

---

153) 『肅宗實錄』 권19:13ㄱ; 숙종 13년 7월 15일(신묘); 이 수리는 1688년에 완료됨.

154) 위의 책, 권3:3ㄱ; 『국역증보문헌비고』 「상위고」(세종대왕기념사업회, 1980), 164~165쪽의 번역문을 인용함.

155) 『增補文獻備考』 「象緯考」 卷 3:7ㄴ; 『국역증보문헌비고』 「상위고」(세종대왕기념사업회, 1980), 172~173쪽에 나오는 <규성각기>의 번역문을 인용함.

에 따른 시각눈금을 사용한 것으로 보인다.[156] 이민철의 시보장치는 세종대 자격루의 12지 시패장치로 구성된 시보시스템으로 생각된다. 구슬의 수가 24개인 것으로 볼 때, 이 구슬들은 기륜을 회전시키는 신호체계로 초와 정의 세부적 운행을 담당했던 것으로 보인다. 물론 타종신호도 오늘날의 1시간 간격이었을 가능성도 배제할 수 없다. 하지만 이러한 타종시스템과 송이영의 타종시스템은 근본적인 차이가 있다고 할 수 있겠다.

② 수격식 혼천시계의 구조

이민철의 혼천시계 유물이 남아 있지 않기 때문에 최석정의 <제정각기(齊政閣記)>(1721)[157]와 영조의 <규정각기(揆政閣記)>(1732)[158] 등에 소개된 내용을 <표 7>에서 특징과 구조로 나타내었다.[159] 전체적인 구성은 혼천의, 수격식 동력장치, 시보장치로 나눌 수 있다. 시계장치의 크기는 높이가 9척, 너비는 5척, 길이는 10척인데, <제정각기>를 참조한 결과 남측에 놓인 혼천의의 길이를 포함한다면 전체길이는 15척 정도가 된다.[160] 1주척을 20.7cm로 환산하면 길이 310cm, 너비 103cm, 높이 186cm가 된다. 현존하는 혼천시계 크기와 비교해 보면 2배 이상의 규모가 됨을 알 수 있다.

이민철의 환 구성은 채침(蔡沈)의 『서전(書典)』 「순전(舜典)」 주(註)에 있는 혼천의설에 따라 제작[161] 되었는데 지평환 둘레는 12척이 조금 넘는다.[162] 삼신환 내부에는 전통적인 사유환 대신 <구주오악비해제국(九州五嶽裨解諸國)>을 그린 산하도(山河圖)를 그려 설치하였다(去舊法衡管直距 而中設地平 畫九州五嶽裨海諸國).[163]

---

156) 전용훈, 앞의 논문(2004), 21쪽; 현종대(1660~1674)는 기존에 사용하던 대통력과 1654년 이후에 사용하기 시작한 시헌력의 혼란시기라고 할 수 있기 때문에 100각법이나 96각법 중에서 어떤 시제를 따랐는지 판단하기 힘들다. 하지만 시헌력 사용이 공고화된 시점이므로 96각법을 사용했을 가능성이 크다. 혼천시계 복원 모델은 96각법에 따른 시각눈금을 장치하였다.

157) 崔錫鼎, 『明谷集』 권6; <自鳴鐘銘幷序>.

158) 『增補文獻備考』 「象緯考」 권3:7ㄱ.

159) 김석주(金錫胄)의 <신조혼천의양가정진계(新造渾天儀兩架呈進啓)>(1680)에도 이민철과 송이영의 혼천시계의 개관에 해당되는 내용이 나와 있다(『增補文獻備考』 「象緯考」 권3:2ㄴ).

160) 위의 책, 권3:7ㄴ; 한영호 · 남문현, 앞의 논문(1997), 9쪽; 나무상자 남측에 놓여질 혼천의의 공간을 대략적으로 5척으로 보면 전체 길이는 15척이 된다.

161) 위의 책, 권3:6ㄴ.

162) 위의 책, 권3:7ㄱ.

163) 위의 책, 권3:7ㄱ; 崔錫鼎, 『明谷集』 권9의 <齊政閣記>.

표 7. 이민철 혼천의의 특징과 구조(1669)[164]

구조	부품명칭	최석정, 『명곡집』 <제정각기>(1721)	영조代, 『증보문헌비고』 <규정각기>(1732)
육합의	지평환	흑단환. 둘레 12척 남짓. 以表四方之位.	흑단환. 육합의 둘레 12척 남짓. 상면을 24방위.
	자오환	흑쌍환. 以表上下之位.	흑쌍환. 북극출지 36도. 측면에 주천도수.
	천위환	적단환. 상면에 주천도수, 12辰.	적단환. 배면에 주천도수.
삼신의	삼신환	흑쌍환. 爲三光躔度依附之體.	흑쌍환.
	적도환	적단환. 爲天行之赤道.	적단환.
	황도환	황단환. 爲日躔之黃道. 적도교점 좌: 취자(娶觜). 　　　　　우: 발미(魃尾). 用金爲日月.	황단환. 적도교각 24도. 측면에 12궁 24기. 以鐵絲絡日輪麗黃道.
	백도환	백단환. 황적도 사이에 위치. 爲月離之白度. 月體黑其半爲弦望朒魄.	백단환. 황도교각 6도.
	월운환	(언급 없음).	흑단환. 백도와 십자로 상절(相切)하여 월륜을 끌고 동으로 이동.
삼신의 내부		구법의 직거와 규형을 없애고 지평을 만들어 <九州五嶽神解諸國>을 그림.	남극에서 나온 철조가 손깍지를 낀 모양으로 <山河圖>를 받침.
용주 등 받침		지평환 아래 4우(隅)에 목용주.	지평환 아래 4우(隅)에 목용주.

　　삼신환에는 금으로 만든 해와 달의 장치를 만들어 매달았으며, 달의 반은 검은 색으로 칠하여 초승달, 상현달, 보름(망), 하현달, 그믐달(삭) 등의 위상변화를 가능하게 했다(用金爲日月 而月體黑其半 爲弦望朒魄).[165] 태양은 24기의 양력 날짜가 되고, 달의 위상변화는 음력 날짜를 말해주는 것이다. 다만 <규정각기>에서 월운환이 백도환 안쪽에 설치되어 월륜(月輪, 달운행장치의 달의 기어)을 이끌고 가면서 달의 공전을 설명하고 있다. 하지만 태양의 1년 동안의 운행과 달운행장치에서 위상변화를 만들어내는 기계적 장치에 대한 언급은 발견할 수 없었다.[166]

---

164) 한영호·남문현, "조선조 중기의 渾天儀 復元 연구:李敏哲의 渾天時計", 『한국과학사학회지』 제19권 제1호(1997), 11쪽; <표 1>을 인용함.

165) 崔錫鼎, 『明谷集』 권6; <齊政閣記>.

(3) 송이영의 혼천시계

① 문헌기록

문헌에서 밝힌 송이영의 혼천의 제도는 이민철의 것과 같으며 수격식 방법이 아닌 서양식 자명종의 톱니바퀴를 이용하였다. 또한 태양과 달의 작동 메커니즘과 시간이 정밀한 것으로 기술되어 있다.

> **『증보문헌비고』 「상위고」 권3, 1669년(현종 10)**[167]
> "또 송이영이 만든 혼천의도 모양이 역시 서로 같으나 물항아리를 쓰지 않고 **서양(西洋)의 자명종(自鳴鐘)의 톱니바퀴가 서로 물고 돌아가는 제도를 가지고 그 격식대로 확대한 것으로서 해와 달의 운행과 시간이 차이가 나지 않습니다.**" 하였다.

『서운관지』 「고사」에 따르면 송이영의 혼천시계는 이민철의 혼천시계에 비해 규모가 작고, 일본에서 건너온 자명종을 응용하여 제작하였다. 당시 일본의 자명종 제작은 일찍이 서양의 제작 기술을 일찍 받아들여 조선보다 한 단계 앞선 기술을 갖고 있었다.[168]

> **『서운관지』 「고사(故事)」 권3, 1669(현종 10)**[169]
> 자명종명(自鳴鍾銘)에, "기유년(己酉年 1669, 현종 10년) 봄에 우리 현종께서 명하여 처음으로 혼천의 2개[架]를 만들게 하셨다. 그 하나는 물로 격동하는 옛 방법을 사용하였는데, 호군(護軍) 이민철이 만든 것이다. **그 하나는 물로 바로 이것으로[架], 형제(刑制)가 조금 작고 일본 자명종의 방법을 썼는데, 천문교수(天文敎授) 송이영(宋以穎)이 만든 것이다.** 큰 기형은 어좌(御座) 옆에 두고 작은 기형은 홍문관(弘文館)에 두었는데, 조금 뒤에 명하여 모두 대내(大內)에 들이게 하셨다.

> **『서운관지』 「고사(故事)」 권3, 1688년(숙종 14)**[170]
> 우리 전하의 즉위 13년(1687) 가을에 '혼천의가 중간에 폐지되었다' 하여 신 최

---

166) 한영호·남문현, 앞의 논문(1997), 10쪽.

167) 『增補文獻備考』 「象緯考」 권3:3ㄱ; 『국역증보문헌비고』 「상위고」(세종대왕기념사업회, 1980), 164쪽의 번역문을 인용함.

168) 전상운, 앞의 책(1994a), 97~100쪽, 103~106쪽; 전상운(1994)의 "시간과 시계 그리고 역사"에는 일본의 자명종 기록과 전래과정에 대하여 자세히 다루고 있다.

169) 『書雲觀志』 「故事」 권3:42ㄴ; 『국역서운관지』(세종대왕기념사업회, 1999), 152쪽의 번역문을 인용함.

170) 위의 책, 권3:42ㄴ~43ㄱ; 『국역서운관지』(세종대왕기념사업회, 1999), 152~153쪽의 번역문을 인용함; 이 글은 최석정, 「명곡집」 <자명종명>에 실린 것으로 후에 『서운관지』에 실린 내용으로 송이영 혼천시계의 작동 메커니즘 중에서 가장 길고, 자세히 서술한 기록이다.

석정(崔錫鼎)에게 명하여 개수를 주관하게 하셨는데, 이듬해 무진년(1688, 숙종 14년) 여름에 2개가 완성되었다. 이 일의 전말은 신이 지은 제정각기(齊政閣記)에 상세히 실려 있다. 물로 격동하는 혼천의는 이민철을 시켜 보수하고 학사(學士) 오도일(吳道一)에게 명하여 명문(銘文)을 짓게 하였다. 자명종의 작은 것[架]는 송이영이 죽었으므로 서운관 관원 이진(李縉)을 시켜 정교하게 중수하게 하고 신 최석정에게 명하여 명문을 짓게 하셨다. 기구로 관천(觀天)하는 것은 예전에도 그러하였거니와, 그 기계를 물로 격동하는 것은 송(宋) 때부터 전해졌으나, 이제 새로운 제도가 있어 물로 작동하지 않고 쇠로 한다. **추(錘)로 바퀴를 끌어 당기고 가운데에 바늘을 매달아 놓습니다. 매달아 놓은 바늘 끝에 옥형의 톱니바퀴[衡牙]를 설치하는데 형(衡)에는 쌍으로 귀[雙珥]가 달려 있어 빠르고 느림을 조절한다. 바깥에 설치한 혼천의는 타원으로 돌며, 해와 달이 서로 바뀌고 여러 별자리가 옮겨가는 것에 때를 맞추어 종을 치는데, 정교하여 어그러지지 않습니다. 선동(仙童)이 패(牌)를 잡고서 번갈아 가며 시각을 알립니다. 의기(儀器)는 둥글고 기기[架] 전체는 사각형으로 규구(規矩)의 형상을 하고 있습니다. 실로 추를 매달은 것은 직승(直繩)을 형상화했고, 형(衡)은 평평하고 추는 수직으로 드리워져 권형(權衡)에 응하고 있습니다.**[171) 성왕(聖王)의 제기(祭器)는 반드시 법도에 맞으며, 오직 성덕(盛德)이라야 공경히 옛것을 본받는다.” 하였다.

송이영의 혼천시계는 1687년에 서운관의 이진(李縉)이 중수하였다. 최석정의 중수 내용은 그의 제자 조태억(趙泰億) 등이 간행한 『명곡집』(1721)에 실렸다(<自鳴鐘銘>). <자명종명>을 보면 송(宋) 때부터 사용한 수격방식을 쇠[金]를 이용하여 작동시켰다. 쇠[金]는 금속제 기어장치를 지칭하거나 수격식에 대응되는 추력식의 추(錘)를 말하는 것으로 보인다. <자명종명> 중간 부분에는 혼천시계의 작동 메커니즘 구조에 대한 내용이 나와 있다. 이 내용을 살펴보면, 혼천의와 시계장치에 대한 배치와 구조, 동력전달 체계, 시간완급조정 기능, 천체의 운행 기능, 타종 기능, 시간지시 기능 등이 서술되어 있다. 필자는 이 부분을 새롭게 분석하여 송이영 혼천시계 메커니즘에 대하여 자세히 기술하였다.

② <자명종명>의 분석과 해설

지금까지 알려진 송이영 혼천시계의 작동원리와 구조는 『서운관지』「고사」 권

---

171) 앞의 책, 권3:43ㄱ; 이면우 · 허윤섭 · 박권수 역주, 『서운관지』(소명출판, 2003), 274쪽의 번역문을 인용함; 『書雲觀志』의 국역은 세종대왕기념사업회(1999)와 이면우 등(2004)가 진행하였는데, 전자는 용어 중심의 해석을 진행하였고, 후자는 용어를 풀이하거나 약간의 의역도 섞기도 하였다. 혼천시계의 작동메커니즘을 이해하는 데 있어 후자의 것이 더 알기 쉽게 표현되어 있어 세종대왕기념사업회(1999)의 번역문 대신 이면우 등(2004)의 번역문을 제시하였다.

3의 내용이 유일하다. 당시의 서양에서 제작된 자명종은 폴리오트 방식과 진자방식(1657년 이후)의 2가지 시스템으로 크게 구분된 상태였다. 그렇기 때문에 「고사」에서 말하는 작동원리와 구조를 진자와 폴리오트 방식을 염두해 두고 원문을 분석하였다.

> ㉠ 以錘引輪 中懸針也. 懸針之端 設衡牙也 衡有雙珥, 制疾舒也.
> ㉡ 外設渾儀 撱以旋也, 兩曜相嬗 列宿躔也 應時撞鐘, 妙不忒也.
> ㉢ 仙童執牌 遞報刻也. 儀圜架方 規矩形也.
> ㉣ 懸針以絲 象直繩也, 衡平錘懸 應權衡也.

우선 위의 <자명종명>을 진자장치시스템이 장착된 자명종으로 판단하여 기술하면 다음과 같다. 위에서 ㉠ 以錘引輪 中懸針也. 懸針之端 設衡牙也 衡有雙珥, 制疾舒也에서는 송이영 혼천시계의 동력의 체계와 발생 구조에 대한 내용이 나와 있다. 추(錘)로 톱니바퀴를 끌어당기고, 중심에는 바늘(針)이 매달려 있다고 하였다[以錘引輪 中懸針也]. 자명종 시계의 구조상 이 바늘은 진자장치를 말하는 것으로 보인다. 그리고 형아(衡牙)는 탈진장치(유물에서 왕관형기어)인 톱니기어(牙)와 평행한 형(衡)을 함께 지칭하는 것으로 보인다[懸針之端 設衡牙也]. 또한 형에는 쌍이(雙珥)가 달려 있는데, 이 쌍이가 시간의 빠르고 느림을 조정하도록 되어 있다[衡有雙珥, 制疾舒也]. 쌍이는 탈진장치인 톱니기어(牙)를 잡았다가 풀어주는 기능을 갖게 되며, 결과적으로 진자의 운행을 제어하는 역할을 하게 된다. 그러므로 마치 쌍이가 시간의 완급을 조절하고 있는 것처럼 보이게 된다.

㉡ 外設渾儀 撱以旋也, 兩曜相嬗 列宿躔也 應時撞鐘, 妙不忒也에서는 혼천의의 천체운행 모습과 해와 달의 운행, 이에 따른 시간의 타종에 대한 내용이 나와 있다. 혼천의는 바깥에 설치되어 타원으로 회전한다고 하였다[外設渾儀 撱以旋也]. 혼천의의 삼신의흑雙환이 매달고 회전하는 황도단환과 백도단환, 월운환을 지칭하는 것으로 보인다. 그리고 황도단환의 태양과 월운환이 이끄는 달이 적도단환에 그려진 28수 별자리를 옮겨가면서 운행하는 것을 표현해주고 있다, 이것은 태양과 달이 하늘의 천체운행과 부합하여 움직이는 것을 나타낸다고 볼 수 있다[兩曜相

嬗 列宿躔也]. 이때 태양과 달은 적도환의 비스듬하게 걸쳐 있어 타원운동을, 별들은 원운동을 하는 것처럼 보이게 된다. 또한 시간에 맞추어 타종이 이루어지고 있으며, 그 정교함에 대하여 말하고 있다[應時撞鐘, 妙不忒也].

ⓒ 仙童執牌 遞報刻也. 儀圜架方 規矩形也에서는 시패의 작동을 언급하고 전체적인 혼천시계의 외관에 대한 내용이 나와 있다. 선동(仙童)이 문자 패(牌)를 잡고서 번갈아 가며 시각을 알려준다고 한다[仙童執牌 遞報刻也]. 보루각루와 흠경각루에서는 시패인형들이 시간을 알려주었는데, 선동이라는 표현은 시패인형을 빗대어 표현한 용어로 보인다. 그러므로 선동은 바로 자동화시스템의 12지 시패장치를 지칭하는 것으로 볼 수 있다. 또한 혼천의는 둥근 환으로 이루어져 있는데, 네모난 시보장치 한쪽 면에 있다는 것을 서술하고 있다[儀圜架方 規矩形也].

ⓓ 懸針以絲 象直繩也, 衡平錘懸 應權衡也에서는 혼천시계의 작동시스템 중에서 핵심적인 기계장치에 대하여 표현해주는 것이라고 볼 수 있다. 실에 매달린 바늘은 직승(直繩)을 형상화했고[懸針以絲 象直繩也], 형(衡)은 수평하고 추(錘)는 수직으로 있어 권형(權衡)에 응하고 있다고 하였다[衡平錘懸 應權衡也]. 그런데 직승과 권형이 의미하고 있는 것은 중요한 의미를 담고 있다.

직승(直繩)에서 승(繩)은 줄이나 노끈의 매듭을 의미한다. 또한 직승은 목수가 사용하는 먹줄을 의미하기도 한다. 하지만 후대에 와서 직승은 '상고시대의 성인이 행한 올바른 정치'를 상징하는데, 이것을 시계(時計)에 반영하면 정확한 시간을 부여하는 핵심적인 장치를 의미한다. 그리고 직승은 '현침(懸針)'을 꾸며주는 말로 보인다. '현침'은 앞서 언급한 진자장치를 말하는 것인데, 실[絲]에 매달린 것으로 표현하였다. 이러한 형식의 진자장치는 호이헨스(Christiaan Huygens, 1629~1693)가 제작한 초기 형식에 나타나는 진폭가이드('ㅅ'형태) 사이를 운행하는 실에 매달린 진자장치를 말하는 것으로 볼 수 있다. 또한 '懸針以絲'를 실처럼 매달린 '懸針'으로 볼 경우 현존하는 혼천시계의 진자장치 구조와 일치한다.

권형(權衡)이란 저울이나 저울질하는 권능을 의미하여 정치와 통치 행위를 상징하는 말로 확장되어 사용되었다.[172] 그러므로 이러한 확장된 개념을 적용하여 구조적 모습을 파악하기란 불가능하며, 기본 의미를 그대로 해석함에도 세심한 주의가 필요하다고 볼 수 있다. 여기서 말하는 권형은 앞서 기술한 종합적인 메커니즘이 구현되는 기계적 핵심장치를 제어하거나 운영하는 장치나 원리에 대한 설명이다.

위의 작동 메커니즘 구조를 종합해 보면, 침(針)은 진자장치, 아(牙)는 탈진장치의 왕관형기어, 형(衡)은 진자장치 끝에 수평방향으로 붙어 있는 봉, 쌍이(雙珥)는 형에 붙어 있어 왕관형기어의 톱니를 잡아주는 장치를 말하는 것이다. 위의 문헌에서 ㉣은 ㉠에서 보여주는 추와 톱니기어의 형태, 쌍이나 진자장치의 운동을 직승과 권형의 모습으로 다시 비교하고 언급하면서 그것이 바로 정확한 시간을 부여하는 기계적 핵심장치라고 강조한 것으로 이해된다.

이상과 같이 재해석한 『서운관지』「고사」에 나타난 혼천시계 메커니즘을 의역하여 다음과 같이 정리하였다.

> 추(錘)에 의해 톱니바퀴[輪]를 끌어당기고, 중심에 진자장치[針]가 달려 있다. 탈진장치인 톱니기어[牙]와 평행한 형(衡)에 쌍이(雙珥)가 달려 있어 시계의 빠르고 느림을 조정한다. 바깥에 설치된 혼천의의 태양과 달은 하늘의 운행에 부합하도록 움직이는데, 마치 타원처럼 회전하는 것으로 보인다. 또한 시간에 맞추어 정교한 타종이 이루어진다. 시간지시장치[仙童]의 (12지) 시패로 시간을 알려준다. 혼천의는 둥근 환으로 이루어져 있고, 네모난 시보장치 한쪽 면에 설치되어 있다. 진자장치[懸針]는 정확한 시간을 부여하고[直繩], (탈진장치의 왕관형기어 위의) 형(衡)은 수평하고 추(錘)는 수직으로 향해 있는 것으로 핵심적인 시계장치[權衡]이다.

『서운관지』「고사」권3에서 말하고 있는 기계장치(자명종의 탈진장치) 부분이 진자시계 개발이전에 사용한 폴리오트 방식의 흔들이였을 가능성에 대해서 고찰해 보았다.

우선 중심의 ㉠의 바늘(針)이 진자장치가 아니라 폴리오트 장치 중에서 실에 매달린 왕관형기어를 돌려주는 수직봉(verge)의 장치로 볼 수 있다(<그림 12> 좌측 참고). 이 장치 위에는(실에 매달린 바늘의 중간부분) 저울대처럼 생긴 형(衡)이

---

172) 성주덕 편저, 이면우 · 허윤섭 · 박권수 역주, 앞의 책(2003), 275쪽.

있고, 이 형의 양쪽 끝에는 톱니(牙)가 있다. 이 톱니에 저울추를 옮겨 시간의 속도를 조절할 수 있다. 여기서 실 끝에 매달린 형아(衡牙)와 바늘의 수직 장치가 수직 축을 중심으로 좌우로 움직이게 되며, 수직으로 달려 있는 왕관형기어의 회전을 제어한다고 볼 수 있다. 이것은 ㉥의 '현침이사(懸針以絲)'의 기록에서 바늘이 실에 매달려 있다는 기록과 잘 맞는 대목이기도 하다. 또한 형('폴리오트의 양끝의 톱니구조'로 볼 경우)은 수평의 모습으로, 추는 수직형태로 아래로 향한다는 전체적인 모습과 일치한다.

하지만 여기서 말한 2개의 저울추를 매단 형아(衡牙)는 일본 문헌에서 천부(天桴; 또는 天府)라고 불렀다.[173] 중국에서도 폴리오트장치를 천형(天衡) 또는 천평(天枰)이라고 불렀다.[174] 그러므로 형아라는 명칭의 부품은 폴리오트 장치를 말하는 것이 아니다. 또한 ㉠에서 말한 형의 쌍이(雙珥)에서 폴리오트 장치일 경우 형에 매달린 작은 추(錘)였다면 쌍추(雙錘)라고 하는 것이 일반적인 표현이었을 텐데 굳이 쌍이(雙珥)라고 한 것이 이해하기 힘들다.[175] 따라서 형에 매달린 쌍이는 왕관형기어의 톱니를 잡았다 풀어주는 기능을 하는 장치로 보는 것이 타당하다.

이렇게 볼 때 ㉥에서 말한 것처럼 형(衡)은 수평이 되어야 하므로 왕관형기어는 수직(주로 폴리오트 형태의 기계시계에 있는 형태)으로 있는 것이 아니라 수평의 형태로 있어야 한다. 이때 형아(衡牙)는 폴리오트의 흔들이가 아니라 형과 맞물려 돌아가는 왕관형기어의 톱니로 보아야 한다.

<자명종명>의 문헌에 의하면 혼천시계의 자명종시스템은 수직으로 매달린 왕관형탈진기가 아닌 수평으로 매달린 왕관형탈진기를 갖춘 진자식 장치였던 것으로 볼 수 있다. 다만 <자명종명>의 기록이 1687~1688년에 이루어진 수리 이후에 작성된 문헌임을 감안할 때 1669년 제작시점에서 진자장치를 장치한 자명종이었

---

173) 山口隆二,『日本の時計: 德川時代の和時計の－研究』(日本評論社, 1950), pp.292~293; 부록으로 실린 細川半藏直著『機巧圖彙』首卷及ぴ解說(1796)에서 자명종 시계의 그림 및 설명에서 언급.

174) 전상운, 앞의 책(1994b), 186쪽.

175) 李勇三, "世宗代 簡儀의 構造와 使用法",『東方學志』제93집(1996), 186쪽; 이용삼, "일성정시의를 이용한 자격루의 시각교정",『세종과학기술의 현대적 조명』세종대왕 탄신 601돌 기념 학술대회 논문집(건국대학교 한국기술사연구소, 1998), 24쪽; '이(珥)'는 예전에는 '이(耳)'라고도 불렀던 것으로 보인다. 간의의 규형 끝에 서있는 직사각형의 장치를 직립횡이(直立橫耳)라고 했고, 일성정시의의 주천도분환과 성구백각환을 회전시키기 위한 직사각형 손잡이 장치를 귀[耳]라고 표현하였다(『세종실록』권77:7ㄴ). 그러므로 쌍이(雙珥)는 직사각형의 장치라고 보아야 한다. 그렇다면 특별히 '이(耳)'를 쓰지 않고 '이(珥)'를 사용한 것은 유물에서 보여 주듯이 직사각형의 장치가 둥근 귀볼 형태로 굽어있기 때문인 것으로 짐작된다.

는지, 아니면 폴리오트 방식이었는지 확인할 방법은 없다.[176)

③ 천체운행 메커니즘 발전과 개량

송이영 혼천시계의 출현은 기술의 발전방향과 정치사회적 여건들이 서로 연관작용을 거치면서 영향을 주었을 것으로 보인다. 하나의 기계시스템이 우연적이든 계획적이든 하나의 시스템을 이루는 데에는 여러 분야의 사회적 구성인자들의 영향을 받게 마련이다. 필자는 송이영 혼천시계의 기술발전과 개량과정을 정치사회적인 배경과 함께 살펴보고자 한다. 이 과정에서 기술발전은 '기술의 개량지점'으로, 개량 지점을 해결하는 과정을 '결정적 문제'로 파악하는 것으로 기술하였다.[177)

최유지의 혼천시계는 세종대 이후 오랜만에 출현한 거의 완벽한 혼천시계 시스템이었다고 평가할 수 있다. 최유지는 이전 시기에 볼 수 없었던 달운행장치를 최초로 개발하였다. 하지만 태양운행장치의 메커니즘은 세종시대의 전통에서 그다지 변화가 없었다. 또한 문헌기록에서도 밝히고 있듯이 작동운영에 있어서 여러 문제점을 내포하였던 것으로 보인다.

최유지의 혼천시계는 제작된 지 7년 만에 수리되었다. 이 혼천시계의 문제는 대체로 수격식 혼천시계의 목제 기어구조로 인한 내구성에 대한 것으로 짐작된다. 또한 수격식 구동부분과 천체운행의 연결부분의 작동과 관련된 문제로 볼 수 있다. 이민철과 송이영은 이러한 문제들을 기술의 개량지점으로 바라보았다. 하지만 수격식 구동장치를 변화시킬 만한 사회적 분위기는 형성되지 못했다.

당시 조선에서는 청나라의 외교 관계로 시헌력을 도입하게 되었다. 1654년(효종 5)부터 시헌력을 사용함으로써 1일 100각(刻) 체계가 96각(刻) 체계로 변경되었

---

176) <자명종명>에서 별도 언급이 없었으므로 초기에도 진자방식이었을 것으로 짐작된다. 1687~1688년의 수리가 구체적으로 어떤 부분이 있었을까 생각해보면 동력발생부분 보다는 혼천의 연결 부분이나 천체운행 메커니즘, 시패장치의 오작동과 관련한 시패장치의 파손 등으로 생각되어지기 때문이다.

177) 이러한 맥락을 나타낸 이론은 휴즈(Thomas P. Hughes)의 기술시스템(Technological System) 이론이다. 필자는 휴즈의 이론 중에서 기술이 상대적으로 뒤처진 부분을 지칭할 때 사용하는 역돌출(reverse salients)과 이 문제를 결정적 문제(critical problem)로 바라보고 해결해 가는 방법, 그리고 기술시스템 발전에서 생기게 되는 관성과도 같은 모멘텀(momentum) 형성의 개념을 중심으로 혼천시계의 발달과정을 살펴보고자 한다. 휴즈의 기술시스템 이론의 소개와 사례검토를 위해 살펴본 서적은 다음과 같다. 위비 바이커 외 지음, 송성수 편저, 『과학 기술은 사회적으로 어떻게 구성되는가』(새물결, 1999), 123~172쪽; 원저: Thomas P. Hughes, "The Evolution of Large Technological Systems", Wiebe E. Bijker, Thomas P. Hughes, and Trevor J. Pinch, eds., *The Social Construction of Technological Systems: New Directions in the Sociology and History of Technology* (Cambridge, Mass.: MIT Press, 1987), pp.51~82, 이장규 · 홍성욱, 『공학기술과 사회』(지호, 2006). 이 책의 기술에서는 '역돌출'이란 용어대신 '기술의 개량지점'으로 표현하였다.

다. 이로 인해 24기(氣)의 순서에 어그러짐이 발생했다고 잘못 파악하였다. 시헌
력을 '청력(淸曆)'으로 간주하는 지식인들은 일단 시헌력 자체에 대한 거부감을
가지고 있었다. 구만옥(2004)에 의하면 송시열은 명(明)의 멸망 이후 대통력의 변
화가 전장(典章)제도의 변화중 하나로 인심 또한 달라졌다고 보았고, 별자리와 하
늘을 분할하여 곳에 따라 다르게 관측하기 때문에 시헌력 사용을 위배되는 것으
로 보았다.[178] 이것은 결국 역법의 자연과학적 측면보다는 정치사상적 측면을 강
조하여 이해하고자 하는 태도였다.

17세기 후반 이후 선진적인 학자들 사이에서 지구설(地球說)을 비롯한 서양 천문
학의 주요 개념들이 논의되는 시점에도 지식인(노론－호론계)의 학문적 담론에서
이러한 문제가 적극적으로 이루어지지 않았다.[179] 당시 지식인들은 지구설로 대표
되는 서양과학을 알고 있었지만, 그것은 그들에게 관심 밖의 대상이었던 것이다.

조선의 이러한 사상적 기류 속에서 서양식 자명종 원리를 이용한 혼천시계가
제작되었다. 혼천시계의 운영과 관리를 주관하였던 홍문관의 학자들과 제작실무
부서였던 관상감의 관원들, 혼천시계 제작을 직접보지 못했으나 시헌력 도입과
자명종의 원리에 관심을 보였던 김육(金堉, 1580~1658), 그리고 그의 손자 김석주
(金錫胄)와 같은 인물들은 새로운 혼천시계의 제작에 있어 비교적 긍정적 인식을
하고 있었던 사람들이라고 할 수 있다. 반면에 시헌력의 오류를 비판했던 송형구
(宋亨久, 1598~?), 주자학의 우주론을 품고 있었던 송시열과 송준길[180]을 포함한
대부분의 유학자들에게 서양식의 추동식 혼천시계에 대한 관심은 덜했거나 비판
적 견해를 갖고 있는 사람들이었다고 볼 수 있다.

송이영 혼천시계의 출현시점을 전후로 서양과학으로 상징되는 시헌력에 대한
반대와 상소가 있었다. 하지만 그 영향이나 파급효과는 크지 않았음이 혼천시계
의 제작이 말해주고 있다. 그러므로 송이영 혼천시계의 출현은 사회 전반적 유학
자들의 인식과 달랐다고 하더라도 제작될 수 있었다. 그것은 수격식 동력장치의

---

178) 具萬玉, 『朝鮮後期 科學思想史 研究I－朱子學的 宇宙論의 變動』(혜안, 2004), 268쪽.

179) 具萬玉, 위의 책(2004), 272쪽.

180) 이 당시 혼천시계의 제작을 주청했던 송준길이 흠경각의 옛 제도를 복구할 수 있다고 한 것이 수격식 혼천시계만을 염두
하였던 것으로 송이영의 자명종 시스템에 대해서는 부정적이었을 가능성이 크다. 그러므로 송이영의 혼천시계로 대두되는
서양과학에 대한 비판적 시각은 다른 유학적 지식인들과 다를 바 없을 것으로 짐작된다.

구조적 한계를 인식했고, 시헌력에 따른 낮과 밤의 정밀한 24시간 시스템의 필요성이 요구 되었고, 서양과학 옹호론자들의 새로운 사회적 기운 등의 여건이 비로소 조선 사회에 싹트기 시작하였음을 보여주는 것이다.

1669년 이민철과 송이영은 1657년에 제작된 수격식 혼천시계에 대한 기술의 개량지점에 대하여 집중적인 해결을 시도하였다. 이민철의 수격식 혼천시계는 이전에 만들었던 것보다 개량된 천체운행 메커니즘을 장착했다고 볼 수 있다. 태양운행장치는 전통방식을 유지하면서 진행되었고, 달운행장치는 상당부분 개량되었다.

하지만 이민철의 수격식 혼천시계에도 여전히 기술의 개량지점은 남아 있었다. 그것은 시간의 정확도를 유지하고, 기계적 내구성을 높이고, 운영의 편리성을 높여야 하는 수격식 시스템의 구조적인 문제였다. 바로 이 부분이 여전히 해결해야 할 중요한 문제였던 것이다. 이러한 문제를 해결하기 위하여 송이영은 전혀 새로운 방식과 획기적인 변화를 시도하였다. 이러한 변화는 동서양 기술의 제휴방식으로 나타났던 것이다. 전통적으로 유지해 왔던 수격식 체계에서 추를 동력으로 운행하는 추동식 장치로 개조하여, 물에서 추로 동력을 변화시켰다.[181] 실제로 그 자체만으로 매우 획기적인 변화였다.

물을 이용한 시계장치는 그 기계가 정밀하다 할지라도 당시 서양의 기계식 기어장치와 추력으로 이루어진 자명종 시스템보다 앞서있다고 볼 수 없다. 더구나 그 사용에 대한 편리함을 말한다면 이미 서양과학에 압도 될 수밖에 없는 상황에 이른다. 이 자명종 시스템에 진자장치까지 장착한 정밀한 시스템이었다면 기계적 완성도와 시간의 정확성은 더 이상 비교의 수준을 넘어선 혁신적인 발전을 이룬 것이다.

하지만 추동식 혼천시계의 제작기술이 수격식 체계보다 비교 우위에 있었더라도 세종시대의 전통을 잇고 있었던 수격식 혼천시계는 조선 후기까지 꾸준히 사용되어 왔다.[182] 이민철의 혼천시계는 운영과 보존을 위하여 제정각으로 안치하였다는 문헌기록[183]이 있은 이후에도 지속적인 수리기록[184]이 나오고 있다.[185]

---

181) 1669년 수격식 혼천시계의 기술발전은 수격식 분야에서 최정점에 있었다고 평가할 수 있다. 이 때문에 새로운 역법의 시행과 발맞추어 획기적인 혼천시계 시스템이 요구되었을 것으로 생각된다.

182) 전상운, 앞의 책(1994a), 128쪽, 136쪽; 전상운(1994a)은 이민철의 혼천시계가 1910년 조선왕조가 망할 때까지도 경희궁에 있었으며, 일제에 의해서 경희궁이 헐릴 때 혼천시계가 없어졌다고 밝히고 있다.

이러한 지속적인 관심과 수리가 있었다는 것은 당시의 유학자들에게 수격식 혼천시계가 자명종 원리를 이용한 혼천시계보다 더 중요한 의미와 가치를 지녔던 것임을 알 수 있게 해준다.

최유지 혼천의에서 볼 수 있었던 태양운행 기술은 노끈을 이용한 방식이었다. 여기에 자오환의 경각과 황도환의 차전이 만들어 내는 회전력을 이용하였다. 메커니즘 구성상 최유지와 송이영은 동일한 태양운행 메커니즘을 보이고 있다. 최유지는 경각과 차전을 이용한 하루 1도의 회전력을 만들어 냈다. 하지만 송이영은 북극축의 36-톱니기어에 실이 감기에 하여 하루 1도의 회전력을 만들어 냈다.

송이영의 혼천시계도 기술적인 개량의 문제는 여전히 앉고 있었다. 그것은 바로 태양운행시스템이었다. 노끈을 이용하여 태양장치를 이끄는 방식은 송이영 혼천시계의 다른 부속장치, 즉 시보장치시스템이나 기어방식의 달운행 메커니즘과 비교해 보면 뚜렷한 기술의 개선여지를 보여준다. 이 기술적 문제를 새롭게 해결한 것은 바로 숭실대학교 한국기독교박물관에 소장된 혼천의 유물과 홍대용 혼천시계의 태양운행시스템이라고 할 수 있다.

숭실대학교 한국기독교박물관에 소장된 혼천의에서 태양운행이 일어나는 황도환은 2층 구조(북면환과 남면환)로 되어 있다. 황도환 북면의 톱니환은 삼신환과 결합되어 있다. 황도환 남면의 톱니환은 하루에 1톱니(약 1도)씩 움직이도록 되어 있다. 바로 이 지점이 송이영의 태양운행기술을 한 단계 끌어올렸던 방식임을 알 수 있다. 송이영 혼천시계의 태양운행관과 실의 운행은 톱니환으로 대체되었다. 이 톱니기어를 하루 1도씩 운행하는 메커니즘은 최유지의 경각과 차전의 회전 메커니즘을 응용하였다. 결과적으로 숭실대학교에 소장된 혼천의 유물은 최유지와

---

183) 『增補文獻備考』 「象緯考」 卷 3:3ㄱ.

184) 『英祖實錄』 권31:13ㄴ; 영조 8년 3월 12일(기사); 『영조실록』 10(세종대왕기념사업회, 1990), 200쪽; 관상감제조 윤순(尹淳)이 청하여 제정각에 있는 현종대의 수격식 혼천시계를 수리함. 『書雲觀志』 「故事」 권3:58ㄴ~59ㄱ; 『국역서운관지』(세종대왕기념사업회, 1999),
152쪽의 번역문을 인용하면 다음과 같다. "가을 8월에 본감에 명하여 제정각(齊政閣)의 혼천의(渾天儀)를 중수(重修)하였는데, 제조 서호수(徐浩修)가 구관(句管)하고 본감의 이덕성(李德星)·김계택(金啓宅) 등이 감독하였다."

185) 물론 송이영의 혼천시계가 금속제 기계장치로 구성되어 있었기 때문에 이민철의 것보다 내구성이 더 뛰어났고, 상대적으로 수리기록이 적었을 가능성도 있다. 전상운은 1687~1688년 이후 송이영 혼천시계의 크고 작은 수리가 있었을 것으로 보고 있다. 다만 분헌에 기록될 청도의 숭수(重修)는 없었으며, 이러한 혼전시계의 사용은 조선 후기까지 이어져 왔던 것으로 보고 있다.

현존하는 혼천시계의 태양운행 메커니즘을 모두 개량시켜야 할 결정적 문제로 바라보았던 것이다.

홍대용은 숭실대학교의 혼천의 유물에서 보여주듯이 달운행장치가 현존하는 혼천시계의 운행장치에 비해 특별히 개량되지 못한 점을 주목하였다. 그러므로 홍대용은 달운행장치가 운행하는 백도단환을 톱니구조의 환으로 개량하여 이 문제를 해결하였다. 즉, 홍대용의 관점에서는 현존하는 혼천시계나 숭실대학교 혼천의 유물의 달운행장치를 적극적으로 개량해야 할 부분으로 바라보았다. 이와 같은 기술의 개량지점과 문제해결을 위한 구체적 과정으로 추동식 혼천시계의 제작시기를 나열한다면 현존하는 혼천시계, 숭실대학교 한국기독교박물관의 혼천의(1700年代) 유물, 홍대용의 혼천시계(1762) 순으로 표현할 수 있다.

이러한 자명종 원리를 이용한 추동식 혼천시계는 19세기 초반에도 하나 더 제작되었다. 익종(翼宗, 1809~1830) 재저시(在底時, 1812년 세자 책봉 이전시기)인 19세기 초에 강이중(姜彝中), 강이오(姜彝五)가 제작한 혼천시계도 송이영의 영향을 받아 제작되었다. 이러한 추동식 혼천시계의 발전과정은 기술이 공고화 되는 과정으로 이해될 수 있다. 1669년의 수격식 혼천시계는 수격식 시스템에서 발전할 수 있는 최고 정점에 올랐고, 수력의 동력방식 기술은 새로운 진자방식의 시스템으로 진화하는 수순을 밟고 있었다. 그러므로 1669년 이후의 혼천시계는 자명종과 결합된 시스템으로 구현되는 일종의 관성과 같은 제작 경향이 일어났다.

한편, 보루각 자격루의 구슬시스템은 매일 구슬을 장착해주어야 하는 번거로움이 있었다. 12시용 큰 구슬이 낙하하면서 종을 울리고, 시패를 회전하는 일괄적 시스템은 혼천시계에서 효과적으로 개량되었다. 그것은 시간지속장치에서 발생되는 안정적 회전력과 구슬신호를 무한순환 하도록 고안했기 때문이다. 이러한 진자를 활용한 시간의 정확성과 시패장치의 부드러운 회전을 만들어 낸 것도 기존 시스템을 응용하면서 서양기술과 기술개량의 접목에서 나타나는 기술의 개량지점이라고 할 수 있다.

그런데 이러한 기술의 개량지점이나 문제를 해결하는 과정을 기술발전의 측면으로만 볼 수 없다. 기술의 발달은 정치적이건, 사회적이건 그 영향 속에 놓여 있기 때문이다. 송이영의 혼천시계의 혁신적인 개량지점은 바로 추동식 시스템으로의 전환이었다. 이에 비해 시보시스템이나 천체운행 메커니즘에 대한 변화는 상대적으로 점진적 개량 또는 전통방식의 틀 속에서 만들어낸 개량이었다고 할 수 있다.

송이영의 태양운행 메커니즘은 세종대의 운행 메커니즘을 개량하였다. 그리고 12지 시패장치를 비롯한 시보시스템은 자격루의 시보 메커니즘을 개량한 것이다. 구슬을 이용한 시스템은 자격루의 구슬운행 원리나 중국, 이슬람의 기술을 응용하였다. 송이영이 18세기에 살았던 인물이었다면, 보다 자유롭게 서양과학기술을 접목한 획기적인 혼천시계의 개발이 가능했을 것이다. 하지만 17세기에 살았던 송이영에게 조선 사회는 현존하는 혼천시계 시스템의 수준만을 허용했다고 보아야 할 것이다. 이것은 보다 자유롭고, 서양 시스템화 되어 가는 1700년대 혼천의 유물이나 홍대용의 혼천시계 문헌기록에서 그 의미를 찾아볼 수 있다.

1669년 조선의 유학자들에게 수격식 시스템은 세종시대의 관상수시(觀象授時) 전통을 잇는 것이고 민본(民本)적인 정치흐름과 잘 들어맞는 것이라고 여겼다. 하지만 18세기에 자명종의 발전적 요소가 받아들여지면서 실학자들의 관심을 갖게 한 것은 추동식 시스템이었다. 그러나 조선후기의 사회적분위기는 자명종 시스템에 대한 일반인들의 인식을 이끌어내지 못하고, 일부 실학자들에게만 관심을 끌었던 한계점을 내포하고 있었다. 또한 진자가 장치된 자명종식 동력 시스템의 시계 제작 기술을 유지하기 위한 기술 기반도 형성하지 못한 아쉬움을 남기게 되었다.

1669년은 수격식 혼천시계가 자명종 원리를 이용한 추동식 혼천시계 시스템으로 기술변화를 거치는 시점이면서, 새로운 기술 진화의 모멘텀이 형성되어가는 중요한 시점이라고 할 수 있다. 1669년 조선 사회에서 일어났던 이러한 변화는 조선의 왕실이나 홍문관, 관상감 등에서 서양과학의 우수성을 지지했던 상황을 더욱 굳건히 하였다. 또한 지구회전설을 주장한 홍대용이나 박지원의 사상적 영향까지 연결되는 역사적인 전환점으로 인식하기에 충분했을 것으로 보인다. 그러므로 송이영 혼천시계의 출현은 혼천시계사에서 혁명적 전환점이라고 평가해 볼 수도 있겠다.

3. 1700년대 이후 조선의 혼천시계

영조대(英祖代, 1725~1776)는 서양체계의 역법인 시헌력을 반포한 지 70여년이 지난 시기이다. 하루의 길이를 12시 100각(刻, 1刻=14.4분)으로 사용하던 것이 12시 96각(刻, 1刻=15분)으로 바뀌었다. 하늘의 주천도수(周天度數)가 365.25도에서 360°로 변환하였다. 관측 기기들의 환에 사용한 눈금도 이에 따라 변화되었다. 하지만 그 시행과정은 일순간에 이루어진 것이 아니라, 과거의 관측 기기들을 중수하면서 점차 바꾸어 나간 것으로 보인다.

표 8. 1700년대 이후 혼천시계들의 특징과 구조

시기	특징과 구조	용도 및 보존상태	문헌자료
1700年代	해와 달의 운행을 나타내는 환이 남아 있는데, 태양운행장치는 홍대용의 장치와 유사하며, 달운행장치는 송이영의 장치와 유사한 형태를 나타냄.	추동식 혼천시계. 혼천의 일부 부품. 숭실대학교. 현존.	유물의 형태와 구조를 살펴 연대를 추정함.
1762년 홍대용 혼천시계	해와 달의 운행을 나타내는 환이 있으며, 송이영의 태양운행장치를 개량하였고 숭실대학교 한국기독교박물관의 장치와 유사함. 또한 달운행장치도 톱니환으로 개량함. 통천의에서 직접 시간을 알 수 있도록 하였고, 동력장치로 서양식 자명종인 후종을 이용함.	추동식 혼천시계. 농수각(籠水閣). 유실.	홍대용, 『담헌서』 외집 「주해수용」.
1800年代	강이중과 강이오가 제작한 혼천시계로 시보장치를 갖추었다. 혼천의는 위에 설치하고 시계장치는 아래에 설치.	추동식 혼천시계. 유실.	이규경, 『오주연문장전산고』.

<표 8>은 1700년대 이후에 제작된 혼천시계들의 특징과 구조, 용도와 보존상태 등을 기술한 것이다. 이 당시 문헌이나 유물로 남겨진 것은 숭실대학교 한국기독교박물관 혼천의 유물과 홍대용의 혼천시계, 강이중과 강이오의 혼천시계가 대표적이다. 이 세 가지 시스템은 모두 추동식 시스템을 적용하고 있다. 숭실대학교에 소장된 혼천의의 달운행장치는 송이영 혼천시계와 거의 유사하다. 그리고 태양운행장치는 홍대용 혼천시계의 태양운행 메커니즘과 유사한데, 홍대용은 달운행장치를 톱니환으로 개량시켜 더욱 발전시켰다.

혼천의의 외적인 변화가 진행되는 동안 국가 기관이 아닌 사설 천문기관에서도

혼천시계가 제작되었다. 홍대용(洪大容, 1731~1783)의 혼천의(일명 '통천의')는 『담헌서(湛軒書)』의 <농수각의기지(籠水閣儀器志)> 등에 수록되어 있다.[186] 홍대용은 농수각(籠水閣)이라는 사설 천문대를 집에 짓고 통천의(統天儀),[187] 혼상의(渾象儀), 측관의(測管儀)와 구고의(句股儀)[188] 등의 의기를 설치하였다.[189] 의기의 제작에는 나경적(羅景績, 1690~1762)[190]과 안처인(安處仁) 등의 기술자가 참여하였다. 『담헌서』 외집 3권에 설명되어 있는 홍대용의 통천의에 대한 구조를 살펴보면 다음과 같다.

그 제도는 안과 바깥의 양층(兩層)으로 되었는데, 그 외층(外層)은 쇠를 단련(鍛鍊)해서 세 개의 고리를 만들어 육합의(六合儀, 혼천의 세 환 중에서 제일 바깥에 설치된 것)의 제도를 본받아 그와 같이 서로 연결시켜 놓았고, 그 평치(平置)한 것으로 지평규(地平規)를 삼아 그 주위에 24위(位, 지면상의 방위)와 사시(四時)와 일도(日道)의 장단을 표시하고, 아래는 십자[十] 모양의 틀[機]로 이어받게 하였다. 그 안에 있는 것도 세 개의 고리를 만들되 삼신의(三辰儀)의 제도와 같이하여, 남북으로 축(軸)을 설치하여 통관(通貫)해 놓고 고리 한 개를 가로 세우고 주천(周天)하는 일월성신 등의 도수를 표시해 놓았으니 이것이 적도(赤道)이며, 별도로 한 개의 고리를 설치하여 300개의 톱니[牙]를 만들어서 삼신의(三辰儀) 안에 비스듬히 설치해 놓았으니 이것이 황도(黃道)이다. 위로 태양(太陽)의 진상(眞像)에 붙이고 기계(機, 고동 틀)를 설치하여 날로 한 톱니씩 밟아 옮겨 우회전(右廻轉)하여 백일 만에 한 바퀴 하늘을 돌게 해놓고, 또 한 개의 고리를 설치하되 1백 14개의 톱니를 만들어서 황도 안에 설치해 놓고 위에 태음(太陰)의 진상(眞像)에 붙이고, 역시 기계를 설치하여 하루에 네 개의 톱니를 밟아 옮겨 우회전하여 28일 조금 넘어서 한 번 하늘을 돌게 하였으니, 별[星]의 혼중(昏中)과 해의 장단과 달의 회삭(晦朔)과 현망(弦望)의 소이를 이에 상고할 수 있다. 가운데는 평철판(平鐵板)을 놓고 산하총도(山河摠圖)를 새겼으니, 땅이 가운데 있는 것을 모양 보인 것이다. 내의(內儀)의 외측에 북극을 중앙으로 하여 한 개의 고리[環]를 설치하고 359개의 톱니를 만들고 별도로 기륜(機輪)을 의(儀)의 북에 설치해 놓은 다음에, 작고 긴 축을 또 설치하고 15개의 톱니바퀴를 그 끝에 베풀어서 북극의 고리에 집어넣어 이끌어 돌아가게 하니, 삼신(三辰)의 운행하는 묘가 오로지 이에 있다. 지판(地板)의 밖에 한 개의 고리를 설치하고 주위에 분각(分刻)을 표시하여, 태양을 따라 그

---

186) 통천의에 대한 내용은 『담헌서』 권3과 외집(外集)인 「주해수용(籌解需用)」의 끝부분에 있는 <농수각의기지(籠水閣儀器志)> 에 수록되어 있다.

187) 홍대용이 제작한 혼천의를 통천의(統天儀)라고 불렀다.

188) 측관의와 구고의는 일종의 측각기이다.

189) 洪大容, 『湛軒書』 6:21ㄱ~30ㄱ.

190) 나경적에 관한 기록은 홍대용과 함께 자명종 원리를 이용한 혼천의를 만드는 데 많은 도움을 주었다는 것 이외에 알려진 것이 거의 없다. 서양식 시계인 후종과 서양식 천체관측기인 기형혼천의를 완성하였는데, 나경적이 70세가 되던 1760년(영조 36)에 북학파 실학자 홍대용 부진의 재정적 도움으로 그 제자인 보성 출신의 안처인(安處仁)과 함께 나주에서 후종과 혼천의를 1760년부터 그 이듬해까지 걸쳐서 완성하였다. 홍대용은 농수각을 짓고 이 기기를 보관하였다.

시각을 보게 하며 기륜의 위에 시각을 알리는 종이 있다.[191]

통천의의 외형적인 구조에 대하여 자세히 기록하고 있는데, 각 환들의 구조와 새겨진 글자에 대한 정보와 톱니기어의 기계구조에 대하여 메커니즘, 시보장치에 대한 것이 소개되어 있다. 삼신의 속에는 지구의 대신 평철판(平鐵板)으로 된 산하총도(山河摠圖)를 새겨 넣었다. 통천의의 구체적인 운행메커니즘과 기계구조는 <농수각의기지>에 자세히 기술되어 있다. <농수각의기지>의 천행(天行), 일행(日行), 월행(月行)에 대한 내용은 다음과 같다.

천행의 메커니즘[192]

내층의 북극 주위에 359톱니[牙]의 천운환을 설치하였다. 후종(候鐘)축이 뻗어나와 자오규에 가설되고, 끝에 달린 15톱니의 소륜이 천운환을 끌고 돌아간다. 소륜이 24주(周)하면 천운환이 정확히 360톱니를 움직여 내층이 따라서 1주하되, 차이가 나는 1톱니가 곧 천행이 1도 더 지나감이다.

일행의 메커니즘[193]

내층에 적도와 23.5도 기울어진 365톱니환[牙環]을 별도로 설치하여 태양진상을 붙여 놓은 것이 황도일규이다. 양층의 틈새에 격기(激機, 깔쭉톱니)의 중간에 유아(遊牙, 피니언)와 직철(直鐵, 격기와 유아를 잇는 축)이 있어 서로 견지(牽持)하며 일규의 톱니에 끼워져 있다. 내층이 좌선(左旋)하면 일규도 따라서 좌로 돌아가다가 격기의 하단이 축주(軸柱)에 걸려 우선하면 일규도 약간 오른쪽으로 움직인다. 내층이 더 돌아가 격기의 하단이 축주를 막 벗어나면 직철이 유아를 돌려 일규를 좌로부터 1톱니 이동시킨다. 내층이 1주(周)하면서 기주(機柱)의 단아(單牙)에 부딪히면 일규가 하루에 1톱니씩 물러나 하루의 일행이 360도가 되고 천행에 1도 모자라게 된다. 무릇 365일 여(餘)를 우선하면 하늘과 만나게 된다.

월행의 메커니즘[194]

내층에 황도보다 5도 더 기울여 적도와 28.5도를 이루는 109톱니환을 하나 더 설치하여 태음진상을 붙여 놓은 것이 백도월규이다. 또 다른 격기가 설치되어 월규의 톱니에 끼워져 있다. 내층과 더불어 월규가 좌로 돌아가다가 격기의 하단이 축주(軸柱)에 걸리면서 직철을 통하여 유아를 돌리게 되고, 월규가 좌로 1톱니 이동한다. 내층이 1주하는 동안 극축 상하에서 기주(機柱)의 4톱니를 만나므로

---

191) 홍대용, 『담헌서』 외집3권, 「항전척독((杭傳尺牘)」, <건정동필담속(乾淨衕筆談續)>; 『국역담헌서』(민족문화추진회, 1967)의 번역문을 인용함.

192) 한영호, "농수각 천문시계", 『역사학보』 제177집(2003), 10쪽의 번역문을 인용함.

193) 한영호, 위의 논문(2003), 11쪽의 번역문을 인용함.

194) 한영호, 위의 논문(2003), 15~16쪽의 번역문을 인용함.

월규가 하루에 4톱니씩 물러나 하루의 월행은 352도 강(强)에 불과하며 천행에 13도 강(强)이 모자란다. 무릇 27일 약(弱)을 우선(右旋)하면 하늘과 만나게 되고 다시 2강(强)을 지나면 해와 만난다.

홍대용의 통천의는 자명종 원리를 이용한 추동식 혼천시계로 해와 달의 운행, 시각을 알려주는 종표 등 몇 가지 특징이 있는데, 혼천의와 후종(候鍾; 자명종)이 결합된 것으로 여겨진다.[195] 황도환을 실이 아닌 톱니기어를 장치한 것은 송이영의 태양운행시스템 보다 더 발전된 형태를 나타내고 있다고 볼 수 있다. 백도환도 톱니기어를 이용하여 달의 위치와 위상을 변경하고 있어 송이영의 메커니즘 구조와 다르다. 후종에 의한 동력전달 장치가 폴리오트 방식이었는지 진자방식이었는지 뚜렷한 언급은 없다. 아마도 국가기관이 아닌 개인들이 접할 수 있었던 폴리오트 방식의 자명종을 사용하였을 가능성이 크다. 현재 남겨진 자명종시계는 송이영의 혼천시계를 제외하면 대부분 폴리오트식 자명종이다.[196] 이것으로 본다면 송이영의 혼천시계에 사용한 진자장치 기술은 이후 계승 발전하지 못하고 있었음을 짐작하게 한다.

현재 숭실대학교 한국기독교박물관에는 홍대용의 것으로 알려진 혼천의 유물이 소장되어 있다. <농수각의기지>에 기록된 통천의의 구동방식이나 월운환(月運環)의 유무 등이 차이가 있어 홍대용의 혼천의로 단정 짓기는 어렵다.[197] 숭실대학교 혼천의 유물은 송이영의 혼천시계와 직접 비교가 가능하기 때문에 '제3장 혼천시계 각 부속장치와 작동 메커니즘 분석'에서 자세히 다루었다.

또 다른 자명종 원리를 이용한 추동식 혼천시계의 기록은 이규경의 『오주연문장전산고(五州衍文長箋散稿)』에 나온다. 순조(純祖, 1790~1834)의 세자인 익종(翼宗, 1809~1830) 재저시(在底時) 강이중(姜彛中)과 강이오(姜彛五, 1788~?)에게 자명종이 결합된 선기옥형을 만들게 하였다. 이때 만든 것이 시각이 정확하여 서양인의 것보다 뛰어나다는 평가를 받았다고 한다(翼宗在邸時 命姜彛中姜彛五 上設璇璣 下設鳴鍾 以牙輪轉機 與鳴鍾相應 時刻不爽 人以爲奇巧有過西人云 然殊未知彛五之前 有宋以

---

195) 南文鉉 등, 앞의 논문(1995), 531쪽.

196) 고려대학교 박물관 소장 자명종(유물번호: 고려대, 고박09, 280), 숭실대학교 한국기독교박물관 소장 자명종(18세기), 서울대학교 박물관 소장 지명종(17세기; 전상운, 앞의 책(1994a). 171쪽).

197) 南文鉉 등, 위의 논문(1995), 534쪽.

穎 之渾儀輪轉使鐘自鳴之制也).[198] 이 혼천시계가 구체적 어떤 형태의 것인지에 대
해서는 알려져 있지 않다. 다만 송이영의 추동식 혼천시계의 전통을 이었으며,
'上設璇璣 下設鳴鐘'의 기록으로 볼 때 혼천의는 위에 설치하고, 자명종은 아래에
설치된 것임을 알 수 있다.

4. 중국과 이슬람의 시계기술

중국의 수운의상대는 1092년 북송(北宋)의 소송과 한공렴이 완성한 것이다.[199]
이 시설에는 동력장치인 물시계와 수차, 기어장치 등이 함께 어우러져 혼의와 혼
상을 구동한다. 이러한 시스템은 조선으로 옮겨져 간의대의 혼의와 혼상(1435) 운
영이나 조선 중기 혼천시계 운행 메커니즘에도 영향을 주었던 것으로 보인다. 여
기에서는 중국의 수운의상대의 구조와 작동 메커니즘을 분석하여 혼천시계에 담
긴 기술을 비교하였다.

한편 혼천시계의 구슬신호발생장치의 기원은 수운의상대의 승수호식 메커니즘
과 자격루의 구슬시스템, 그리고 이슬람 물시계의 구슬 신호로 알려져 있다. 필자
는 쇠구슬을 이용한 13세기 이슬람의 알 자자리의 물시계 구조와 구슬신호에 대
하여 혼천시계 구슬시스템과 비교하였다.

(1) 중국 수운의상대의 구조와 작동 메커니즘

중국의 수운의상대의 기기들은 세종대 혼의와 혼상의 운영시스템에 영향을

---

198) 이규경, 『오주연문장전산고(五洲衍文長箋散稿)』 권13, 「수명종누종표변증설(水鳴鐘漏鐘表辨證說)」; 全相運, 앞의 논문(1963),
　　6쪽; [재수록]: 전상운, 『한국과학사의 새로운 이해』(연세대학교 출판부, 1998), 562쪽의 번역문을 조금 수정하여 인용함.

199) 蘇頌, 『新儀象法要』, 四庫全書, 宋.; 수운의상대의 제작연대는 1088년, 1089년 또는 1092년으로 말해지고 있으나, 대체로
　　1092년으로 보고 있다. Hong-sen Yan and Tsung-Yi LIn, "A study on ancient Chinese time law and the time-telling
　　system of Su Song's clock tower," *Mechanism and Machine Theory*, 37, 1(2002), p.15; 이 논문에서는 수운의상대가 1088
　　년에 제작한 것으로 보고 있다. Gao Xuan, "Principle Research and Reconstruction Experiment on the Astronomical Clock
　　in Ancient China," *Proceedings of the 11th World Congress in Mechanism and Machine Science*, August 18~21(2003); 이
　　논문에서는 수운의상대가 1089년 1월 16일에 제작하였으며, 『신의상법요』라는 책이 완성되는 1093년에 이르러서야 모든
　　부품에 대한 기술을 마쳤다고 한 것으로 보아 1092년을 제작완료 시점으로 보고 있다. 수운의상대는 전쟁으로 인해 35년밖
　　에 운영되지 못했다.

주었던 것으로 보인다. 이러한 수운의상대에 대한 구조와 작동 메커니즘을 알아보고 자명종 원리를 이용한 추동식 혼천시계와 관련하여 특징과 구조를 기술하고자 한다.

① 중국 수격식 천체운행 메커니즘의 역사

중국 혼천의의 역사를 서술하고 있는 남병철(南秉哲, 1817~1863)의 『의기집설(儀器輯說)』의 <혼천의설(渾天儀說)>을 살펴보았다.[200] <혼천의설>은 역대 중국 혼천의가 구성되면서 환들의 변화, 동력장치의 변천내용 등이 자세히 서술되어 있다. 이는 혼천시계에 혼천의의 형태에 대한 영향을 살펴볼 수 있으며, 천체운행에 대한 메커니즘을 서로 비교해 볼 수 있다.

<혼천의설>에 나온 중국 혼천의 역사를 ㉠ 후한(後漢, 25~220)~남조 송(宋, 420~479), ㉡ 당대(唐代, 618~907), ㉢ 송대(宋代, 960~1279), ㉣ 원대(元代, 1271~1368)로 구분하여 정리하였다.[201]

㉠ 후한(後漢, 25~220)~남조 송(宋, 420~479)

중국의 혼천의[202]는 한대(漢代)인 기원전 2세기경에 처음 제작되었다.[203] 후한 화제(和帝, 재위 88~105) 때 가규(價逵, 30~101)는 원의(員儀)를 만들었으며, 순제(順帝, 재위 126~144) 때 장형(張衡, 78~139)은 동혼천의(銅渾天儀)를 만들어 방에 설치하고, 누호(漏壺)에서 흘러나오는 일정한 양의 물을 동력으로 하여 자동으로 돌아가도록 하였다. 이러한 동혼천의는 바로 수격식 운행 메커니즘을 말하는 것임을 알 수 있다. 이때의 혼천의는 혼상을 말하는 것이다. 남조(南朝) 송(宋,

---

200) 김상혁, "의기집설의 혼천의 연구"(충북대학교 대학원 석사학위논문, 2002); 이 논문에서 중국의 혼천의 역사에 대하여 서술한 바 있다. 이 책에서는 논문의 내용을 요약하고 다른 문헌들을 첨부하여 정리하였다.

201) 南秉哲, 『儀器輯說』 卷上 「渾天儀」 1:1ㄱ~3ㄴ; <渾天儀說>.

202) 수(隋, 581~620) · 당(唐, 618~907) 이전의 중국에서는 천체를 관측하는 의기와 천구(天球)의 운동을 보여주는 의기를 모두 '혼천의(渾天儀)'라고 불렀다. 그러나 당 이후로는 통상 천체를 관측하는 의기를 '혼의(渾儀)'라 하고, 천구의 운동을 보여주는 의기를 '혼상(渾象)'이라고 나누어 불렀다.

203) 南秉哲, 『儀器輯說』 卷上 「渾天儀」 1:1ㄴ <渾天儀說>; 당대(唐代) 공영달(孔穎達)은 「상서(尙書)」의 이 구절에 대하여 "기형이라는 것은 임금된 자가 천문을 바로잡던 기구로 한나라 이래로 혼천의라 불린 것이 그것이다"라고 소(疏)를 붙였다. 또한 이때 상형이 만들었던 동혼천의는 혼상이었던 것으로 여겨진다. 현재 상형이 제작했던 관측용 혼천의가 그의 고향인 남양(南陽)에 복원 전시되고 있다.

420~479) 원가(元嘉, 424~454) 년간에는 태사승관(太史丞官) 전락지(錢樂之)가 동혼천의를 만들었지만 구체적인 천체운행 메커니즘은 알 수 없다.

　ⓛ 당대(唐代, 618~907)

당대의 이순풍(李淳風, 602~670)은 가규와 장형이 제작한 구형 의기를 개량하여 새로운 의기를 만들었는데, 육합의와 사유의는 기존의 방법을 사용하고 삼신의를 만들어 그 속에 선기환(璇璣環, 사유환)과 월유환(月遊環, 달운행 환)을 포함하였다. 양영찬(梁令瓚)이 만든 <수운혼천부시도(水運渾天俯視圖)>에서 일·월·5행성의 움직임을 수동으로 나타냈다.204)

　ⓒ 송대(宋代, 960~1279)

송대 태평흥국(太平興國, 976~983) 때에 촉인(蜀人) 장사훈(張思訓)은 태평혼의(太平渾儀)라는 혼천의를 제작하였는데, 장사훈이 죽고 난 다음에는 더 이상 그것의 구조나 제작법과 관측법 등을 알 수 없었다. 이 태평혼의로 일·월의 상대적인 운행을 자동으로 나타냈다. 하지만 달의 위상변화를 평면에 표현한 것으로 혼천의에 매달고 운행한 것은 아니다.205)

북송(北宋) 원우(元祐, 1086~1094) 때에는 상서우승(尙書右丞) 소송이 소문관(昭文館) 교리(校理) 심괄(沈括, 1031~1095)과 함께 황제의 명에 따라『혼의법요(渾儀法要)』를 편찬하였다.206) 소송이 제작한 혼천의는 육합의, 삼신의, 사유의의 구조를 그대로 사용하였지만 별도로 사상환(四象環)과 천운환(天運環)을 추가하여 제작하였다. 이러한 사상환과 천운환은 수격식 시스템에서 동력을 전달시키는 기륜의 역할을 하도록 고안된 장치들이다.

소송이 저술한『신의상법요』에서는 혼상이 육합의 안에 위치한다. 그러므로 이 혼상의 천체운행은 남측의 기륜을 활용한 형태였을 것이다.207) 소송과 한공렴이

---

204) 李純之,『諸家曆象集』권3:22ㄱ; 여기서 언급한 기기는 혼천의가 아니라 혼상(渾象)일 것으로 생각된다.

205)『宋史』,「律曆志」권80:20ㄴ; 韓永浩·南文鉉·李秀雄, 앞의 논문(2001), 77쪽.

206) 托克托,『金史』卷二十二, 渾象條.

207) 韓永浩 등, 위의 논문(2001), 67쪽.

제작한 수운의상대(1092)에는 혼의와 혼상이 설치되었는데, 수력에 의한 태양운행과 다른 항성의 움직임을 삼신의의 회전으로 자동운행 시켰다. 노끈에 오색구슬을 꿰어 일·월·5행성의 운동을 나타내었는데 상대적인 운동은 수동으로 운행하였다.208) 북송 말에 왕보(王黼)는 한공렴의 제도를 발전시켜 달운행장치를 구현하려 시도했으나 실패했다.209)

ㄹ 원대(元代, 1271~1368)

원대 곽수경(郭守敬, 1231~1316)에 이르러 혼천의의 구조를 혁신적으로 개량하여 관측기기인 간의(簡儀)를 제작하였다. 그는 황도환을 설치하지 않고 따로 입운권(立運圈)을 단독으로 증설하여 이것으로 지평경도와 위도를 측정하였다. 간의의 출현은 그동안 운영되었던 혼천의가 실제 관측상에 여러 어려움이 있었음이 잘 드러내고 있다.

이것은 이전 시기부터 천문시계로 사용해 온 혼천의의 용도를 더욱 확고히 시키는 데 결정적 역할을 했다고 볼 수 있다. 그리고 수운의상대를 기점으로 천체운행 메커니즘을 나타내는 천체기기가 혼상에서 혼천의로 전화해 가는 수순을 확실히 보여주는 것이라고 할 수 있다.210) 곽수경과 왕순(王恂) 등이 수립한 태사원(太史院)의 영대(靈臺)는 높이가 7장(丈, 약 17m)에 이르는 3층 규모의 천문대를 세워 이곳 2층에 수격식 혼천의를 설치(1279)하였고 맨 위층에는 간의와 정방안(正方案), 앙의(仰儀)를 설치하였다.211)

앞서 기술한 것을 요약해 보면, 혼상을 천체의 운행과 일치하도록 하기 위하여 수력의 동력을 사용하였는데, 이런 방식은 후한의 장형으로부터 시작하여 당대의 양영찬에 의해서 성행하게 되었다. 또한 천운(天運)의 규율에 따른 혼천의의 운동장치는 송대 장사훈에게서 시작하여 소송에게서 성행하였다. 혼천의의 구조는 계

---

208) 韓永浩 등, 앞의 논문(2001), 70쪽.

209) 『宋史』, 「律曆志」 권80:20ㄴ.

210) 韓永浩 등, 위의 논문(2001), 82쪽; 동아시아의 천문시계는 일관되게 『서경』의 선기옥형, 곧 혼천(渾天)을 관측하는 혼천의나 또는 혼원(渾圓)으로 형상화한 혼천상을 이용하여 천체의 운행을 주력하였는데, 역대의 천체 재현방식을 살펴보면 초기에 해당하는 장형과 양영찬의 천문시계에서는 혼상만이, 한공렴의 수운의상대와 경복궁 간의대의 혼의와 혼상에서는 혼천의의 혼상 모두가, 이후 이민철의 혼천시계에 이르러서는 혼천의만 활용되었다.

211) 楊恒, <太史院銘>, 元.

속적인 발전을 거듭하게 되지만 간의의 출현으로 혼천의의 용도는 실내에 설치되어 주로 천문시계의 역할을 수행하였던 것으로 보인다. 조선에서도 관측을 위해 간의가 사용되었으며 초기에 제작한 혼천의(1433)를 제외하면 혼천의가 실제 관측에 사용되었는지의 여부는 명확하게 들어나 있지 않다.

② 수운의상대의 구조와 작동 메커니즘

수운의상대는 높이가 약 12m, 길이와 너비는 각각 7m이며 3층으로 되어 있다. 하층에는 시보장치와 동력기구, 중층에는 혼상, 상층은 혼천의를 설치했다. 물시계의 물을 동력으로 삼아 복잡한 기계식 수차를 통과하게 만든 다음, 혼천의와 혼상, 시보장치에 연결시켜 자동적으로 움직이도록 만들었다. <그림 8>은 『신의상법요』에 나와 있는 수운의상대의 외형모습과 주요 부품을 나타낸 투시도이다. 수운의상대는 일정한 물을 공급받아 동력장치에 힘이 전달되면서 혼의와 혼상을 운행시키고, 시보장치를 동작하도록 한다.

 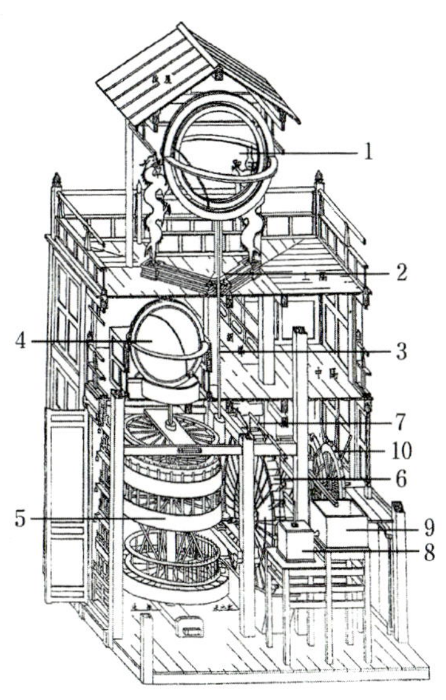

1. 혼의; 2. 오운, 규표; 3. 천주; 4. 혼상, 지거; 5. 주야기륜; 6. 추륜;
7. 천형, 천쇄; 8. 평수호; 9. 천지; 10. 하차, 천하, 승수상륜

그림 8. 수운의상대 외형도(『신의상법요』)와 투시도[212]

<그림 9>는 복원한 수운의상대의 동력전달 순서를 개념도로 나타낸 것이다. 수운의상대 복원품은 일본 나가노(長野, Nagano) 현에 위치한 시계과학관에 있다. 하지만 교육과 전시효과를 높이기 위하여 일부 구동장치에 대하여 전자제어시스템을 장치하였다. 수운의상대를 복원하면서 기술한『복원수운의상대: 11세기 중국의 천문관측시계탑(復元水運儀象臺: 十一世紀中國の天文觀測時計塔)』(1997)에는 그동안의 연구 결과와 세부적인 복원설계도를 함께 실어 놓았다.213) 이를 바탕으로 시계과학관 수운의상대의 작동원리를 살펴보면 다음과 같다.

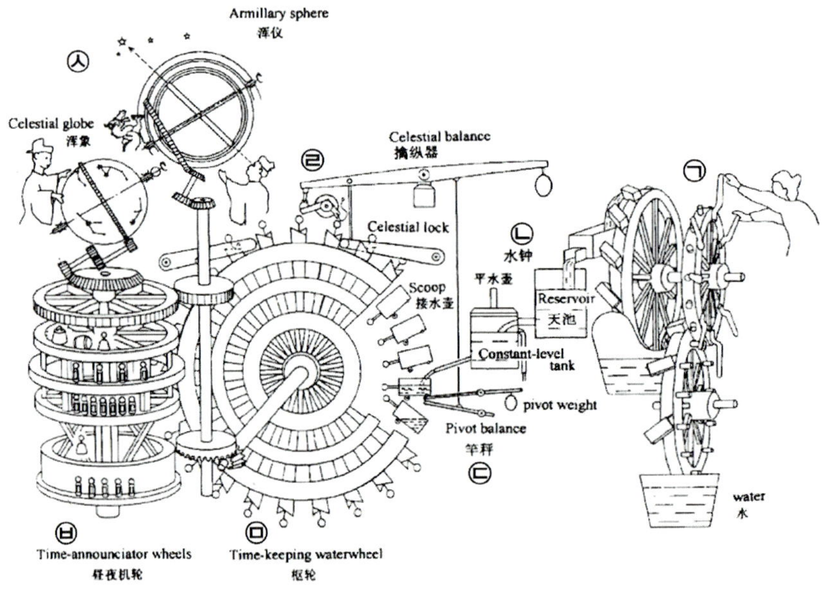

그림 9. 수운의상대의 동력전달 개념도214)

수운의상대는 작동구조와 원리에 따라 크게 다섯 단계로 구분할 수 있다.
㉠ 물 공급 장치(수차). 이는『신의상법요』의 승수상·하륜을 말하는 것으로 사람이 직접 기륜을 돌려 물을 공급해준다. 승수상·하륜은 동시에 연동하면서 운행된다. 승수상륜이 물을 천지에 공급해주면 승수하륜도 승수상륜의 물통에 물

---

212) 潘鼐,『中國古天文儀器史』(山西敎育出版社, 2003), p.155.

213) 山田慶兒·土屋榮夫,『復元水運儀象臺:十一世紀中國の天文觀測時計塔』(新曜社, 1997); 이 책에는 수운의상대의 복원설계도가 있어 작동구조와 운영원리 등을 알 수 있다.

214) 諏訪湖時の科學館 儀象臺, 儀象臺展示解說(諏訪湖時の科學館, 1998), p.7.

을 공급하도록 되어 있다.

ⓛ 물시계. 천지와 평수호의 2단으로 구성된 물시계이다. 평수호에 overflew가 있어 항상 일정한 수위를 유지하게 되고, 일정량의 물만 흘려보낸다.

ⓒ과 ⓔ은 물 공급 제어장치－천형. 물시계의 평수호에서 구륜의 수수호에 담겨지는 물을 일정하게 공급하는 장치이다. 일정량 물이 구륜의 수수호에 담아지면 저울에 의해서 무게중심이 변하게 된다. 그러면 구륜은 일정한 각도만큼 돌아간다. 이것은 기계시계의 탈진기의 역할에 해당한다.

ⓜ 동력발생장치－추륜. 물시계와 천형에 의해 발생된 회전력은 혼의나, 혼상을 움직이는 동력이 되기도 하고, 주야기륜으로 전해져 시보장치의 회전과 타격장치의 동력으로 사용된다.

ⓗ과 ⓢ은 시보장치, 혼상, 혼의. 수운의상대에 가장 위층에는 혼의가 설치되었고, 중간층에 혼상이 설치되어 있다. 천문의기에서 천체의 운행을 보여준다. 가장 아래층에는 시보장치가 있는데, 시보장치는 모두 5개의 층으로 구성되어 있다. 가장 위인 1층에는 3가지 인형이 존재한다. 서남쪽의 인형은 12시(時)의 중간시간에 징을 타격한다. 중간 인형이 하루 100각(刻) 중에서 매각마다 북을 타격한다. 동남쪽의 인형은 매시마다 종을 타격한다. 2층에 있는 인형은 매시의 시작과 중간에 시패를 들고 나와 시간을 알려준다. 3층의 인형은 하루 시간인 100각 중에서 매각마다 시간을 알려준다. 4층에 있는 인형은 해가 진후 밤부터 해뜨기 전까지 징을 타격한다. 시보장치의 가장 아래인 5층은 38개의 인형이 해가 진 밤 시간부터 해 뜨는 시간까지 알려준다.

수운의상대의 시보시스템은 정시법과 부정시법을 나타낸 시각법으로 운영되고 있다. 1층에서 3층까지 시보장치는 정시법을 나타낸 것이다. 시보장치의 가장 위인 1층에서는 인형들이 종·북·징을 타격한다. 매시 초각에 종을 울리고, 매시 정각에 징을 친다. 또한 매 각마다 북을 친다. 그 아래 2층에서는 매시 초각과 정각에 시패장치를 들고 나온다. 3층에서는 매 각마다 시패장치를 들고 나온다. 즉, 1층에서는 정시법의 소리신호로, 2층과 3층에서는 시각신호로 시간을 알려준다.

시보장치의 4층과 5층은 부정시법에 따른 시간을 알려준다. 4층에 있는 인형은 해가 진후부터 해뜨기 전까지의 경점시간에 징을 타격한다. 시보장치의 가장 아래인 5층에 있는 38개의 인형은 4층의 신호에 따라 시패장치를 들고 나온다. 즉, 4층에서는 부정시법의 소리신호로, 5층에서는 시각신호로 시간을 알려준다. 경점시간은 계절에 따라 시보 간격이 차이가 난다. 여름에는 간격이 좁고, 겨울철에는 길어진다.

조선의 혼의와 혼상에는 이러한 복잡한 구조나 기술적 묘사가 모두 생략되어 있다. 하지만 수력으로 운행한다는 점과, 혼의와 혼상이 설치되었다는 점이 이러한 중국의 수운의상대의 작동원리가 유사하게 이용되었음을 추측해 볼 수 있겠다. 그렇다면 조선의 혼의와 혼상은 수운의상대의 승수상·하륜, 물시계, 천형, 추륜시스템을 차용하였을 것이고, 그 전통은 송이영의 구슬신호발생장치에서 타종장치로 신호를 발생시키는 개념적인 모티브로 작용하여 제작되었음을 유추해 볼 수 있겠다.

이약슬(1999)이 작도한 추륜시스템215)을 보면 평수호에서 흘러간 물이 일정한 양에 도달하면 구륜기가 회전하도록 되어 있다. 이것을 제어하는 장치가 바로 천형(天衡)이다. 천형은 수차들의 속도를 일정하게 조절해주는 역할을 한다. 이 장치는 후대에 등장하는 기계시계에 사용한 탈진기의 최초모델에 해당한다고 볼 수 있다.

(2) 이슬람 물시계의 작동구조

혼천시계의 구슬신호발생장치의 기원은 수운의상대의 승수호식 메커니즘과 자격루의 구슬시스템, 그리고 이슬람 물시계의 구슬 신호로 알려져 있다. <그림 10>의 좌측은 13세기 이슬람의 알 자자리(Ibn al-Razzaz al-Jazari)가 제작한 쇠구슬을 이용한 시계이다. 이 시계는 1206년 알 자자리가 쓴 *The book of knowledge of ingenious mechanical devices*(1206)에 실린 그림으로 이슬람 물시계의 모습을 잘 나타내주고 있다.

---

215) 李約瑟, 앞의 책(1999), p.460.

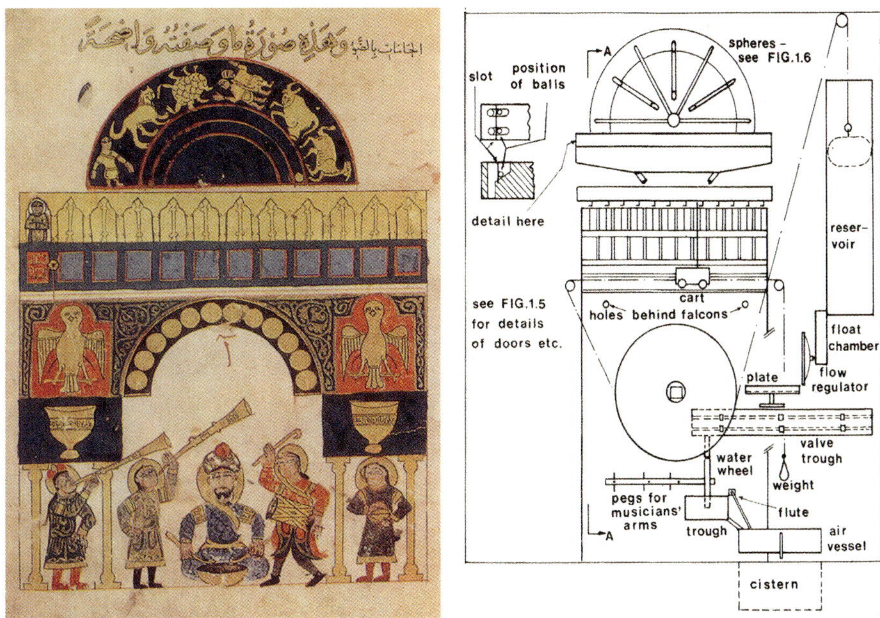

그림 10. 쇠구슬을 이용한 이슬람 알 자자리의 물시계(좌)[216]와 내부 메커니즘 구조(우)[217]

맨 위쪽에 둥근 아치 모양에는 12궁(황도대, zodiac sphere)을 상징하는 동물이 그려져 있다. 바로 아래에는 태양과 달이 운행하는 궤도가 있다. 아치 모양 아래에는 12개의 창문이 있고, 이 창을 통해 매 시간마다 인형이 나오도록 하여 시간을 알려주었다. 창문 아래의 또 다른 아치 형태의 구조에는 12개의 금 구슬(공)이 있고, 그 양측면에는 매가 앉아 있다. 그 아래로 5명의 악공이 악기를 연주하여 시간을 알려주었다.[218]

영국의 기계공학자인 도널드 R. 힐(Donald Routledge Hill)(1989)은 알 자자리가 제작한 물시계의 내부 작동 메커니즘에 대해서 상세히 분석하였다.[219] Fig 10의 우측은 힐이 작도한 알 자자리의 시계 내부구조이다. 이 시계 안에 물시계가 장치

---

216) Al-Jazari, *The book of knowledge of ingenious mechanical devices*(1206)에 실린 그림이다; 재인용: Joseph Needham, Wang Ling, D. J. de Solla Price, 앞의 책(1960), facing p.68; 전상운, 앞의 책(1994), 221쪽.

217) Al-Jazari, Donald R. Hill(ed. & transl.), *The book of knowledge of ingenious mechanical devices*(Pakistan Hijra Council, 1989), p.244; 이 책은 Al-Jazari의 원전을 Hill이 번역하여 출판한 것으로 책 마지막 부분의 Explanatory note에 물시계들의 구조도와 설명서를 실어 놓았다.

218) 물시계의 좌측부터 트럼펫 연주자 2인, 북 연주자 2인, 심벌즈 연주자 1인이 배치되어 있다.

219) Al-Jazari, Donald R. Hill(ed. & transl.), 위의 책(1989), pp.241~246.

되어 있어 일정한 속도로 수차를 회전시킨다. 이 회전력으로 인형들이 시간에 따라 슬라이딩되어 움직인다. 이때 12개의 창문사이로 지나가면서 해당 시간에 창문이 열리면서 인형이 나올 수 있도록 하였다. 동시에 매시간 구슬이 구슬이동관을 빠져나와 매의 부리를 통해 청동 컵 아래로 떨어지면서 그 안에 있는 심벌즈를 치도록 되어 있다.

<그림 11>은 12궁이 그려진 황도대(zodiac sphere)와 태양과 달이 운행하는 궤도(sun's sphere와 moon's sphere)가 평면에 구현된 천체운행시스템이 이다. 이 평면시스템으로 태양의 1년 동안 황도상의 위치와 하루 동안의 움직임을 알려주었고, 달의 위상과 움직임도 알려주었다. 알 자자리는 이러한 천체운행의 모습을 아스트롤라베(Astrolabe)와 같은 평면적인 구성으로 표현하고 있다. 이에 반하여 혼천시계의 혼천의는 구면적인 시스템으로 나타내었다. 이러한 구성은 이슬람과 조선에서 천체운행에 대한 독특한 표현방식을 잘 보여주고 있는 것이다.

알 자자리는 그의 저서에서 50종의 기계장치를 소개하고 있는데 대부분 물을 이용한 자동 제어장치들이었으며, 이때 쇠구슬을 이용하여 소리를 내거나 신호장치로 사용한 시계들이 많았다. 알 자자리의 코끼리 시계나 양초 시계 등도 구슬을 이용한 신호를 발생시켰다.[221] 알 자자리의 구슬을 이용한 신호장치는 이후 보루

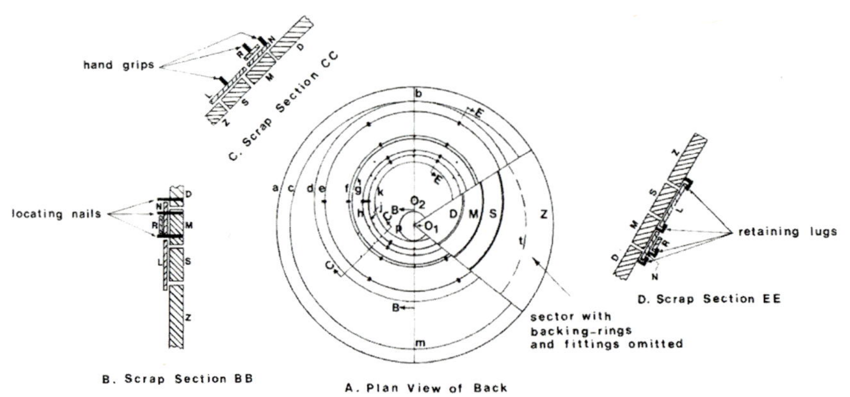

그림 11. 알 자자리 물시계의 평면 천체운행시스템의 구조[220]

220) Al-Jazari, Donald R. Hill, 앞의 책(1989), p.246; 그림에서 Z는 황도대, S는 태양운행 길, M은 달운행 길, D는 천체운행 원판(Disk)을 나타내고 있다. 수차에 의해 얻어진 동력은 각각의 정해진 회전율에 따라 천체운행을 그대로 재현한 것으로 보인다.

각루의 자격시스템에서도 확인할 수 있다.

5. 서양의 기계시계 발달과 조선의 진자장치 도입

(1) 서양의 폴리오트와 진자를 이용한 기계시계

고대의 태엽 장치로 시작된 시계의 역사는 14세기에 이르러 폴리오트(foliot)를 장치한 기계시계의 등장으로 큰 전환점을 맞이하게 되었다.[222] 또한 호이헨스의 진자시계 제작 이후 시간의 정확성은 획기적으로 개선되었다. 여기에서는 서양의 폴리오트식 기계시계와 진자식 기계시계가 어떠한 작동구조로 발전해 왔는지 살펴봄으로써 혼천시계 동력 메커니즘이 담고 있는 서양기술의 수용과 이를 응용한 기술적인 노력에 대하여 알아보았다.[223] 이러한 내용은 혼천시계의 탈진장치와 진자장치의 기술의 적용과 조선으로 도입된 시기를 규명하는 데 중요한 분석 자료가 된다.

---

221) Al-Jazari, Donald R. Hill, 앞의 책(1989), p.48, p.85; 이러한 알 자자리의 기계장치들은 1976년 런던의 과학박물관 (Science Museum)에서 힐(Hill)에 의해서 대부분 복원연구가 진행되었다. Donald R. Hill, *A historyn of engineering in classical and medieval time* (Routledge, 2004), pp.232~241; 힐은 Ridwin's clock, al-Jazari의 코끼리 시계와 양초 시계에서 사용된 구슬 운행 메커니즘에 대하여 상세히 저술하였다.

222) Britten, F. J., 앞의 책(1932), p.35; 폴리오트는 탈진장치와 연동되어 운행하는 장치로 주기적인 신호를 발생시키는 역할을 한다. 초기(14세기)의 폴리오트는 양쪽에 추를 달아 균형을 잡고 좌우의 회전력을 일정하게 만들어냈다. 시간이 흘러 원형으로 개선된 폴리오트(15세기)가 나타나기 시작했다. Kenneth Ullyett, *In Quest of Clocks*(Rocklife, 1950), p.234; 일본문헌에는 1700년대에 제작한 폴리오트 장치가 소개되어 있다.

223) 서양 기계시계사에 대한 내용을 정리하는데 주로 참고한 서적과 시계컬렉션 자료는 다음과 같다. Abbott Payson Usher, *A History of Mechanical Inventions*(Harvard University Press, 1954); Britten, F. J., *Old Clocks and Watches & Their Makers*(E. & F. N. SPON., 1932); Britten, F. J., *Former clock & watchmakers and their work: Including an account of the development of horological instruments from the earliest mechanism, with portraits of masters of the art*(Spon & Chamberlain, 1894); Christianson, David., *Timepieces: Masterpieces of Chronometry*(Firefly Books, 2002); Denison, E. B., *Clock & Watch Making: With a chapter on church clocks*(John Weale, 1850); Edmund Beckett, *Clocks & Watches and Bells*(Crosby Lockwood and Co., 1883); Jo Ellen Barnett, *Time's Pendulum: From Sundials to Atomic Clocks, the Fascinating History of Timekeeping and How Our Discoveries Changed the World*(Harvest Books, 1999); Kenneth Ullyett, *In Quest of Clocks*(Rocklife, 1950); Lloyd, H. Alan, *The Collector's Dictionary of Clocks*(Country Life Limited, 1964); Montres Rolex S. A., *The Anatomy of Time*(Geneva, The Company, 1955); Robertson, J. Drummond, *The Evolution of Clockwork*(Cassell & Company, LTD., 1931); Symonds, R. W., *Thomas Tompion: His Life & Work*(London: Batsford, 1951); Whitrow, G. J., *Time in history: View of time from prehistory to the present day*(Oxford University Press, 1989); 山口隆二, 『日本の時計: 德川時代の和時計の一研究』(日本評論社, 1950); 李約瑟, 『中國科學技術史: 第四卷 物理學及相關技術』(科學出版社·上海古籍出版社, 1999); 번역서: 데이바 소벨·윌리엄 앤드루스 지음, 김진준 옮김, 『해상시계』(생각의 나무, 2005), 스튜어트 매크리디 엮음, 남경태 옮김, 『시간의 발견』(휴머니스트, 2002) 등이 있다.

① 폴리오트식 기계시계의 출현과 발전

○ 추를 이용한 폴리오트식 기계시계

중세의 수도원에서 사용되던 종소리 장치나 중세 후기에 사용되던 시계들은 사슬에 감긴 추를 북 주변에 놓고 당기거나 놓았을 때 발생되는 충격으로 소리를 내도록 만들었다. 이는 무거운 추를 매달은 사슬이 풀리면서 시계를 구성한 톱니바퀴가 서서히 돌면서 작동되도록 한 것이다. 14세기에는 사슬이 풀리는 시간을 조절하기 위해 사슬을 지지하고 있는 굴대 축에 폴리오트를 설치하여 사용하게 되었다.

초기의 폴리오트는 양쪽에 추를 달아 균형을 잡고 좌우의 회전 속도가 가속되지 않도록 제어하였다. 이를 위해 수직굴대에 수평의 폴리오트를 장치하고 수직으로 왕관형기어를 장치한 탈진기(escape wheel)가 사용되었다. 시간이 흘러 원형으로 개선된 폴리오트가 나타나기 시작했다. <그림 12>는 수직으로 설치한 왕관형기어와 수평으로 설치한 왕관형기어가 설치된 탈진기이다.

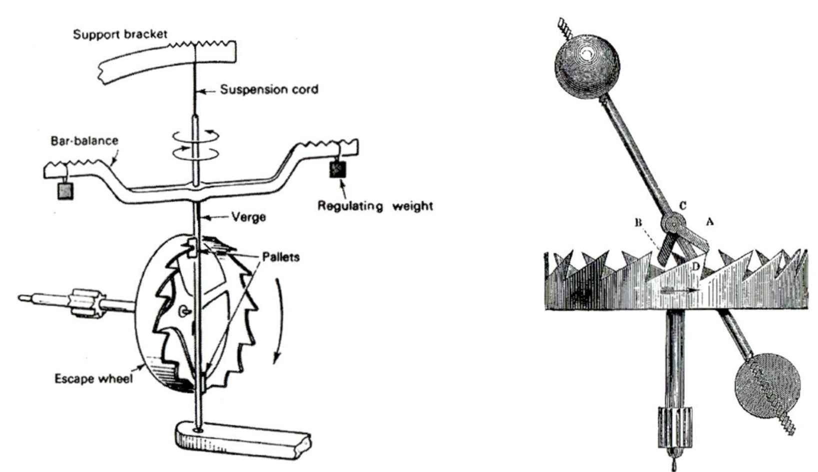

그림 12. 수직 왕관형기어 탈진기(좌)[224]와 수평 왕관형기어 탈진기(우)[225]

---

224) Jo Ellen Barnett, *Time's Pendulum: From Sundials to Atomic Clocks, the Fascinating History of Timekeeping and How Our Discoveries Changed the World*(Harvest Books, 1999), p.65.

225) Edmund Beckett, 앞의 책(1883), p.28; 이러한 형태의 탈진시스템은 진자시계 등장 이전에 제작되었던 것으로 보인다.

기계식 시계가 등장하면서 하루의 길이를 24시간으로 균등하게 분할하여 사용했다. 1330년경부터 하루의 길이를 24시간으로 나누어 사용하게 되었고, 1370년에 프랑스의 왕은 파리의 시계 종소리를 모두 24시간으로 통일시키라는 명을 내렸다.[226] 이는 한 도시에 시계가 많고 작동 방법이 서로 다를 때 생기는 혼란을 막기 위해서였다. 시간을 균등하게 나누어 쓰게 된 결정적 이유는 당시의 상업 발달에 있었다.

1335년 밀라노에 있는 성모마리아 예배당의 종탑에서는 기계시계 장치에 부착된 톱니바퀴들이 타종장치를 움직여 1시부터 24시까지 시각에 따라서 종을 울릴 수 있는 장치를 만들었다. 1344년 이탈리아에서는 24시간 모두 표시된 문자판이 처음으로 등장했다. 이 방식은 온 유럽으로 전파되어 나갔다. 그러나 곳에 따라서는 하루를 6시간씩 네 부분으로 나누거나 12시간씩 두 부분으로 나누는 문자판을 사용하기도 했다. 따라서 당시 유럽의 대부분 지역의 도시인들은 종소리만 들어도 몇 시인지 알 수 있게 되었다. 이 당시 추를 이용하여 만든 기계식 시계도 물시계와 같이 자주 시각을 조정해 주어야 했다.

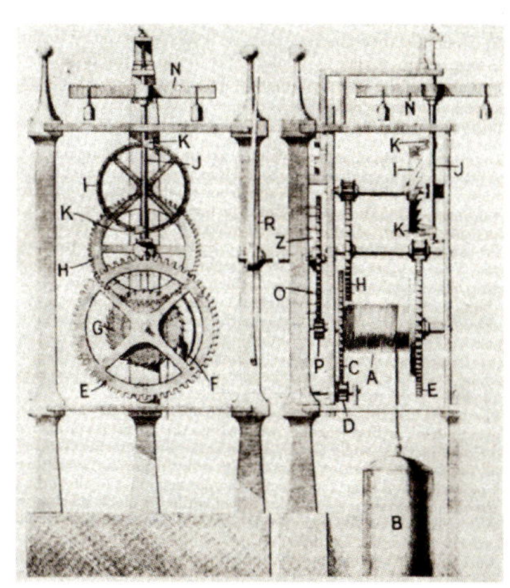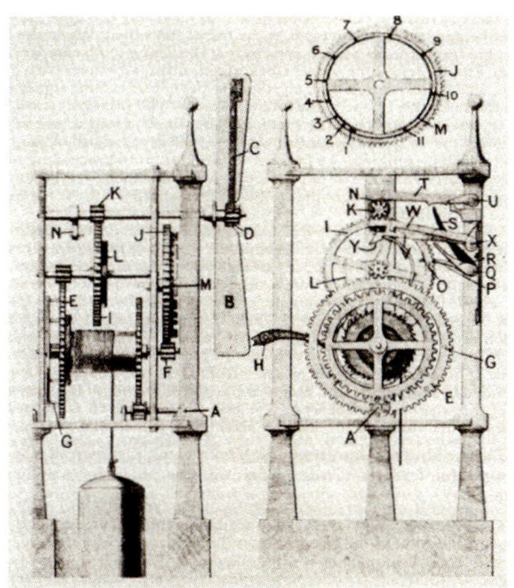

그림 13. Vick's clock(1370)의 시간지속장치(좌)와 타종장치(우)[227]

<그림 13>은 1370년에 제작된 기계시계로 시간지속장치(time going train)와 타

---

226) 스튜어트 매크리디 엮음, 남경태 옮김, 『시간의 발견』(휴머니스트, 2002), 200쪽.

227) Abbott Payson Usher, 앞의 책(1954), p.201, p.204.

종장치(striking train)를 나타낸 것이다. 진자장치가 개발되기 전에 있었던 폴리오트(<그림 13> 좌측의 알파벳 'N')가 내장되어 있는 것을 빼고는 전체적인 시스템은 혼천시계 유물의 시계장치와 흡사하다. 그리고 이 그림의 왼쪽의 타종장치에는 타종속도를 제어하는 바람개비(감속장치 역할, <그림 13> 우측의 알파벳 'B')가 보이고, 우측상단에 시간에 따른 타종수기어가 보인다. 추를 매단 줄은 롤에 감아 사용하였다.

그림 14. 독일의 폴리오트 장치를 내장한 가정용 시계(15세기)[228]

---

228) 스튜어트 매크리디 엮음, 남경태 옮김, 앞의 책(2002), 197쪽.

<그림 13>(좌측, 알파벳 'N')이나 <그림 14>(종 아래)에서 보이는 폴리오트를 내장한 기계시계는 시간의 속도를 조정할 수 있었다. 하지만 성능이 좋지 않은 시계는 하루에 1시간씩 빠르거나 느려지는 경우도 많이 발생했다. 당시 시계의 평균 오차는 대략 15분 정도였다. 1270년부터 거의 4세기 동안 추로 움직이는 기계식 시계의 근본 구조는 크게 개선된 것이 없었다. 각 도시마다 설치된 많은 기계시계의 외형적인 모습은 많이 바뀌어졌지만 시간의 정확성은 여전히 별 변화가 없었다.

ⓒ 용수철을 이용한 폴리오트식 기계시계

1410년에는 이탈리아의 건축가 필리포 브루넬레스키(Fillippo Brunelleschi, 1377~1446)가 용수철(spring, 태엽)로 움직일 수 있는 소형 시계를 만들었다.[229] 런던의 영국박물관(The British Museum)에는 가장 오래된 용수철 시계를 소장하고 있는데, 이는 황동으로 도금한 철제로 만든 실내용 시계로서 1460년경 제작된 것으로 보인다. 이 시계는 종소리로 시각을 알려줄 뿐 문자판은 없었다.

초기의 소형 시계는 시계 자체로서 중요했을 뿐만 아니라, 만든 기술자가 개발한 산업적 기술과 기법이 유럽 사회에 큰 영향을 주었다. 정밀 기계 기술은 그 후에 일어난 산업혁명 시대에 생산 기술의 터전이 되었다. 종탑에 설치되는 대형 추시계는 기계 장치의 톱니바퀴 부분을 손으로 연마하여 만들었다. 그리고 소형 시계에 들어가는 톱니바퀴는 크기가 작고 정밀하게 만들어야 하기 때문에 대량 생산이 어려웠다.

1600년대의 기계식 소형 시계로서 괘종시계와 휴대용 시계가 있었다. 시간 측정의 정확성은 약 1~2분 정도였으나, 매일 시각을 조정해주어야 했다. 이 당시 정밀한 시계가 필요하게 된 까닭은 항해를 하는데 경도(經度)의 값을 정밀하게 측정해야 했다. 이 때문에 유럽의 각국은 정부 차원에서 과학의 힘을 빌려 정밀한 시계 개발에 착수하게 되었다.

---

229) 스튜어트 매크리디 엮음, 남경태 옮김, 앞의 책(2002), 202쪽.

② 진자시계의 등장

 1600년대 시계 제작의 큰 진전은 그동안 시계 작동의 동력으로 추를 이용한 폴리오트를 대체하여 진자를 사용하기 시작했다는 점이다. 이탈리아의 갈릴레오는 미사 도중 교회 안에 설치된 등불이 흔들리는 것을 보고 진자 주기의 일정함을 발견했다. 특히 그는 진자는 폴리오트와는 달리 그 자체가 자연적으로 진동하는 힘을 가지고 있다는 사실을 알아냈다.[230] 그리고 흔들리는 힘이 아무리 강해도 흔들리는 주기는 항상 동일하다는 점을 중시했다. 진자의 주기는 진자의 무게와 흔들리는 힘과는 무관하고 다만 진자의 길이에 의해 결정된다.

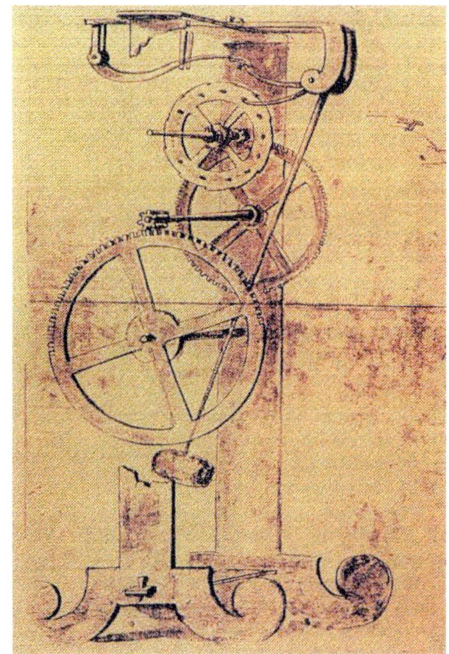

그림 15. 진자장치를 그린 연필화(좌)[231]와 복원품(우)[232]

---

230) 스튜어트 매크리디 엮음, 남경태 옮김, 앞의 책(2002), 204쪽.

231) 데이바 소벨 · 윌리엄 앤드루스 지음, 앞의 책(2005), 65쪽.

232) Robertson, J. Drummond, *The Evolution of Clockwork*(Cassell & Company, LTD., 1931), p.98; Montres Rolex S. A., *The Anatomy of Time*(Geneva, The Company, 1955), 27; Lloyd, H. Alan, *The Collector's Dictionary of Clocks*(Country Life Limited, 1964). p.82; Christianson, David., *Timepieces: Masterpieces of Chronometry*(Firefly Books, 2002), p.40; London Science Museum 등지에서 복원함.

갈릴레오의 진자장치는 <그림 15>의 좌측 그림과 같다. 이것은 1659년 갈릴레오의 제자인 빈첸초 비비아니(Vincenzo Viviani, 1622~1703)가 직접 그렸거나 누군가에 부탁을 해서 그린 것으로 알려져 있다.233) 이 그림에는 시계를 만드는데 진자를 이용한다는 뛰어난 아이디어와 탈진기의 디자인이 돋보인다. 그러나 동력원이나 문자판이 없다. 오늘날엔 이 그림을 바탕으로 <그림 15> 우측의 복원품을 만들어 냈다.

최초의 진자시계가 본격적으로 개발된 것은 1657년 네덜란드의 천문학자인 크리스티안 호이헨스(Christiaan Huygens, 1629~1693)로부터 시작되었다. <그림 16>과 <그림 17>은 진자장치를 장착한 초기 시스템들을 나타낸 것이다. 호이헨스는 1660년까지 자신의 원리를 바탕으로 배 위에서 사용할 수 있는 시계를 완성하였

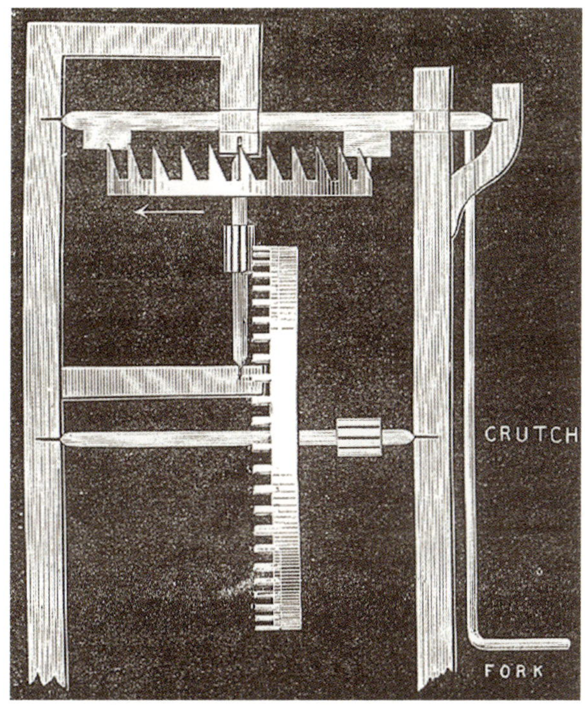

그림 16. 진자장치를 장착한 초기 탈진기234)

233) 데이바 소벨 · 윌리엄 앤드루스 지음, 앞의 책(2005), 65쪽.

234) Denison, E. B., *Clock & Watch Making: With a chapter on church clocks*(John Weale, 1850), p.49; Edmund Beckett, 앞의 책(1883), p.31.

다. <그림 18>은 1661년에 호이헨스가 만든 해양시계이다. 탈진장치의 왕관형기어의 톱니가 아래로 향하고 있는 것이 일반적인 진자시계 구조와 다르다.

그림 17. 진자시계 초기모델[235]

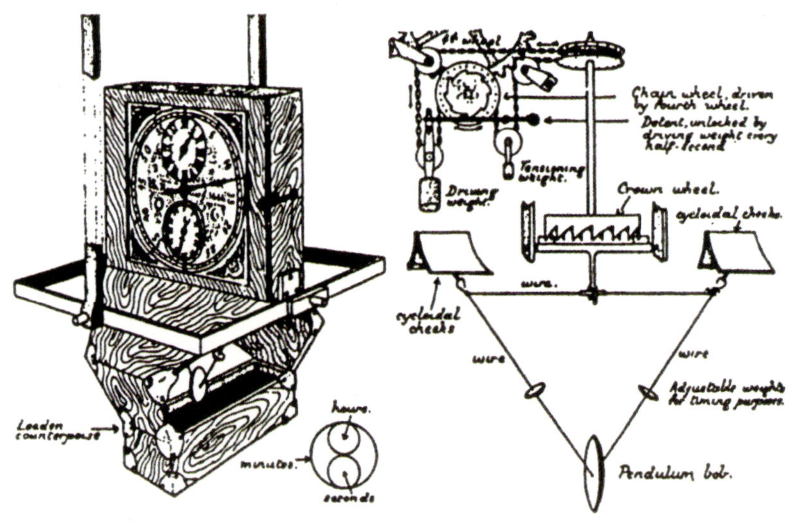

그림 18. 호이헨스의 해양시계(1661)[236]

235) 데이바 소벨·윌리엄 앤드루스 지음, 앞의 책(2005), 67쪽; 여기에 소개하고 있는 진자시계는 호이헨스의 진자시계로 1657년 헤이그의 살로본 코스터(Salomon Coster)가 제작했다. 진자 막대의 양쪽에 있는 2개의 황동판은 진자의 궤적이 원호(圓弧)가 아니라 파선을 그리도록 유도함으로써, 진폭(振幅)과 무관하게 항상 일정한 진동시간을 유지하게 한다.

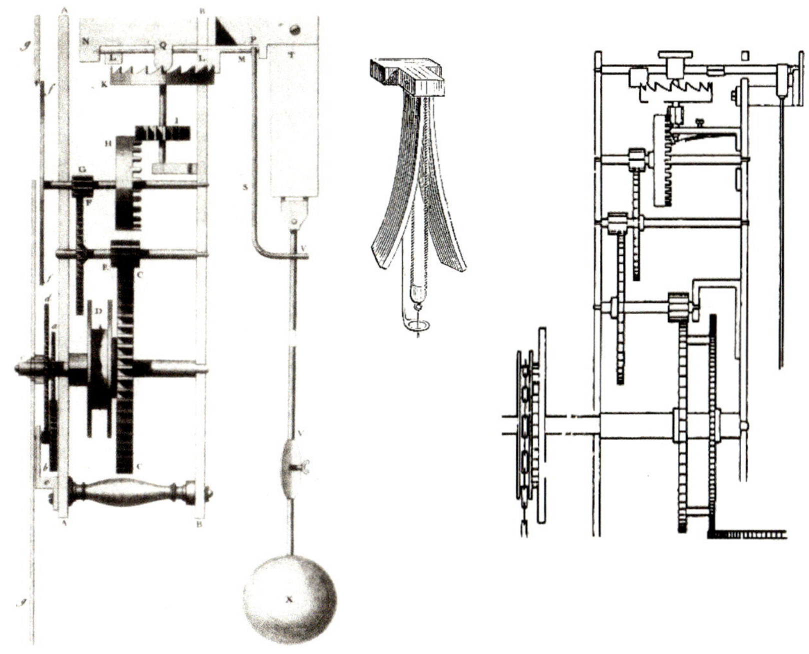

그림 19. 호이헨스 진자시계(좌)[237]와 혼천시계(우)[238]의 동력체계 비교

<그림 19>의 좌측 그림은 17세기 호이헨스가 제작한 진자시계이다. 이 시계장치는 혼천시계의 시간지속장치(<그림 19> 우측)와 거의 유사한 동력 체계를 갖는 형태이다. <그림 13>에서 14세기의 폴리오트방식 기계시계와 비교해 보면 폴리오트가 진자장치로 변화하였고, 추를 감는 둥근 롤 형태가 쇠사슬을 걸 수 있는 원뿔 형태의 핀이 있는 형태로 변화하였다. 혼천시계에 영향을 주었던 서양식 자명종은 이러한 형태의 것으로 보인다.

호이헨스의 진자시계는 전면부에 시·분 표시가 있는 문자판을 설치한 것으로 보인다. 혼천시계에서 이 부분은 혼천의와 시간지속장치의 동력으로 전환하여 전달함으로써 기술적 변화가 시도되었다. 또한 진자장치 부분을 살펴보면, 호이헨

---

236) Abbott Payson Usher, 앞의 책(1954), p.312.

237) Berthoud, F., *Histoire de la Mésure du Temps par les Horloges.* 2 vols. Impr. de la République, Paris(1802); 재인용: 李約瑟, 『中國科學技術史: 第四卷 物理學及相關技術』(科學出版社 · 上海古籍出版社, 1999), p.503에서 인용함. 포크장치 그림 출전: Britten, F. J., *Former clock & watchmakers and their work: Including an account of the development of horological instruments from the earliest mechanism, with portraits of masters of the art*(Spon & Chamberlain, 1894), p.106.

238) Joseph Needham et al., 앞의 책(1986), p.121.

스의 진자시계는 진자추를 잡아주는 포크장치와 진자장치의 두 부분으로 구성되어 있는 데 반하여 혼천시계의 진자장치는 별도의 포크장치를 두지 않고 바로 2개의 귀가 달린 수평봉(verge)으로 힘이 전달되도록 되어 있다.

이러한 구조로 인하여 실에 매달린 진자장치 위쪽 부분의 진폭가이드('∧'형태)가 존재하지 않는다. 이것으로 본다면 혼천시계 유물의 진자시스템은 호이헨스의 진자시스템을 그대로 차용한 것은 아니다. 하지만 이것이 기술적 진보를 의미하는 것은 아니다. 오히려 진자의 자유운동을 방해하거나 기계적 마찰력을 크게 하여 시계 정밀도에 영향을 끼칠 것으로 판단된다. 다만 개량된 모델은 진자시스템을 단순화시켰다는 의미를 담고 있다.

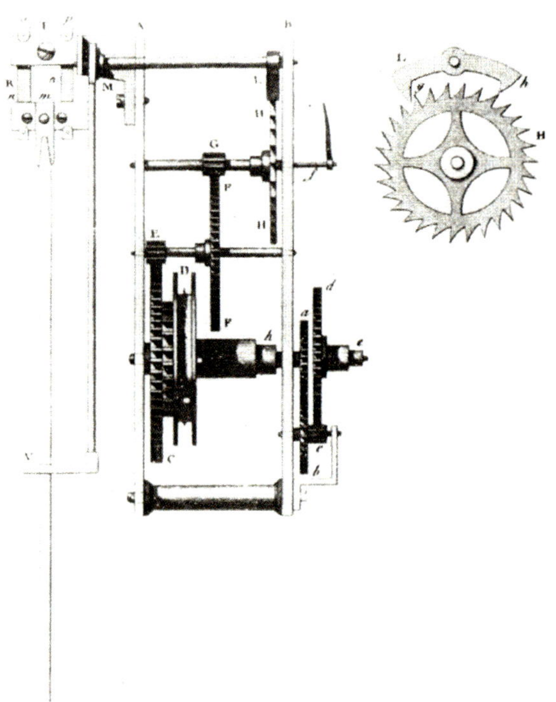

그림 20. 앵커탈진기로 개량된 진자시계(1670년경)[239]

---

239) Berthoud, F., 앞의 책(1802); 재인봉: 李約瑟, 앞의 책(1999), p.504; 이러한 탈진기의 형태는 수평 형태의 왕관형모양의 탈진기가 발전하여 제작된 것으로 1670년경에 등장하기 시작했다.

<그림 20>은 1670년경에 크게 개량된 진자시계이다. 이것은 회전 굴림대에 의해 힘을 전달하여 톱니바퀴를 돌리고, 진자가 연결된 수평봉 끝 부분에 닻 모양의 앵커(anchor)가 설치되었다. 진자가 전후 방향으로 진동할 때 앵커가 반복적으로 탈진장치(escapement)를 움직이면서 톱니를 하나씩 넘기게 하는 방식이다.

이러한 진자시계는 수평의 왕관형기어로 만들어진 탈진장치가 수직의 평기어 형태로 변화되었다. 또한 기존 모델의 수평봉에 달린 쌍이(雙珥, pallets)는 집게 모양(<그림 20>. L과 h)의 장치로 변화되었다. 만일 혼천시계가 1650년대에 제작되었다면 앞서 소개한 Vick's clock이나 독일의 가정용 시계의 동력 체계를 이용하였을 가능성이 높다. 또한 혼천시계가 1669년이 훨씬 지나 18세기 초반에 제작되었다면 개량된 앵커탈진장치를 부착한 진자시계의 모델(<그림 20>)을 차용했을 가능성이 높다. 현재 남아 있는 혼천시계 유물은 1657년에 호이헨스가 초기에 제작한 진자장치와 유사한 형태의 것이 사용되고 있으며, 왕관형탈진기의 형태는 거의 유사하다.

서양에서의 진자식 가정용 시계의 수요는 엄청나게 증가되었다. 또한 가정용 괘종시계의 하루 평균 오차는 15분에서 15초로 급격히 줄어들게 되었다. 가장 정밀한 시계는 추로 작동하는 롱케이스(longcase)라는 괘종시계였다. 이것은 몇 주일 동안이나 시각을 조정하지 않아도 되었을 정도로 정밀했다. 기계식 진자시계가 이렇게 정밀해짐에 따라 해시계 역시 정밀한 시각 측정이 필요하게 되었다. 그 이유는 기계식 시계에 나타나는 오차를 해시계를 이용하여 보정해야 했기 때문이다. 그러나 해시계의 그림자 길이의 변화를 시간에 따라 정확하게 읽는 것은 대단히 어려운 일이었다. 따라서 기계식 시계는 자체적으로 발생하는 몇 초의 오차 외에 해시계에 맞출 때 생기는 1분가량의 오차도 감안해야 했다. <그림 21>은 시계의 발달 과정에 따른 시간측정의 정확성을 나타낸 것이다. 1657년경에 제작된 진자시계는 10초가량 오차를 나타내고 있다.

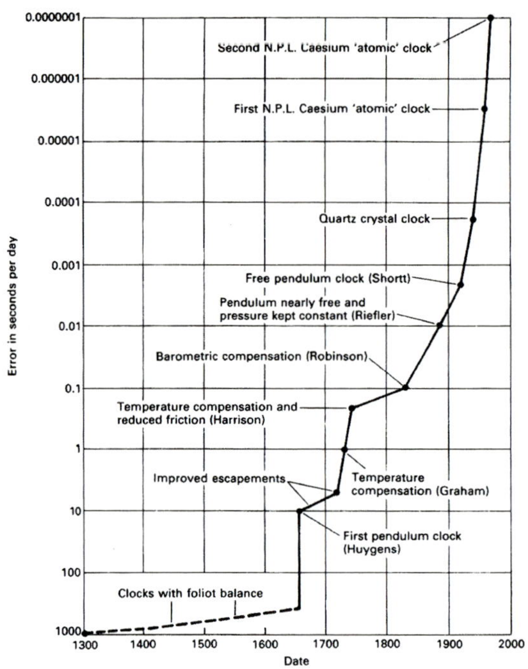

그림 21. 시계의 발달 과정에 따른 시간측정의 정확성[240]

(2) 조선의 진자장치 도입시기 검토

① 자명종의 도입과 타종법

송이영의 혼천시계 제작시 시계장치(시간지속장치와 타종장치)에 대한 모티브는 서양식 자명종이었다. 이러한 자명종이 처음으로 조선에 들어온 것은 1631년(인조 9)의 일이다.[241] 정두원(鄭斗源, 1581~?)은 진주사(陳奏使)[242]로 북경(北京)에 파견되었을 때 서양 선교사인 육약한(陸若漢, Joao Rodriguez, S. J., 1561~1634)으로부터 자명종 시계를 받아왔다.

---

240) Whitrow, G. J., *Time in history: View of time from prehistory to the present day*(Oxford University Press, 1989); 이 그래프는 런던의 과학박물관(Science Museum)의 F. A. B. Ward에 의해 디자인됨.

241) 전상운, 앞의 책(1994a), 97~98쪽; 전상운(1994a)은 일본의 자명종 기록을 검토하여 조선의 자명종의 도입은 1631년보다 훨씬 앞선 1580년에서 1590년 사이에 조선에 들어왔을 것으로 추측하고 있다.

242) 조선시대에 외교적으로 중국에 알려야 할 일이 발생하였을 때 임시로 파견하던 비정기적 사신이다. 주요 임무로는 중국으로부터의 책문(責問, 규명해야 할 물음), 중국 측의 오해에 대한 해명, 특히 중국의 사서(史書)에 조선에 관한 기사가 잘못 소개된 내용에 대한 정정 요구, 조선 내의 반역사건에 대한 전말 보고 등이 있다.

『인조실록』 권25, 1631년(인조 9) 7월 12일(갑신)[243]

진주사(陳奏使) 정두원(鄭斗源)이 명나라 서울에서 돌아와 천리경(千里鏡)·서포
(西砲)·자명종(自鳴鐘)·염초화(焰硝花)·자목화(紫木花) 등 물품을 바쳤다. 천
리경은 천문을 관측하고 백 리 밖의 적군을 탐지할 수 있다고 하였으며, 서포는
화승(火繩)을 쓰지 않고 돌로 때리면 불이 저절로 일어나는데 서양사람 육약한
(陸若漢)이란 자가 중국에 와서 두원에게 기증한 것이다. 자명종은 매 시간마다
종이 저절로 울고, 염초화는 곧 염초를 굽는 함토이며, 자목화는 곧 색깔이 붉은
목화이다.

위의 문헌에 기록된 자명종이 송이영의 혼천시계에 대해 직접적인 영향을 끼
쳤다는 기록은 없지만, 송이영이 관상감에 근무하면서 1631년에 들어온 서양식
자명종에 대하여 접하였을 가능성을 짐작해 볼 수 있겠다. 또 다른 자명종의 도입
기록으로는 1650년(효종 원년)에 효종의 즉위를 축하하기 위한 일본의 진하사(陳
賀使)가 가지고 온 자명종이 있었다.[244] 아마도 이 자명종이 홍문관의 학자들이나
관상감에서 연구대상이 되었을 가능성이 있다. 이러한 자명종이 혼천의와 결합하
여 혼천시계로 만들어졌다는 사실로 본다면 자명종의 조선 유입 기록은 더 있었
을 것으로 생각된다. 그러나 아쉽게도 송이영 혼천시계의 등장 이전의 자명종에
대한 공식기록은 1631년과 1650년의 것이 유일하다.

그런데 정두원에 의한 자명종의 도입과 관련하여 또 다른 기록이 있다. 김육(金
堉)이 저술한 『잠곡필담(潛谷筆談)』에는 "서양 사람들이 만든 자명종을 정두원이
북경에서 가져왔으나 그 운용(運用)의 묘(妙)를 몰랐고, 또 그 시간이 서로 맞아 들
어가는 것을 몰랐다"고 기술되어 있다. 또한 이 책에는 효종대(재위 1649~1659년)
에 밀양에 살았던 유흥발(劉興發)이 일본 상인이 가지고 온 자명종을 연구하여 그
구조를 알아냈다고 한다.[245]

자명종 도입초기 정두원 자신도 자명종에 대한 명쾌한 원리를 알지 못하였던
상황이었다. 당시 뚜렷한 신분은 알 수 없으나 유흥발이라는 사람은 서양식 자명

---

243) 『仁祖實錄』 권25:5ㄴ ; 인조 9년 7월 12일(갑신);『인조실록』11(민족문화추진회, 1990), 188-189쪽의 번역문을 인용함.

244) 『증정교린지(增正交隣志)』제2권, 지(志) <진하차왜(陳賀差倭)>; 하우봉·홍성덕 공역, 『국역증정교린지』(민족문화추진회,
    1998)의 번역문을 인용함; 1650년 효종의 즉위를 축하하기 위해 차왜 평성륜(平成倫)과 등지승(藤智繩)이 건너올 때 자명
    종 1좌를 가져왔다.『증정교린지』는 조선 후기 일본·여진·쓰시마섬[對馬島(대마도)]·유구(琉球) 등과의 외교관계를 적은
    책으로, 1802년(순조 2) 김건서(金健瑞)·이은효(李恩孝)·임서무(林瑞茂) 등이 엮어 펴냈다.

245) 전상운, 앞의 책(1994a), 96쪽.

종을 완전히 이해하였고 기술적 특성을 이해한 첫 기술자가 되는 셈이다. 그가 밝힌 자명종의 타종방식은 기존의 표준시계였던 자격루의 방식과는 독특한 차이가 있었다. 그것은 자시(子時)와 오시(午時)에는 9회, 축시(丑時)와 미시(未時)에는 8회, 인시(寅時)와 신시(申時)에는 7회, 묘시(卯時)와 유시(酉時)에는 6회, 진시(辰時)와 술시(戌時)에는 5회, 사시(巳四)와 해시(亥時)에는 4회를 치고, 매시(每時)의 정각에는 종 1회를 쳤다. 이 타종방법은 현재 고려대학교 박물관에서 소장한 혼천시계의 타종방법과 정확히 일치한다.

그런데 유흥발이 밝혀낸 타종법이 과연 일본의 자명종 타종법인지 의심스럽다. 유흥발은 일본에서 가져온 자명종을 가지고 그 타종방법을 알아냈다고 하였다. 지금까지 일본의 자명종을 소개한 여러 문헌에서 매시 타종하는 방식은 쉽게 찾아볼 수 있었지만 정각에 1회만 타종하는 방식을 사용한 경우는 없었다. 니덤 등(1986)은 *The Hall of Heavenly Records*에서 정각의 타종법이 일본의 타종법과 다르다고 하였다.

그렇다면 유흥발이 밝혀낸 일본의 자명종 타종법을 어떻게 보아야 할까? 이러한 사실들로 유추해 보면 2가지 가능성이 있을 수 있다. 한 가지 가능성은 유흥발이 분석한 일본의 타종법은 조선의 혼천시계에는 전해졌지만 일본의 경우 오래 지속하지 못하였을 가능성이 있다. 또 다른 가능성은 일본의 타종법이 조선에서 개량되었고, 이것을 대상으로 하여 유흥발이 연구한 것일 수 있다.

② 진자장치에 대한 논의

현존하는 혼천시계에는 서양식 진자장치가 달려 있다. 그런데 서양의 진자시계(1657년 개발)의 기술이 조선에서 응용되는데 12년밖에 걸리지 않았다는 것이 논란의 시작이었다. 더구나 서양의 진자시계가 본격적인 생산이 이루어진 시점을 호이헨스의 저서인 *Horologium Oscillatorium*(1673)[246]이 저술된 때라고 보는 견해 때문이다. 서양의 진자시계가 본격적으로 제작된 시점에서 더구나 4년이나 일찍 어떻게 조선에서 진자시계의 등장이 가능했을까? 어찌 보면 회의적인 사고를 하

---

246) 이 책에서는 흔늘이의 길이와 주기 사이의 올바른 관계를 밝혔으며, 흔들이시계의 정시성을 개선하는 방안으로 사이클로이드 흔들이를 제안하였다.

는 것은 당연해 보일지도 모른다.

호이헨스는 *Horologium*(1658)이라는 저술에서 1656년 진자시계 설계도를 완성하여, 그에 대한 권리를 헤이그의 시계 제작자인 살로몬 코스테르에게 양도했으며, 1657년 6월 15일 코스테르의 명의로 특허를 받았다[247] 특허 출원후 진자를 이용한 해상시계(1661) 등이 만들어진 것으로 보아 꾸준히 성능 개선을 위한 연구가 진행되었던 것으로 보인다. 그의 이러한 연구 결과물들은 그 후 16년 후인 1673년에 발표된 *Horologium Osciluacrium*에 발표되었다. 그러므로 출판 이전에 진자시계의 자유로운 개발과 생산이 있었을 것으로 추정해 볼 수도 있다.

조선의 자명종 시계가 1631년에 중국으로부터 들어왔던 것을 보면 이 당시부터 서양의 초기모델에 해당하는 기계식 시계가 들어오기 시작하여 1669년까지 성행하고 있는 신식 기계시계까지 들어왔음을 추론해 볼 수 있겠다. 그리고 1650년대는 서양식 기계시계 구조와 원리가 유흥발에 의하여 명확히 밝혀진 시점이기도 하다.[248] 유흥발이 접한 자명종은 폴리오트식의 탈진시스템이었지만 언제 진자시계가 도입되었는지 알 수 없다.

당시 일본에서는 네덜란드와의 무역이 성행하였던 시기였다.[249] 서양의 자명종은 일본과의 교역 시 중요한 물품이었다.[250] 또한 1650년에 효종의 즉위를 축하하기 위해 일본의 진하사(陳賀使)가 가지고 온 자명종은 특별하고 중요한 의미를 갖기에 충분했던 것으로 여겨진다. 이러한 맥락이라면 네덜란드의 자명종 기술이 일본을 통해 전해지게 되었고, 일본은 이러한 진귀한 자명종을 조선으로 보내는 기술의 흐름으로 연결해 볼 수 있다. 그리고 서양 과학기술의 전파흐름이 조

---

247) Kristen Lippincott, *The story of Time*(Merrell Holberton, 1999). 번역서: 움베르토 에코, 에른스트 곰브리치, 크리스틴 리핀콧 외, 김석희 옮김, 『시간박물관』(푸른숲, 2000), 150쪽.

248) 『潛谷全集』「潛谷先生筆譚」(성균관대학교 대동문화연구원, 1975), 398쪽; 전상운, 앞의 책(1994a), 96쪽; 유흥발은 1650년대 이미 기존의 기계시계에 대한 특징과 구조, 사용법을 알았다.

249) 박성래, 『한국사에도 과학이 있는가』(교보문고, 2004), 201쪽; "포르투갈 선교사들의 활동은 오래가지 못하고 덕천(德川, 도쿠가와) 막부의 탄압으로 사그러들고 말았다. 그 대신 17세기 중반부터는 포르투갈인 대신 화란 사람들에게 일본에서의 무역이 허가되었고, 그들은 구주의 서쪽 항구 장기(長岐, 나가사키)에 거점을 만들어 상업 활동을 벌이기 시작했다.", 테사 모리스 스즈키 지음, 박영무 옮김, 『일본 기술의 변천』(한승, 1998), 28쪽; "1639년에 일본에 쇄국정책이 시작되기 전 100여 년 동안 이미 일본은 다른 어떤 시기보다도 훨씬 다양하게 외국과 교류하고 있었다. 1540년부터 포르투갈과 스페인의 선교사가 일본을 방문하였으며 이후에 네덜란드와 영국 상인들이 방문하였다."

250) 전상운, 앞의 책(1994a), 98~100쪽, 103~106쪽; 전상운(1994a)은 일본이 서양을 통해 도입했던 자명종 기록과 제작 기록에 대하여 자세히 기록하고 있다.

선의 과학기술과 무관한 행보를 걷지 않고 있었음이 현존하는 혼천시계 유물의 진자장치에서 찾아볼 수 있다.

송이영의 혼천시계 구조에 대하여 소개하고 있는 최석정의 <자명종명>251)에서도 확인했듯이 당시 송이영의 혼천시계는 수평 왕관형탈진기가 장착된 진자시스템이었다. <자명종명>에 기록된 송이영의 진자식 탈진시스템은 1687년부터 1688년까지 관상감의 이진과 장인 박성건 등이 중수를 마치고 최석정이 기록한 문헌이다. 그렇기 때문에 1669년 제작당시의 탈진시스템에 대해서 자세히 알 수는 없지만, 적어도 1688년 중수(重修)를 끝낸 시점에서 혼천시계의 동력으로 사용한 자명종시스템은 진자장치가 장착된 탈진시스템을 갖추고 있었음을 알 수 있다.

---

251) 1669년의 추동식 혼천시계의 수리기록(1687－1688)은 최석정의 <자명종명>(1721)을 통해 구조적 모습을 확인할 수 있었지만 중수가 되기 전인 1669년의 혼천시계와 동일한 시스템이었는지에 대해서는 확인되고 있지 않다.

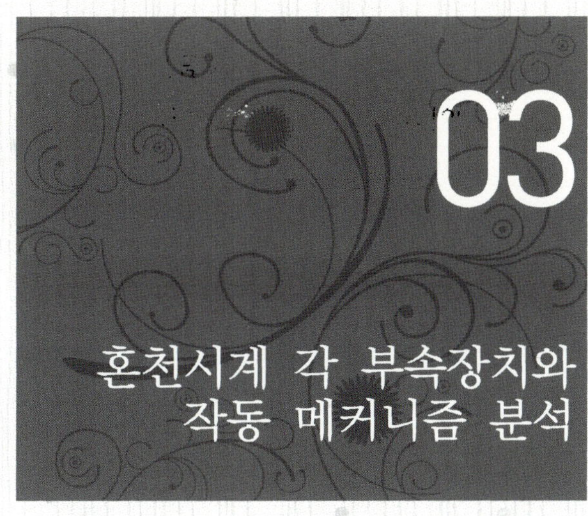

03

혼천시계 각 부속장치와 작동 메커니즘 분석

혼천시계 유물의 종합적인 검토와 실측조사는 2005년 4월 20일에 고려대학교 박물관에서 이루어졌다. 이 당시 고려대학교 박물관은 새롭게 만들어진 100주년 기념관으로 이전을 앞둔 시점이었다. 박물관 곳곳이 포장된 유물상태로 가득 쌓여 있었다. 혼천시계 유물도 새로운 보금자리로 옮겨가기 위해 낡은 전시대가 해체되었고, 2개의 추가 분리되어 있는 상태였다. 이후 2차 조사는 100주년 기념관의 새로운 박물관으로 옮겨진 후인 2006년 4월 24일에 실시하였다. 이때 혼천의의 환 눈금과 24기, 28수, 12궁, 춘추분점 위치 등에 대한 보강 조사를 실시하였다.

혼천시계 유물조사는 이미 1960년대 전상운에 의해서 진행된 바 있고 이때의 성과로 혼천시계 메커니즘 구조에 대한 많은 정보들을 축척할 수 있었다. 이후 혼천시계 복원을 위하여 전시업체 등에서 실측조사를 진행했으나 학술적인 접근보다는 모형제작을 위한 것이었다고 볼 수 있다.[252] 하지만 이러한 모형제작은 실제로 복원모델을 만들어 내는데 기술 습득과 발전적 구상을 가능하게 하여 복원모델을 구상하는 데 좋은 자료가 되었다.

유물조사와 메커니즘 규명과 복원과정에는 여러 전문가들이 함께 참여하였다.

---

[252] 전상운의 증언에 의하면 전시모형업체가 혼천시계를 복원하기 위한 목적으로 제작을 추진하였으나, 기술적 한계에 부딪혀 동작하지 않는 모델로 제작되었다고 한다. 현재 고려대학교 박물관에는 이 당시에 그린 것으로 추정되는 제작도면이 남겨져 있으며, 이를 보완하여 새롭게 작성한 도면은 (주)옛기술과문화˙(대표이사: 윤명진)에서 작성하였다. 필자는 이 새로운 도면 작성에 참여하였으며, 충북대학교 이용삼 교수와 서울교육대학교 이용복 교수는 혼천시계 작동 메커니즘 연구를 통해서 설계도면을 검토하였다. ˙(주)옛기술과문화(대표이사: 윤명진)는 과학문화재 복원 및 복제 전문업체로 1990년 한국과학사물연구소에서 2002년에 현재의 상호로 바꾼 후 법인화하였다. 주요 복원제작품으로 간의, 소간의, 혼상, 일성정시의, 현주일구, 천평일구 등이 있다. 서울 성북구 동선2가 29번지에 소재.

과학문화재를 복원하고 복제하는 (주)옛기술과문화(대표이사: 윤명진)의 전문업체가 주체되어 학계의 전상운, 이용삼과 이용복의 협력 아래 전 과정이 진행되었다.253) 필자는 처음부터 끝까지 각 단계의 담당자로서 참여하였다.

혼천시계의 작동 메커니즘 분석을 동력의 전달순서를 따라가면서 분석하였다. 이러한 분석방법은 혼천시계 각 부속장치들의 역할과 메커니즘 구조를 유기적인 관계로 파악하고 이해하는데 효과적이다. 앞서 <그림 2>에서 나타낸 혼천시계의 전체적인 구성도를 중심으로, 각 부속장치들의 구조를 세부적으로 분석하고 동력의 발생과 전달 메커니즘을 검토하였다.

<그림 2>에서 각각의 부속장치를 9개의 독립된 번호로 나타냈다. 각각의 부속장치들과 각 장치들 사이에 일어나는 동력전달의 메커니즘을 설명할 때 이 번호들을 계속 사용하였다. 예를 들면 시간지속장치는 4번으로 나타냈고, 이 시간지속장치에서 발생한 동력이 8번의 연결부분을 거쳐서 2번으로 나타낸 삼신의로 전달된다. 각 부속장치의 구조를 더욱 세부적으로 나타낼 때에는 그 장치에 부여된 번호에 a, b, c 등을 합하여 표현하였다.

이 책의 <그림 1>과 <그림 2>에서 볼 수 있듯이 혼천시계의 구조는 크게 혼천의와 시계장치로 나눌 수 있다. 혼천의는 육합의(<그림 2>에서 '1'번), 삼신의(2), 지구의(3) 등으로 구성되어 있고, 시계장치는 동력을 발생시키는 시간지속장치(4), 시패 시간을 알려주는 시간지시장치(5), 타종신호를 만들어내는 구슬신호발생장치(6), 시간에 따라 타종을 하는 타종장치(7)로 구성된다. 시간지속장치를 제외한 시계장치는 시보시스템이라고 표현하였다.

혼천시계의 혼천의와 시계장치에 필요한 동력은 시간지속장치(4)에서 먼저 발생한다. <표 9>에 나타낸 것처럼 이 동력은 8번의 연결장치를 통해서 혼천의로 전달되고, 이 동력은 삼신의(2)를 회전시킨다. 그리고 이 회전력은 혼천의 남극쪽의 동력연결장치(9)로 전달된다. 또한 시간지속장치(4)에서 발생한 또 다른 동력은 시간지시장치(5)로 전달되어 구슬신호발생장치(6)의 쇠구슬을 떨어뜨리고, 타

---

253) 1차 유물조사의 참여자들은 이용삼(충북대학교 천문우주학과 교수, 연구총괄), 이용복(서울교육대학교 과학교육과 교수), 김상혁(숭앙대학교 과학문화학과 박사학위과정 학생), 정해성(제작담당), 최용식(기술담당), 한경수((주)옛기술과문화 이사)이다. 2차 조사는 이용삼, 이용복, 김상혁이 참여함. 괄호안의 직책과 직위는 당시의 기준으로 기술함.

종장치(7)의 타종신호 연결막대를 들어 올려서 타종이 이루어진다. 따라서 시간
지속장치의 세부적 구조와 동력발생 메커니즘을 먼저 검토하고, 혼천의와 시보시
스템의 구조와 연결 메커니즘을 차례로 설명하고자 한다.

표 9. 시간지속장치의 동력전달 메커니즘

시간지속장치(4) − 추 1이 운행
동력기어 4A축의 12−핀기어와 120−톱니기어

**혼천의 북극쪽의
동력연결장치(8)**

혼 천 의 **삼신의(2)** − 1일 1회전 12−핀기어(3회전) → 36−톱니기어(1회전)	**시보시스템** **시간지시장치(5)** − 1일 1회전 120−톱니기어(3회전) → 360−톱니기어(1회전)
■ **삼신의(2)** 　1. 적도단환과 황도단환 　　→ 1일 1회전 　2. 황도단환위의 태양운행장치 　　→ 1일 1/365.25 회전 ■ **혼천의 남극쪽의 동력연결장치(9)** 　1. 월운환(달의 위치변화) 　　→ 1일 28.5/29.5 회전 　2. 달운행장치(달의 위상변화) 　　→ 1일 1/29.5 회전	■ **시간지시장치(5)** 　1. 12지 시패 회전(시간알림 창) 　　→ 1일 1회전 　2. 구슬신호 발생 　　→ T자형장치로 시패장치를 들어 올림 ■ **구슬신호발생장치(6)** 　→ 구슬이 떨어짐: 신호발생 ■ **타종장치(7)** 　→ 타종신호를 받음(추 2를 운행시킴)

1. 시간지속장치

(1) 구조분석

　시간지속장치(4)는 혼천시계의 주동력을 발생시키는 장치로 추력에 의한 동력
이 혼천의와 시간지시장치로 전달되도록 한다. 시간지속장치를 포함한 시계장치
의 실측조사를 통하여 특징과 구조를 <표 10>에 정리하여 나타내었다. <그림 22>
와 <그림 23>은 시간지속장치의 부품 사진과 구성도이다. 동력기어에 추를 걸면
바로 동작이 가능할 정도로 외관의 모습은 양호해 보인다.
　<그림 23>에서 볼 수 있듯이 시간지속장치의 동력기어에 5개의 기어축이 있다.

이 기어축을 나타낼 때 동력의 흐름에 따라 부속장치에 부여된 번호에 A, B, C 등을 합하여 표현하였다. 예를 들면, 시간지속장치(4)에서 5개의 기어축을 가장 아래쪽의 추 1이 걸리는 곳으로부터 위쪽방향으로 4A, 4B, 4C, 4D, 4E로 표현하였다. 또한 <그림 42>의 시간지시장치(5) 동력축은 5F, <그림 46>의 구슬신호발생장치(6) 동력축은 6G, <그림 49>의 타종장치(7)의 동력기어는 7H, 7I, 7J, 7K, 7L, 혼천의 북극쪽의 동력연결장치의 36-톱니기어축은 8M으로 나타냈다. 또한 각 기어장치의 톱니 수는 아라비아 숫자로 표현하였다.

시간지속장치(4)의 동력기어를 가장 아래쪽의 4A축에서 위쪽의 4E축까지 기어의 톱니 수로 나타내면 다음과 같다. 4A축은 64-톱니기어와 120-톱니기어, 그리고 12-핀기어로 구성된다. 12-핀기어는 혼천의 쪽으로 뻗어 나온 부분으로 혼천의 북극쪽의 36-톱니기어와 맞물려 있다. 64-톱니기어와 120-톱니기어는 나란히 배치되어 있는데, 64-톱니기어는 4B축의 8-톱니기어와 연결되어 4C, 4D, 4E까지 동력이 연결된다. 120-톱니기어는 시간지시장치(5)의 360-톱니기어와 맞물려 있다. 4B축은 8-톱니기어와 48-톱니기어, 4C축은 6-톱니기어와 42-톱니기어, 4D축은 6-톱니기어와 36-톱니기어, 4E축은 6-톱니기어와 15-왕관형기어로 구성되어 있다.

표 10. 혼천시계의 시계장치 특징과 구조

구조	부품명칭	특징과 구조
시간지속장치 (4)	동력기어	지지틀 규격: 19×25×10cm. 4A: 64-톱니기어(4B축으로 동력연결), 120-톱니기어(5F축의 시간지시장치로 동력연결), 12-핀기어(혼천의로 동력 연결). 4B: 8-톱니기어, 48-톱니기어. 4C: 6-톱니기어, 42-톱니기어. 4D: 6-톱니기어, 36-톱니기어. 4E: 6-톱니기어, 15-왕관형기어 (탈진장치). 4A축이 하루에 3회전하면 4E(왕관형기어)는 120,960톱니 잇수만큼 진행함. 86,400초(하루)에 120,960진자가 움직이므로, 진자주기는 0.71초가 됨(<표 11> 참조).
	진자장치 및 탈진장치	퇴각식 탈진장치(왕관형): 진자주기만큼 지연. 진자장치는 있으나 진자추는 유실. 진자장치의 수평봉(verge)에 있는 네모난 쌍귀(pallets)로 탈진장치가 풀리는 속도를 일정하게 제어.

	추 1 (weight 1)	하단직경: 약 11cm, 높이: 약 19cm. 종모양의 추가 2.75cm/1hr 속도로 낙하. 추의 무게를 조정할 수 있음. 쇠사슬 고리 이음새의 유격이 큼. -작은 고리와 큰 고리의 조합. -사이간격이 벌어져 있어 오작동 우려.
시간지시장치 (5)	기어장치	직경: 약 34cm. 5F: 360-톱니기어, 24-쌍톱니기어(하루 1회전).
	12지 시패와 연결막대	시패연결막대 길이: 17cm, 시패(원) 지름: 3.2cm. 시패글자: 子丑寅卯辰巳午未申酉戌亥(반시계방향 으로 배치), 유실된 시패(卯, 辰, 申).
	T자형장치와 연결막대	긴 막대에 연결된 T자형장치가 시패를 들어 올림.
	시간알림 창	시간을 확인할 수 있는 창. 창에 부착되어 있는 장치가 있었던 흔적이 있음(시각눈금으로 추정). 활 모양의 슬라이딩장치, 전면부에 탄성력을 갖은 스프링장치.
구슬신호 발생장치 (6)	구슬장착 바퀴	직경: 7.8cm, 폭: 4cm, 6G축: 9-장착기어. 9개의 구슬장착 틀이 있음. 시간지시장치 5F축의 24-쌍톱니기어에 맞물려 운행. 구슬이 장착되어 회전하다가 구슬받음주걱으로 떨어짐(현대시간 1시간에 1개 씩).
	구슬들어 올림장치	총 길이: 17.5cm, 사각주걱 2.4×2.5 cm. 9개의 들어올림장치.
	구슬이동 통로	쇠구슬이 이동하는 통로로 구슬들어올림장치, 구슬장착바퀴, 구슬받음주걱을 순환.
	구슬받음 주걱	쇠구슬이 떨어지게 되면 T자형장치와 연결된 긴 막대를 눌러 신호발생.
	쇠구슬	유실.
타종장치 (7)	동력기어	지지틀 규격 19×28×10cm 7H: 72-톱니기어. 7I: 8-톱니기어, 56-톱니기어(8-핀의 막대). 7J: 7-톱니기어, 54-톱니기어. 7K: 6-톱니기어, 42-톱니기어. 7L: 6-톱니기어. 7I축의 56-톱니기어 측면의 8-핀의 막대로 타종함. 7L축에 연결된 바람개비는 타종간격에 영향.
	타종수기어	지름: 7.8cm, 45-톱니기어. 기어의 톱니 수만큼 타종함(깊은 톱니에서 멈춤).
	바람개비	타종기어의 속도를 제어함.
	종	하단직경: 약 11cm. 놋쇠로 만들어진 종(서양에 영향을 받은 일본식).
	추 2 (weight 2)	하단직경: 약 10cm, 높이: 약 14cm. 추의 무게를 조정할 수 있음. 쇠사슬 고리 이음새의 유격이 큼. -작은 고리와 큰 고리의 조합. -사이간격이 벌어져 있어 오작동 우려.

4. 시간지속장치: 4a. 왕관형기어(탈진장치), 4b. 진자
　　　　　　　　장치(진자추는 유실; 복원할 때
　　　　　　　　지름 2cm 크기의 동(銅) 재질
　　　　　　　　로 제작)
　　　　　　　4c. 진자장치와 연결된 수평봉과 2
　　　　　　　　개의 귀
　　　　　　　4A. 동력기어(4A축)

그림 22. 시간지속장치 부품 사진

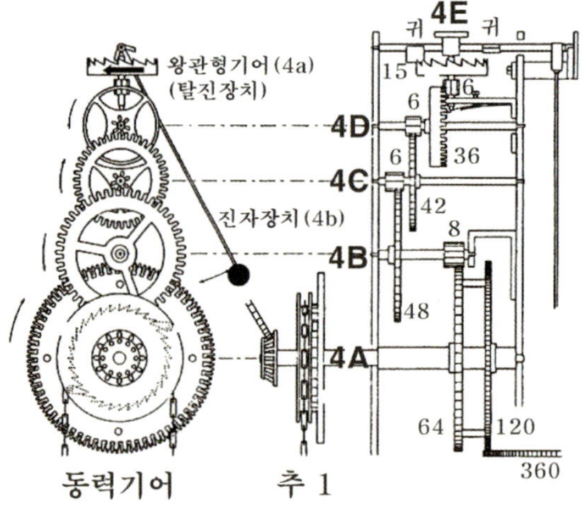

그림 23. 시간지속장치 정면 구성도(좌)와 측면 구성도(우)[254]

---

254) Joseph Needham et al., 앞의 책(1986), p.121의 그림을 편집함.

진자장치의 수평축에 달린 네모난 모양으로 된 2개의 귀는 탈진장치의 풀리는
속도를 일정하게 제어해 주는 역할을 한다. <그림 24>는 타종장치와 시간지속장
치의 추를 나타낸 것이다. 시간지속장치 추 1의 하단직경은 약 11cm, 높이는 약
19cm이고, 타종장치 추 2의 하단직경은 약 10cm, 높이는 약 14cm이다. 시간지속
장치와 연결된 추 1이 타종장치의 추 2보다 더 크고 무겁다. 추의 밑면은 무게를
조정할 수 있도록 철심과 육각형 너트장치가 되어 있다. 이것은 기계작동을 원활
히 하기 위해서 별도의 인형 추를 추가로 부착했던 것으로 보인다.[255]

추에 매달린 쇠사슬 고리는 곧은 강철을 작게 구부려 만든 것이다. 이 고리는
작은 고리와 큰 고리를 번갈아 가며 엮은 구성으로 되어 있다. 각 고리들은 이음
새가 약간 벌어져 있어 미세한 유격을 나타낸다. 이것은 추를 매달고 오랜 시간
방치된 후 유지 보수가 제대로 이루어지지 못한 것으로 보인다.

그림 24. 타종장치 추 2(좌)와 시간지속장치 추 1(우)

---

255) Joseph Needham et al., 앞의 책(1986), p.120; 이러한 너트장치는 이후 유럽에서 등장하는 금속물질을 조이는 데 사용되었
던 것으로 보아 제작 이후 추를 보강하여 제작했던 것으로 보인다.

(2) 진자장치의 운행

<그림 22>에서 시간지속장치에서 우측의 기다란 막대가 진자장치이다. 진자장치의 막대는 앞쪽으로 굽어 있는 상태인데, 장치 끝에 매달린 진자추는 유실되었다. 진자장치는 진자추의 위치를 이동시켜 시간의 빠르고 느림을 조절한다. 진자장치가 움직일 때 진자장치와 연결된 수평봉(강철 재질)에 2개의 네모진 귀가 왕관형기어를 잡고 있다가 풀어주게 된다. 이 왕관형기어가 회전하는 것은 추력에 의해 발생되는 동력 때문이다. 왕관형기어 아래 축(4E) 끝은 팽이의 뾰족한 철심 모양처럼 생겼다. 이 축을 판스프링장치를 사용해 밀어 올렸다. 이것은 기어의 회전력을 부드럽게 해주면서 마찰력을 최소화한 것이다. 왕관형기어를 잡고 있다가 풀어주는 시간은 진자의 주기와 같다.

표 11. 시간지속장치 각 톱니기어에 따른 회전수와 진행한 톱니 수

기어축	톱니기어 S	회전수	톱니기어 L	진행한 톱니 수	비 고
4A		3	64－톱니기어	192 (64×3)	3회전/1일. 4A(L)→4B(S).
			12－핀기어	36 (12×3)	혼천의로 동력전달.
			120－톱니기어	360 (120×3)	시간지시장치로 동력전달.
4B	8－톱니기어	24 (192÷8)	48－톱니기어	1,152 (48×24)	4B(L)→4C(S).
4C	6－톱니기어	192 (1152÷6)	42－톱니기어	8,064 (42×192)	4C(L)→4D(S).
4D	6－톱니기어	1,344 (8064÷6)	36－톱니기어	48,384 (36×1344)	4D(L)→4E(S).
4E	6－톱니기어	8,064 (48384÷6)	15－왕관형기어	120,960 (15×8064)	4E(L)→진자운동 주기수.

24시간 동안 4E축의 15－왕관형기어는 120,960 톱니 수만큼 진행.
24(시간)/1일×60(분)/1시간×60(초)/1분=86,400(초)/1일.
 → 86,400(초)÷120,960(톱니)=0.714(초/톱니).
15－왕관형기어 1톱니(진자운동 주기)는 0.714초마다 운행.

앞에서 제시한 <그림 23>의 4A축에서 4E축까지 전달되는 각 톱니기어에 따른 회전수와 진행한 톱니 수를 <표 11>에 나타냈다. 시간지속장치의 동력기어에서

발생되는 힘은 큰 톱니기어 L(large)과 작은 톱니기어 S(small; pinion)가 맞물려 회전하면서 탈진장치까지 전달된다. 톱니기어 S는 회전수를 결정하는 역할을 한다. 이에 따라 4B축의 회전수를 계산하면 다음과 같다.

4B축의 회전수는 4A축의 64-톱니기어가 3회전[256]하여 얻은 192톱니 수와 8-톱니기어 S와 맞물려 돌아가면 24회전(192÷8)을 하게 된다. 톱니기어 S가 24회전하면 48-톱니기어 L은 1,152(24×48) 톱니만큼 진행한다. 이러한-방법으로 하루 동안 4A축에서 4E축을 거치면서 발생되는 진자주기를 <표-11> 아래의 방법과 같이 계산해보면 0.714초가 되며, 진자는 1초에 1.4번 움직이게 된다.

(3) 동력발생과 작동 메커니즘

기계시계를 운행하기 위해서는 태엽(main spring)이나 분동(weight)을 감아야 한다. 이것으로 에너지를 축적할 수 있다. 혼천시계는 분동 즉, 추를 사용하여 에너지를 발생시켰다. 그리고 진자를 사용하여 규칙적인 기계운동을 가능하게 했는데, 이러한 역할을 담당하는 것이 조속기(調速機, regulating mechanism)이다. 진자운동은 운행 중에 공기와의 마찰이나 상부에 지지하고 있는 금속의 마찰로 인해 에너지가 상실되거나 점차 진동이 약해져 갈 수 있다. 태엽의 경우라면 시간이 흘러가면서 그 정도는 심하겠지만, 진자의 경우는 가벼운 충격만으로도 그 운행을 계속할 수 있다. 이러한 가벼운 충격은 탈진기(脫進機, escapement)에서 발생된다.

혼천시계는 왕관모양의 탈진기가 있어 진자의 운행을 쉴 새 없이 가능하도록 했으며, 진자의 규칙성으로 인하여 일정한 힘을 발생시킬 수 있었다. 이러한 왕관형탈진기는 기계시계가 처음 출현한 당시부터 수세기 동안 사용되었다.[257] 혼천시계의 시간지속장치(4)는 추 1, 동력기어, 조속기와 탈진기 등이 결합하고 있어 동력을 발생시키거나 전달하는 기능을 갖는다.

---

256) 4A축이 하루에 3회전하는 하는 이유는 혼천의의 36-톱니기어(1회전=1일)를 동력기어 4A축의 12-핀기어를 연결하여 1회전시켜야 되기 때문이다. 즉, 혼천의를 1회전 시키려면 12-핀기어는 3회전해야 한다. 마찬가지로 시간지속장치의 360-톱니기어(1회전=1일)를 1회전 시키려면 4A축의 120-톱니기어를 3회전 시켜야 한다.

257) 월간시계사 편집부, 『시계총론』(월간시계사, 1995), 160쪽; 이러한 관형탈진기(crown escapement)도 탈진바퀴가 탈진기에 충격을 준 다음 낙하하여 다음 충격을 줄 때에 진자의 관성력으로, 그 진동의 정지점까지 역방향으로 퇴각하고 나서 다시 충격을 행하는 방식인 퇴각식의 일종이다.

추를 매달고 있는 줄로는 끈, 장선(腸線, catgut; 현악기에 쓰이는 선), 쇠사슬이나 와이어로프가 이용되고 있는데, 중량이 큰 경우에는 쇠사슬이나 와이어로프를 사용한다. 혼천시계는 큰 고리와 작은 고리를 엮은 쇠사슬을 사용하고 있다. 일반적인 추시계인 경우 시계가 운행 중에도 추를 감아올리기도 한다. 그것은 깔쭉톱니기어(ratchet)와 이것을 잡아주는(제동하는) 클릭(click)이 있어 가능하다. 동력방향을 역회전 시키면 클릭장치가 해제되어 동력기어는 헛돌게 된다. 이와 같은 장치는 혼천시계에도 장치되어 있다.

추의 쇠사슬을 거는 방법에는 여러 가지가 있겠으나, 혼천시계는 톱니기어에 바로 거는 형태를 취하고 있다. 회전드럼이 1시간에 n회전한다고 하면 하루에 드럼에서 풀리는 쇠사슬의 길이(L)는 L=24n·2π이 된다. 혼천시계의 시간지속장치(4A축)에서 쇠사슬이 걸리는 회전드럼(8a)의 반지름은 39mm이고, 하루에 3회전한다. 이때 하루 동안 풀리는 쇠사슬 길이(L)는 약 735mm가 된다.[258]

발생된 동력을 일정한 기계적 힘으로 풀어주는 것은 제어장치인 조속기와 탈진기가 있어 가능해진다. 일반적인 시계에서 조속기는 진자 또는 템포가 사용되며 둘 다 탈진기로부터 에너지를 조금씩 받는 규칙적인 진동을 지속하도록 한다. 혼천시계에서는 진자장치를 이용한 조속기를 채택하고 있다. 진자가 한 번 왕복하는데 필요로 하는 시간인 주기(周期, period, 'T'로 표시)는 다음과 같은 식으로 결정된다.

$$T = 2\pi \sqrt{\frac{l}{g}}$$

위의 식에서 L은 진자막대가 수평봉(verge)에 부착된 지점에서부터 진자추의 중심까지의 길이이다. g는 지구 중력의 가속도로 980cm/sec^{2}이다. <표 11>에서 각 톱니기어의 회전수로 계산한 혼천시계의 진자주기(T)인 0.714초를 적용하여 진자 길이(L)를 계산하면 약 12.7cm가 된다.[259] 실제 혼천시계의 L은 약 14cm이고, 복원된 혼천시계의 L은 약 13cm로 하였다.

---

258) L=24n×2π r, r=39mm이고, n=3(회전)/24(시간)이므로, L≒735(mm)
259) 0.714^2=(2π)^2×(ℓ /g), ℓ ≒12.66(cm)

8a. 추를 거는 홈, 8b. 깔쭉톱니기어, 8c. 클릭장치, 8d. 동력축 12−핀기어
8e. 북극축 36−톱니기어, 8f. 북극축 12−톱니기어, 8g. 태양운행 36−톱니기어
8h. 실, 8i. 실이 감기는 36−톱니기어 회전축, 8M. 태양운행 36−톱니기어 축

그림 25. 혼천의 북극쪽의 동력연결장치

　시간지속장치(4)에서 혼천의로 전달되는 동력은 <그림 25>의 동력축을 통해 전달된다. 이 그림은 추를 제거한 상태를 나타낸 것으로 지름이 작은 원반(<그림 25>. 8a)의 홈에 추의 쇠사슬을 걸어 놓게 된다. 쇠사슬을 걸기 위한 원뿔형태의 침은 일정한 간격으로 박혀 있다. 이 홈의 왼쪽 편에 큰 원반의 홈이 있는데, 이곳에는 깔쭉톱니기어와 클릭장치가 있어 추의 동력이 항상 일정한 방향260)으로만 움직이게 되어 있다. 이러한 장치는 추를 들어 올릴 때 발생되는 기계적 오작동에 대비하기 위하여 추가 원래의 진행 방향으로만 회전하도록 해준다.

　혼천의로 전달되는 동력은 추가 매달리는 주축(4A축)으로부터 뻗어 나온 동력축 12−핀기어(<그림 25>. 8d)와 혼천의 북극축의 36−톱니기어(<그림 25>. 8e)가 맞물리면서 돌아간다. 시간지속장치 4A축(<그림 22>. 4A)의 12−핀기어가 3회전하는 이유는 여기에 있는데, 혼천의가 1일 1회전 하려면 36−톱니기어가 한 바퀴를 회전해야 하기 때문이다. 그리고 <그림 26>에 나타낸 혼천의 남극축에는 57−

---

260) 추가 매달려 있는 방향으로만 회전하며, 반대방향으로는 클릭장치의 물림이 해제되어 동력전달이 되지 않도록 되어 있다. 그러므로 추를 잡아 올려줄 때에는 주축의 동력이 역회전하는 등의 기계적 오작동을 막아 준다.

톱니기어와 59-톱니기어가 상하의 2층으로 구성되어 있어 태양운행과 달운행의 기계적 메커니즘을 구현해준다.

혼천시계의 추력은 혼천의의 북극축을 하루에 1회전시키는 동작을 하도록 한다. 이렇게 전달된 회전력은 월운행을 위한 동력으로 연동되어 사용된다. 삼신의가 1회전하여 태양이 한 번 회전할 때 월운환은 완전한 1회전을 못한다. 그것은 앞서 언급했던 것처럼 월운환을 운행시키는 톱니기어의 톱니 수가 더 많기 때문이다. 월운환이 하루에 2-톱니가 덜 돌아가므로 이것이 누적된다고 하면 삼신의 흑쌍환이 59번 회전할 때 월운환은 57번 회전하게 된다. 즉 월운환은 1일 28.5/29.5(=57/59)의 회전비를 갖는다.

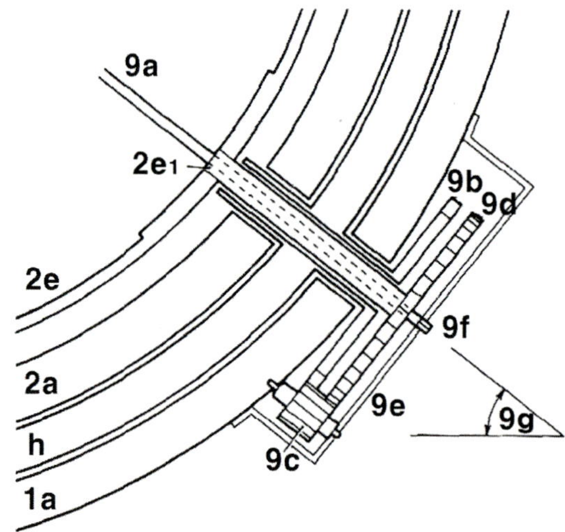

1a. 천경흑쌍환, 2a. 삼신의흑쌍환, 2e. 월운환, 2e₁. 월운환 회전
     지지관
9a. 지구의 자전축, 9b. 57-톱니기어(삼신의 운행)
9c. 12-톱니기어(9b의 회전력을 9d로 전달), 9d. 59-톱니기어(달
     운행)
9e. 기어뭉치지지대, 9f. 혼천의 남극축 고정장치, 9g. 극의 고도는
     약 37°.5

그림 26. 혼천의 남극쪽의 동력연결장치 구성도[261]

---

261) Joseph Needham et al., 앞의 책(1986), p.147의 그림을 편집함; 그림에서 h는 니덤 등(1986)이 주장하는 일운환을 나타낸
     것이다. 하지만 혼천시계에서 일운환의 설치 흔적은 없다.

시간지속장치(4)의 동력전달은 <표 9>에서 소개한 바 있다. 시간지속장치(4)로부터 전달받은 동력이 혼천의 북극쪽의 동력연결장치(8)로 전달되면서 삼신의(2) 운행(1일 1회전, 태양의 일주운동)과 황도단환위의 태양의 연주운동(1일 1/365.25회전)이 일어난다. 삼신의(2)의 동력은 혼천의 남극쪽의 동력연결장치(9)에 의해서 월운환의 회전(1일 28.5/29.5회전)과 달운행장치의 위상변화(1일 1/29.5)를 만들어낸다.

시간지속장치의 또 다른 동력축은 시보시스템의 시간지시장치(5)와 구슬신호발생장치(6)로의 연결되어, 12지 시패장치의 회전이 일어나고, 쇠구슬 신호의 발생으로 12지 시패를 들어올리는 T자형장치의 상하 운동을 만들어 낸다. 쇠구슬 신호는 타종장치(7)로도 전달되어 타종신호 연결막대를 들어 올려 주게 된다. 이 연결막대는 타종장치에 물려 있는 제동장치를 해제시켜 종이 울리게 된다. 이제 시간지속장치에서 발생되는 동력이 혼천의와 시보시스템으로 전달되면서 구체적으로 일어나는 작동 메커니즘에 대하여 각 부속장치별로 자세히 살펴보도록 하겠다.

2. 혼천의

(1) 구조분석

혼천시계의 혼천의는 현재 남아 있는 조선시대 금속제 혼천의로 환의 구성이 가장 완벽하다. 이 혼천의에 대하여 니덤 등(1986)은 "중국이나 유럽의 영향이 함께 포함되어 있어 고전적 특징을 포함하여 중국의 여러 혼천의들을 구체화시킨 것이다. 기능상으로는 런던의 시계제작사인 워시풀 회사(Worshipful Co.)의 길드홀(Guildhall) 도서관에 소장되어 있는 19세기 초기의 중국의 스프링 작동식 혼천의보다 더욱 정교하게 만들어졌다"고 밝히고 있다.[262]

혼천의 유물은 오랜 세월이 흘렀음을 직감하게 하듯 군데군데 색칠이 벗겨진

---

[262] Joseph Needham et al., 앞의 책(1986), p.128; H. L. Nelthropp, *Catalogue of the Nelthropp Collection*, 2nd edn.(London, 1900), p.10, Cat. no. 25; Clutton and G. Daniels, *Clock and Watches in the Collection of the Worshipful Company of Clockmakers*(London, 1925), p.96, Cat. no 590(illustrated).

청동 재질의 낡은 환들과 오랜 기간 쌓인 먼지로 뒤덮여 있었다. 혼천시계 유물조
사시 측정한 혼천의의 각 부품의 크기와 거시적으로 보이는 특징을 <표 12>에 정
리하였다. 각 환에 새겨진 글자내용을 <표 13>에 나타내었다. <표 13>에 제시하
고 있는 각 환에 새겨진 글자는 그동안 제대로 연구가 진행되지 못하여 여러 혼
천의 복제품에서 잘못 표기 되어 있는 경우가 많았다.

1. 육합의: 1a. 지평환, 1b. 천경흑쌍환, 1c. 천위적단환
2. 삼신의: 2a. 삼신의흑쌍환, 2b. 적도단환, 2c. 황도단환, 2d. 백
　　　　　도단환, 2e. 월운환, 2f. 태양장치
3. 지구의: 3. 지구의

그림 27. 혼천의 사진

그림 28. 혼천의 남극쪽의 동력연결장치(좌)와 오운주(우)

<그림 27>은 혼천의 사진으로, 육합의(六合儀), 삼신의(三辰儀), 지구의(地球儀)로 구성된다. 혼천의 북극쪽의 축은 시간지속장치로부터 연결되는 동력기어(8)가 있고, 혼천의 남극쪽의 동력 축(9)은 삼신의흑쌍환에서 받은 동력을 월운환으로 전달하는 기어장치가 있다(<그림 28> 좌측). 혼천의 받침대天의지평환을 받치는 4개의 용주(龍柱)와 천경흑쌍환을 받치는 오운주(鰲雲柱, <그림 28> 우측)로 구성된다. 용종업 받닫에서 잡아 혼천의받침('⊠' 형태)원금반 365.25에 각각 고정되어 있다. 와 360°를 적용하는 2가지 도수가 혼용되었다. 육합의의 천위

표 12. 혼천시계의 혼천의 특징과 구조

구 조	부품명칭	특징과 구조
육합의	지평환	직경: 41.3cm, 너비: 2cm, 두께: 0.32cm(銅합금). 아래 부분은 목재임(두께 2.55cm); 묘유방향에 24기. 단환, 흑색, 윗면 24방위 글자.
	천경흑쌍환	직경: 39cm, 너비: 1.38cm, 두께: 0.29cm(총 2.1cm). 쌍환, 흑색, 북극 출지 약 37°.5.
	천위적단환	직경: 40cm, 너비: 1.38cm, 두께: 0.29cm. 단환, 적색 칠(벗겨진 부분이 많음). 남북 양면 내측에 360° 눈금.
삼신의	삼신의 흑쌍환	직경 35cm, 너비 1.5cm, 두께 0.35cm(총 2.1cm). 쌍환, 흑색.
	적도단환	직경 35cm, 너비 1.26cm, 두께 0.28cm . 단환, 적색 칠(벗겨진 부분이 많음). 북면 28수와 적도도수. 남북 양면 외측에 주천도수(365.25도).
삼신의	황도단환	직경: 35cm, 너비: 1.5cm, 두께: 0.3cm. 단환, 황색 칠(흔적이 있음), 적도교각 23°.5. 북면 24기, 남면 28수(실수 17도 지점이 춘분점, 진수 −2.5도 지점이 추분점; 진수는 18도임). 남북 양면 외측에 주천도수(365.25도). 노끈으로 태양을 잡아당겨 하루에 약 1도 견인하는 태양운행장치가 있음(태양모형은 유실). 태양운행관까지 직경: 36cm, 관 지름: 0.5cm.
	백도단환	직경 30.2cm, 너비 1.31cm, 총 두께 0.9cm. 단환, 백색 칠, 황도교각 5도 정도(고정안됨). 내면에 달운행장치 장착(실제유물은 유실). 북면 12궁, 남면에 작은 원통형 핀 27개를 균등배열(3개의 핀은 유실): 핀 φ =0.11cm, 길이 1.2cm.
	월운환	직경 27cm, 너비 0.46cm, 두께 0.29cm. 단환, 흑색, 달운행장치를 매달고 백도단환의 목제 핀을 건드리면서 회전.
지구의	지구의	지름 약 8.5cm. 지구의는 회전하지 않고 고정되어 있음.
	용 주	지평환을 4개의 목제 용주로 받침.

| 받침대 | 오운주 | 천경흑쌍환 아래를 받침.
청동주물의 자라, 구름무늬장식, 둥근 구슬. |
| | 수 부 | '⊠' 형태 목제 받침. |

표 13. 혼천의 각 환에 새겨진 글자

구 조	부품명칭	글자
육합의	지평환	**윗면(24방위):** 子癸丑艮寅甲卯乙辰巽巳丙午丁未坤申庚酉辛戌乾亥壬 → 子에서 壬까지 시계방향으로 배치 → 글자 밑바닥이 지평환 바깥쪽으로 → 용주의 4방향임: 艮, 巽, 坤, 乾 **측면①(24기)－卯방향(동지~춘분~하지):** 冬至 小寒 大寒 立春 雨水 驚蟄 春分 淸明 穀雨 立夏 小滿 芒種 夏至 **측면②(24기)－酉방향(하지~추분~동지):** 夏至 小暑 大暑 立秋 處暑 白露 秋分 寒露 霜降 立冬 小雪 大雪 冬至 **측면①과 ② 24기:** → 글자는 위에서 아래 → 목제 지평환의 둥근 측면에 새김(좌측→우측)
삼신의	적도단환	**북면(28수): 적도도수** 角 亢 氐 房 心 尾 箕 斗 牛 女 虛 危 室 壁 奎 婁 胃 昴 畢 觜 參 井 鬼 柳 星 張 翼 軫 → 글자 밑바닥이 적도단환 안쪽으로(반시계방향) → (예) 女는 十一度, 井은 三十度, 胃수는 十五度 (도수는 28수 글자 옆에서 아래로 쓰기)
	황도단환	**북면(24기):** 冬至 小寒 大寒 立春 雨水 驚蟄 春分 淸明 穀雨 立夏 小滿 芒種 夏至 小暑 大暑 立秋 處暑 白露 秋分 寒露 霜降 立冬 小雪 大雪 → 글자는 위에서 아래로 → 글자 밑바닥이 적도단환 안쪽으로(반시계 방향) **남면(28수):** 角 亢 氐 房 心 尾 箕 斗 牛 女 虛 危 室 壁 奎 婁 胃 昴 畢 觜 參 井 鬼 柳 星 張 翼 軫 →글자 밑바닥이 황도단환 안쪽으로(시계방향)
	백도단환	**북면(12궁):** 子宮 丑宮 寅宮 卯宮 辰宮 巳宮 午宮 未宮 申宮 酉宮 戌宮 亥宮 → 글자 표기와 진행(예, 宮子) (반시계 방향) → 글자 바닥은 안쪽으로

육합의는 지평환(地平環), 천경흑쌍환(天經黑雙環), 천위적단환(天緯赤單環)으로 구성되어 있다. 지평환은 직경이 41.3cm로 흑색으로 칠해진 단환으로 구성되어

있다. 환 윗면은 동(銅)재질의 합금으로 만들어졌고 24방위는 한자로 음각되어 있다. 지평환의 동(銅) 합금 아래 부분은 나무로 제작한 지평환이 있는데, 둥근 바깥면의 묘유(동서) 방향에 24기(卯방향: 동지~춘분~하지, 酉방향: 하지~추분~동지)를 쓰여 있다. 이러한 24기(氣) 글씨는 삼신의의 황도단환에 매달린 태양이 떠오를 때 24기중 언제인지를 알 수 있게 해준다.

지평환 측면의 24기 표시의 방향은 앙부일구 지평환 윗면의 24기 표시방향과 다르다. 혼천의는 태양이 떠오르는 방향으로 글자가 새겨져 있는 데 반해 앙부일구는 그림자가 맺히는 방향으로 글자가 새겨져 있기 때문이다. 예를 들면, 혼천의 묘(卯) 방향엔 동지~춘분~하지의 글자가 좌측에서 우측으로 진행되는데, 앙부일구의 묘 방향에서는 하지~춘분~동지의 글자가 좌측에서 우측으로 진행된다.

천경흑쌍환은 직경이 39cm로 흑색으로 칠해진 쌍환으로 구성되어 있다. 이 환은 지평환의 자오(子午; 남북)방향에 고정되어 있으며 환의 남북 방향으로 약 37°.5 지점에 북극과 남극의 회전축이 존재한다.[263] 천위적단환은 직경이 40cm로 적색으로 칠해진 단환으로 구성되어 있으며 환의 색이 벗겨진 부분이 많다. 남북 양면 내측에 360° 눈금이 음각으로 새겨져 있다.

삼신의는 삼신의흑쌍환(三辰儀黑雙環), 적도단환(赤道單環), 황도단환(黃道單環), 백도단환(白道單環), 월운환(月運環)으로 구성되어 있다. 삼신의흑쌍환은 직경이 35cm로 흑색이 칠해진 쌍환으로 구성되어 있다. 이 흑쌍환은 적도단환과 황도단환이 서로 결합한 상태로 삼신의가 회전할 때 함께 회전하게 된다. 적도단환은 직경이 35cm로 적색으로 칠해진 단환으로 환의 색이 벗겨진 부분이 많다. 환의 북면에는 28수(宿)[264]의 명칭과 28수의 각각 범위를 나타내는 적도도수(赤道宿度)가 음각으로 새겨져 있다. 남북 양면 외측에는 주천도수(365.25도)가 새겨져 있다.

황도단환은 직경이 35cm(태양운행관을 포함하면 36cm)로 황색 칠의 흔적이 남아 있는 단환으로 구성되어 있다. 적도단환과의 교각은 23°.5이다. 환의 북면에는 24기

---

263) Joseph Needham et al., 앞의 책(1986), p.141; 조선에서 만들어진 학술용 혼천의의 극 고도는 대체로 주천도수(365.2475도)를 적용하여 36도로 만들어졌다. 이는 『서전대전집주(書傳大全集注)』(1620)에서 '北極出地三十六度'라고 밝히고 있는 데 기인한다. 현존하는 선화랑에 소장되어 있는 혼천의도 이에 따라 제작되었다. 하지만 송이영 혼천시계의 경우는 약 37°.5(360°법)를 적용한 것으로 볼 때 실제 관측에서 사용하는 극 고도를 적용한 것임을 알 수 있다.

264) 28수는 천구상 적황도면에 있는 별자리 중에서 28개의 기준별을 정하여 각각을 구분(영역)하여 나타냈는데, 천체 관측시 적경 성분으로 활용하여 천체의 위치를 관측하는 데 중요한 기준으로 삼았다.

글자가 음각으로 새겨져 있으며, 남면에는 28수 글자가 음각으로 새겨져 있다. 환의 남북 양면 외측에는 주천도수가 새겨져 있으며 태양이 움직이는 파이프 형태의 관이 있다. 이 관을 통하여 태양장치는 노끈에 의해 하루 동안 약 1도씩 움직이게 된다.

적도단환의 북측면과 황도단환의 남측면에는 28수의 각각 별자리 간격을 나타내는 적도수도와 황도수도(黃道度數)265)가 새겨져 있다. 이 적도수도나 황도수도의 값은 천체들의 상대적 운동에 의해서 오랜 시간이 흐르게 되면 조금씩 변하게 된다. <표 14>의 적도수도와 황도수도 값들은 혼천의에서 명확하게 확인할 수 없어 『칠정산내편』에 기록된 값을 대신 제시하였다. 일부 확인된 적도단환위에 적도수도 값도 제시하였다.

백도단환은 삼신의흑쌍환에 걸쳐진 형태로 존재한다. 황도단환과의 교각은 약 5° 정도이며 안쪽면에는 달운행장치와 월운환을 함께 붙잡을 수 있는 2개의 핀 부속품이 있다. 백도단환의 북면에는 12궁266) 글자가 음각으로 새겨져 있다. 남면에는 27개의 작은 원통형태의 핀(∅=1.1mm, 길이=12mm)이 균등하게 배열(약 13°.33간격)되어 있는데 이 중 3개는 유실되었다.267) 월운환은 흑색의 단환이며, 유실된 달운행장치를 매달고 백도단환의 핀을 건드리면서 달의 위상을 변화시키는 역할을 한다.

표 14. 28수 적도수도와 황도수도268)

28수(宿)		적도수도	황도수도	적도단환
동 방 7 수	각(角)	12도 10분	12도 87분	
	항(亢)	9도 20분	9도 56분	
	저(氐)	16도 30분	16도 40분	
	방(房)	5도 60분	5도 48분	
	심(心)	6도 50분	6도 27분	
	미(尾)	19도 10분	17도 95분	
	기(箕)	10도 40분	9도 59분	
	소 계	79도 20분	78도 12분	

---

265) 이용삼 · 김상혁 · 남문현, "남병철의 혼천의 연구 I", 『Journal of the Korean Astronomical Society』 34(2001), 54쪽; 적도상의 적도수도에서 북극축을 향한 수선을 그을 때 황도단환과 마주치게 되는데, 이것이 황도수도 값이다. 하지만 이 황도수도는 오늘날의 황도수도 값과는 다른 의미이므로 위황도수(僞黃道度數)라고 부른다.

266) 서양의 12궁이 아닌 동양의 12차(次; 적도를 12개의 등간격으로 나눔)를 말함.

267) 남측에서 바라보는 혼천의의 하지점을 기점으로 할 때, 1부터 27까지 반시계 방향으로 번호를 매겨 나가면 18번, 21번, 27번 순서에 있는 핀이 유실되었다.

268) 李純之 · 金淡, 『七政算內篇』; 이순지(李純之)와 김담(金淡)이 지은 『칠정산내편(七政算內篇)』에 기술된 적도수도(赤道宿

북방 7 수	두(斗)	25도 20분	23도 47분	
	우(牛)	7도 20분	6도 90분	
	여(女)	11도 35분	11도 12분	十一度
	허(虛)	8도 9575분	9도 0075분	
	위(危)	15도 40분	15도 95분	
	실(室)	17도 10분	18도 32분	
	벽(壁)	8도 60분	9도 34분	
	소 계	93도 8075분	94도 1075분	
서방 7 수	규(奎)	16도 60분	17도 87분	
	누(婁)	11도 80분	12도 36분	
	위(胃)	15도 60분	15도 81분	十五度
	묘(昴)	11도 30분	11도 08분	
	필(畢)	17도 40분	16도 50분	十六度
	자(觜)	0도 05분	0도 05분	
	삼(參)	11도 10분	10도 28분	
	소 계	83도 85분	83도 95분	
남방 7 수	정(井)	33도 30분	31도 03분	三十度
	귀(鬼)	2도 20분	2도 11분	
	유(柳)	13도 30분	13도 00분	
	성(星)	6도 30분	6도 31분	
	장(張)	17도 25분	17도 79분	
	익(翼)	18도 75분	20도 09분	
	진(軫)	17도 30분	18도 75분	
	소 계	108도 40분	109도 08분	
합 계		**365.2575도**	**365.2575도**	

가장 안쪽에 있는 지구의는 회전하지 않고 극축에 고정되어 있다. 지구의를 관통한 극축은 삼신의흑雙環의 북극축에 끼워지는 구조로 되어 있다.[269] 또한 <그림 28> 좌측의 혼천의 남극쪽의 동력연결장치인 59-톱니기어와 57-톱니기어를 감싸고 있는 기어뭉치지지대(bracket)에 고정되어 있다. 그러므로 기어뭉치지지대의 고정 장치를 조작하면 지구의의 탈착이 가능하다. 이는 편리하게 조립하고 지구의의 수리나 지리 정보의 추가 등을 위한 구조라고 볼 수 있다. 지구의 지름은

度)와 황도수도(黃道宿度) 값이다. 적도(또는 황도)수도는 적황도 부근을 28개의 별자리로 나누었을 때 각 별자리가 적도상(또는 황도상)에서 차지하는 도수를 나타낸다. 도수는 주천도수(365.25도)로 나타내었다. 이 관측 값은 시기에 따라 조금씩 달라진다. 1744년 측정한 각수의 황도수도는 10° 39′ 19″ 이 되고, 적도수도는 11° 53′ 19″ 으로 된다. 이를 주천도수로 환산하면 각각 10도 81.1분과 12도 6.2분이 된다(『增補文獻備考』 「象緯考」 <황적수도(黃赤宿度)>).

269) Joseph Needham et al., 앞의 책(1986), p.141, p.147; 니덤 등(1986)이 제시한 Fig. 4. 14와 Fig. 4. 17.

약 8.5cm로 나무 재질의 원형 구에 세계지도가 그려져 있다.270)

혼천의 다리는 지평환의 24방위중 간(艮; 북동), 건(乾; 북서), 손(巽; 남동), 곤(坤; 남서)의 방향에 설치되어 있다. 혼천의 다리는 중국문헌에서도 소개된 바 없는 조선의 독특한 형태의 용 모양으로 목조각 되었다. <그림 28> 우측의 오운주는 청동으로 제작되었으며 예술적 미가 돋보인다. 오운주는 십자받침 맨 아래에 자라의 형태가 엎드려 있고 그 위에는 둥근 구슬을 감싼 화려한 구름문양이 혼천의의 고풍스러운 모습과 잘 어우러져 있다.

혼천의의 4개의 용주(다리)는 그 아래의 '⊠'모양의 목제 받침(수부; 水趺)에 고정되어 있다.271) 혼천의를 고정시킨 이유는 혼천의와 시계장치의 동력축과 조금이라도 유격이 생기게 된다면 기계적 작동이 원활하지 못하게 되기 때문이다.272) 이러한 '⊠'의 형태의 받침은 중국에서 전통적으로 사용해온 형태인데, 실제 관측용도가 아니기 때문에 물 홈을 만들지 않았다. 현재 유물의 '⊠'모양의 목제 받침과 주변 나무와의 이격이 너무 커서 기기의 수평유지에 많은 지장을 초래하고 있다.

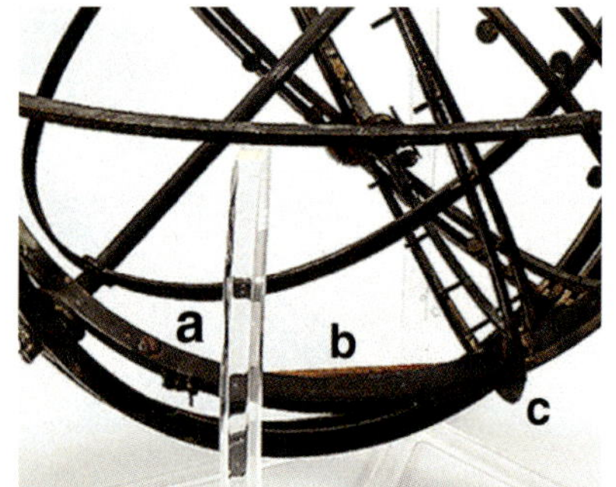

a. 태양운행기어, b. 기어연결축, c. 황도환

그림 29. 혼천시계의 태양이동장치(좌)와 숭실대학교 한국기독교박물관에 소장된 혼천의(우)

---

270) 지구의의 크기는 일반적으로 **8.9cm**로 알려져 있으나 실제 측정결과 이보다 작은 **8.5cm**였다. 이것은 적도나 극축 방향에 따라 조금씩 차이가 있거나, 목재의 수축 현상 때문인 것으로 보인다.

271) 지평환부분에도 연결 핀이 있어 시계장치 상자와 결합되어 있다.

272) 혼천시계 재현 실험시 가소팁 상태에서 운행실임을 뎄으나 시계가 밈추는 경우가 많있고, 동력이 혼천의로 전달 될 때 조금씩 밀려나서 진자운행 속도에 영향을 주기도 했다.

<그림 29>의 좌측은 혼천의 황도단환을 나타낸 것으로 바깥에 있는 둥근 관의 양측면에는 주천도수가 새겨져 있다. 이 관 안에서 태양운행장치(태양을 꼽을 수 있는 핀 장치 포함)가 실에 묶여 움직이게 된다. 그림에서 화살표가 지시하는 곳이 태양이동장치이다. 이 장치는 황도단환의 하지점에서 시작하여 추분, 동지 다음해 춘분과 하지까지 움직인다. 1년이 지나면 실을 풀어 원래의 하지 위치로 끌어당겨 놓아야 한다.

태양운행끈은 혼천의 북측에 위치한 시계장치상자에서 돌출된 36-톱니기어 회전축(<그림 25>. 8i)에 말리게 된다. 이렇게 말린 실은 작은 추에 의해 항상 팽팽하게 유지된다. 실은 하루에 3.01mm씩273) 아주 천천히 감기므로 실이 엉키거나 헛도는 일은 발생하지 않는다.274) 다만 실에 작용하는 장력275)으로 인해 실제 날짜를 기준으로 약간 늦어지거나 빨라질 수 있는 오차가 생긴다.

니덤 등(1986)은 태양운행장치를 보완하기 위한 별도의 일운환을 상정했으나276) 실제 유물에서는 그러한 장치를 가설한 흔적을 발견할 수 없었다. <그림 29>의 우측은 숭실대학교 한국기독교박물관에 전시되어 있는 혼천의 부품인데, a는 황도환을 1도씩 돌려주는 태양운행기어이고, b는 황도환과 연결되는 기어연결축이다. c는 황도환으로 남면환과 북면환의 2층 구조로 되어 있다. 이는 송이영의 태양운행기술을 정밀하게 개량한 것임을 알 수 있다. 비슷한 시기에 만들어진 홍대용의 혼천의는 일운환을 새롭게 개량하여 황도환 자체를 새롭게 고안한 톱니기어로 약 1도씩 회전시켰다.277)

혼천시계의 백도단환은 고정되어 있지 않고 삼신의에 걸쳐져 있다. 황도단환과 5°정도 비스듬한 각도를 유지하는데, 실제 달의 운행궤도는 지구, 태양 등에 의해

---

273) 황도단환의 외경이 350mm이므로, 황도단환의 원주는 약 1099.56mm(350mm×π)가 되고, 이 길이는 1년(약 365.2422일) 동안 움직인 거리가 된다. 태양장치는 1년에 1번 황도단환 둘레를 회전하므로 하루 동안에는 약 3.01mm(1099.56mm÷365.2422)씩 움직인다.

274) 극축이 회전하면서 발생되는 꼬임 현상에 대해서는 수개월에 한 번씩은 조정해야 한다.

275) 실이나 끈과 같은 가늘고 긴 물체에 그 길이를 늘이는 방향으로 외력을 가할 때 물체 내부에서 길이의 방향으로 수직인 단면의 양쪽 부분이 서로 끌어당기는 상태가 되므로 그 힘의 크기를 단면적으로 나눈 값을 말한다(단위면적에 작용하는 힘). 그러므로 태양운행장치를 끌어당기다가 이동관의 마찰로 인해 장치는 멈추고 있으나 실만 그대로 늘어날 수가 있다. 시간이 지나면 실은 더 팽팽해지고 태양장치는 다시 운행하게 되므로 조금씩 오차가 발생할 수 있다.

276) Joseph Needham et al., 앞의 책(1986), p.145.

277) 한영호, 앞의 논문(2003), 11~14쪽.

민감한 영향을 받기 때문에 고정된 궤도로 표현할 수 없다. 백도단환에는 27개의 핀이 박혀 있는데, 일부는 부러져 유실되었다. 백도단환은 2중 구조로 되어 있는데, 바깥 부분에 둥근 환이 있고 이 환의 안쪽면을 감싸는 슬라이딩 되는 환(단면이 'ㄷ'자 형태의 링)이 있다(<그림 38> 참고). 이 슬라이딩 환(링)에는 기다란 핀 2개가 환의 중심방향으로 향해 있다. 이 핀에 매달려 달운행장치가 장착된 것으로 보이며 이것을 월운환이 이끌고 운행하였다.

결국 백도단환은 삼신의흑雙환에 걸쳐져 있는 상태로 슬라이딩되는 링 장치만 회전하게 된다. 그러므로 월운환이 운행되면 슬라이딩장치에 부착된 달운행장치의 위상변화기어와 백도단환 남측면에 박혀 있는 27개 핀이 맞물려 스치면서 달의 위상이 변하게 된다. 숭실대학교 한국기독교박물관에 소장된 혼천의 유물에도 혼천시계 백도단환의 슬라이딩 링에 있는 2개의 핀과 유사한 장치가 있다. 또한 이 유물에는 달운행장치가 그대로 남아 있다. 하지만 혼천시계의 경우 백도단환 안쪽에서 슬라이딩 환장치를 만들어 운행하였지만 숭실대학교 유물의 경우 일부분만 슬라이딩 장치로 개량했던 것으로 보아 더욱 간소화 시켰음을 알 수 있다.

표 15. 숭실대학교 한국기독교박물관에 소장되어 있는 혼천의의 특징과 구조

구조	부품명칭	특징과 구조
육합의	지평환	윗면에 24방위 표시.
	자오환	쌍환, 태양운행톱니기어가 통과할 수 있는 둥근 반원의 홈이 3개 존재, 자오환 남극 축 위쪽에 기어뭉치를 매단 홈이 2개 존재함.
	천상적도환	단환, 안쪽으로 눈금 흔적.
삼신의	삼신환	쌍환, 황도환, 적도환 지지.
	적도환	단환, 둥근 링이 남북면에 배치(28수).
	황도환	2개 층 구조. 북면의 환은 외측은 톱니기어로 되어 있고 내측은 둥글다(24기). 남면의 환은 외측은 둥근 형태이고 내측은 톱니형태임, 남면의 환이 운행함. 톱니 모양의 태양 모형이 달려 있음.
	백도환	단환, 달운행장치를 매달고 있음. 27개의 핀이 남측방향을 향해 있음(등간격). 달운행장치에서 튀어나온 2개의 핀에 대비되는 반대편 바깥쪽으로 핀이 있음. (전체 운행에 지장을 줄 수 있는 위치임).
	월운환	백도환에서 슬라이딩되는 달운행장치를 매달고 회전.
	태양운행기어	삼신환 사이의 남극축 부근에서 황도환의 남면의 환의 톱니기어의 동지 위치로 연결됨(1도/1일 후퇴).
	달운행장치	달 위상 회전 장치로 월구의 반은 검은색이 칠해져 있음. 톱니는 2개 층임(별 모양 톱니 수: 6).

숭실대학교 한국기독교박물관 혼천의 유물의 특징과 구조는 <표 15>와 같다. 숭실대학교 혼천의 유물의 환 두께는 송이영 혼천의의 환에 비하여 조금 두꺼운 편이다. 육합의부분인 자오환(쌍환)은 지평환과 천상적도환이 서로 결합되어 있다. 지평환의 지름은 약 35cm정도로 송이영의 것보다 작다.

삼신의는 육합의 안에서 회전하는데, 삼신의에는 삼신환(쌍환), 적도환, 백도환이 결합되어 있다. 그리고 혼천시계와 같은 지구의를 장치한 흔적은 보이지 않는다. 적도환의 구멍은 28수를 나타낸 것으로 보이는데 북면에 13개, 남면에 15개가 배치되어 있다. 황도환은 2개 층으로 구성되어 있는데, 황도환 북면의 환구조는 외측이 톱니형태로 되어 있다. 황도환 남면의 환구조는 내측이 톱니형태로 되어 있다. 삼신의의 삼신환은 황도환 북면의 환에 지지되어 있고, 남면의 환은 회전할 수 있는 구조로 되어 있다. 이 회전은 삼신환 남극축 부근에 있는 태양운행기어의 작동에 의해서 하루에 1도씩 움직인다.

숭실대학교 한국기독교박물관의 태양운행 메커니즘을 자세히 살펴보면 다음과 같다. 삼신환은 쌍환으로 되어 있고, 이 쌍환 사이의 남극축 부분에 태양운행기어가 있다. 이 기어는 삼신환 남극축에서 황도환 남면의 톱니구조와 연결되어 있다. 그러므로 태양운행기어에 있는 톱니기어가 1톱니를 진행하면 황도환 남면의 환도 1도 회전하게 된다. 태양운행기어의 남쪽은 6-톱니기어('★' 모양의 톱니모양)의 날개가 돌출되어 있는데, 삼신환은 하루에 1회전하므로 이 톱니기어와 자오환의 둥근 환과 마주치면서 톱니기어의 회전력을 만들어 낸다.

그런데 자오환이 쌍환이므로 삼신환의 태양운행기어의 톱니는 위에서 2번, 아래에서 2번 만나게 된다. 계산상으로 4번 만나면 6-톱니기어는 4톱니가 진행해야 하지만 실제로는 1톱니만 움직인다. 그 이유는 6-톱니기어와 자오쌍환이 마주치는 환위치 중에서 3군데는 뚫려 있어 그대로 통과하고, 1군데만 막혀 있기 때문이다. 3군데 홈의 크기와 형태는 동일하다. 홈은 자오쌍환의 안쪽면에 둥근 반원 형태로 뚫려있다. 황도환 남면의 환에는 톱니모양의 태양장치가 부착되어 있다. 이러한 태양운행장치는 현존하는 혼천시계 유물에서 보여주는 노끈을 이용한 태양운행방식을 획기적으로 변환시켜 더욱 정밀하게 발전시켰던 것임을 확인할 수 있다.

한편, 숭실대학교 혼천의 유물의 동력전달은 혼천시계와 유사한 것임을 알 수 있다. 우선 혼천시계의 남측면의 57-톱니기어(삼신의흑雙환 운행)와 59-톱니기어(월운환 운행)구조로 되어 있다. 현재 숭실대학교 한국기독교박물관에서 전시하고 있는 것이나 도록집을 살펴보면 이 두 톱니기어를 위쪽에 걸쳐놓았다. 이 중 59-톱니기어의 중심축에 구멍이 있는데, 혼천의 유물의 북극축(속이 비어 있음)의 지름이 커서 나무 조각을 이용하여 걸쳐 있는 것을 확인할 수 있다.[278] 그런데 남극축은 지름이 작아 59-톱니기어를 끼워 넣을 수 있는 구조로 되어 있다. 아마도 57-톱니기어(중심축의 구멍지름이 59-톱니기어 보다 큼)를 먼저 끼워 넣은 후 59-톱니기어를 장치하는 것으로 생각할 수 있다.

이렇게 볼 때, 숭실대학교 혼천의 유물에서 동력전달은 북극축을 통해 전달되었다고 볼 수 있다. 현재 숭실대학교 혼천의 유물에서는 이 부분이 유실되어 자명종과 북극축의 동력전달 상황만 유추할 뿐 혼천시계의 36-톱니기어와 동일한 것인지 아닌지를 확인할 수 없다. 한영호(2003)는 숭실대학교 혼천의 유물의 극축부분이 57-톱니기어와 연결되는 것으로 보았고 57-톱니기어는 자명종 동력장치의 19-톱니기어로부터 동력을 전달받아 운행하는 것으로 파악하였다.[279]

그러나 혼천시계에서 혼천의 남측에 있었던 삼신의흑雙환과 월운환의 동력기어(57-톱니기어와 59-톱니기어)를 전체적으로 북측으로 옮겨 제작할 만한 특별한 이유가 없어 보인다. 또한 숭실대학교 혼천의 유물의 자오환의 남극 주변 위를 자세히 살펴보면 톱니기어 뭉치를 설치했던 흔적이 남아 있다. 이 부분에 둥근 형태의 홈이 나 있어 기어뭉치를 걸 수 있도록 하였는데, 이러한 방식은 혼천시계 유물에서 그대로 살펴볼 수 있는 구조이다. 오히려 홈이 파져 있어 더욱 견고하게 기어뭉치를 지지할 수 있도록 제작되었다.

이러한 결과로 본다면 숭실대학교 혼천의 유물의 동력전달 구조는 현존하는 혼천시계 유물과 동일한 것으로 볼 수 있다. 또한 삼신의와 월운환의 회전비가 59:57임을 알 수 있다. 달운행장치는 구조와 메커니즘을 혼천시계와 유사하고, 슬

---

278) 전상운, 앞의 책(1994a), 174쪽에 소개되어 있는 혼천의 유물의 톱니기어는 남극축과 북극축에 각각 끼워져 있다. 국립민속박물관, 『천문: 하늘의 이치·땅의 이상』(2004), 147쪽에 소개되어 있는 혼천의 유물에서 57-톱니기어와 59-톱니기어를 혼천의 북극축에 매달이 놓았다.

279) 한영호, 앞의 논문(2003), 11쪽.

라이딩 장치를 단순화 시켜 더욱 간소화 하였다. 태양운행장치는 노끈을 이용한 방식에서 황도환 남면의 톱니구조의 작동 메커니즘을 이용하여 획기적인 변화를 시도하였다. 하지만 이러한 고정된 자오환과 하루 1회전하는 삼신환의 작동메커니즘을 이용하여 태양을 운행시켰던 방식은 최유지의 혼천의에서 보여주는 경각과 차전의 메커니즘을 응용한 것이라고 볼 수 있다.

[illegible] 혼천시계의 혼천의 [illegible] 겉에 적용된 눈금 [illegible] 를 사용하는 주천도수 [illegible] 위적단환에는 시헌력 도입 이후 사용된 서양의 360° 눈금이 새겨져 있고, [illegible]의 황도단환과 적도단환은 365.25도인 전통적인 주천도수가 새겨져 있다. 170[illegible]에 안중화, 이시화 등이 혼천의를 제작할 때의 도설을 보면, 360°인 평도(平度)라 하고 365.25°인 일도(日度)라 하여 두 가지 모두를 사용한 것을 볼 수 있다. 18세기 숭실대학교 한국기독교박물관에 소장된 혼천의와 19세기 중반의 남병철의 혼천의는 모든 환이 360 눈금을 사용해 제작되었다.[280] 이것으로 볼 때, 시헌력의 시행 이후 혼천의 눈금이 360° 법으로 완전히 전환하는 시점은 18세기 중반 이후의 일이다.

(2) 지구의와 세계지도

① 지구의 조사

혼천의 가장 안쪽에는 <그림 30>에 나타낸 지구의가 있다. 지도의 표면은 외관상으로 육지와 대양을 구분할 수 있었지만, 일부 지명은 표면이 박락되어 알아보기 힘들었다. <그림 30>의 지구의에 그려진 세계지도를 살펴보면 육지는 노란색으로 칠한 후 외곽선은 검은색으로 칠해졌다. 바다의 색은 갈색으로 칠해져 있으며 국가명과 대륙명, 대양명은 검은색 글씨로 써 넣었으며 주요 해상로는 점선으로 표시되어 있다.

---

280) 김상혁, 앞의 논문(2002), 16쪽.

그림 30. 지구의 사진

그런데 지금까지 밝혀진 송이영의 혼천시계를 소개하고 있는 문헌에는 지구의
에 대한 언급이 없다. 이러한 것으로 인하여 현존하고 있는 혼천시계 유물이 송이
영이 제작한 것인지에 대한 일부의 이견이 있어왔다. 따라서 지구의 형태와 지구
의에 나타난 우주에 대한 생각들이 과연 송이영이 당시에 쉽게 접할 수 있었던
것인가를 검토하는 것이 중요하다.

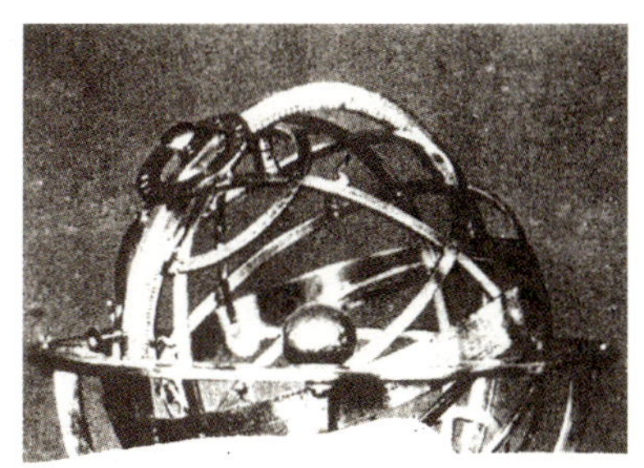

그림 31. 지구의를 장착한 서양의 혼천의(1588)[281]

<그림 31>은 1588년 서양에서 제작한 지구의를 장착한 혼천의이다. 니덤 등 (1960)은 이 혼천의가 "로마의 카롤로스 플라투스(Carolus Platus)가 제작한 것으로 이러한 종류의 혼천의는 15세기 초 중국에서 만들어져 16세기까지의 유럽에서 사용된 전형적인 형태를 이룬다."고 밝히고 있다.[282] 지구의를 이용하여 해시계로 사용한 유물도 있다. 독일 빌레펠트에 있는 지구의 해시계는 시립기술산업박물관에 있는 것으로 동(銅) 재질에 금도금하여 제작한 것이다.[283] 이 해시계는 자오환에 표시된 여러 위도를 변경하여 사용할 수 있도록 제작되었다.

한편 뒤에서 살펴볼 『양의현람도』에는 지구 모습의 구(球) 형태에 대한 사고가 깔

---

281) Joseph Needham et al., 앞의 책(1960), facing p.96; 이러한 지구의가 장치되어 있는 16세기의 서양 혼천의는 Bruce Stephenson, Marvin Bolt, Anna Felicity Friedman, *The Universe Unveiled*(Cambridge University Press & Adler, 2000), pp.112~113에서도 소개되어 있다(A:1562년, B:1542년, C:1584년).

282) Joseph Needham et al., 위의 책(1960), facing p.96.

283) Kristen Lippincott et al., 앞의 책(1999), p.113.

려있다.284) 극지방을 투영하는 방법이나, 지구를 원으로 그린 것에 육지를 그려 넣은 표현들이 있기 때문이다. 정두원이 1631년 자명종을 들여올 때 함께 가져온 『직방외기(職方外記)』에는 지구의 구형과 중력에 대한 상세한 개념들이 포함되어 있었다.285)

　<그림 32>는 요한 아담 샬 폰 벨(Johnn Adam Schall von Bell; 湯若望, 1591~1666)이 저술한 『혼천의설(渾天儀說)』(1636)에 있는 지구의가 장치된 혼천의의 그림이다. 『혼천의설』은 시헌력을 이해하는 데 중요한 서적으로 사용되었다.286) 1644년에 김육은 시헌력을 배우기 위하여 중국에 갔었고, 조선으로 돌아오면서 『혼천의설』을 구입한 것으로 알려져 있다.287) 또한 1645년 북경에서 돌아온 소현세자가 가져온 여지구(輿地球)는 지구의 형태였을 것으로 보인다.288)

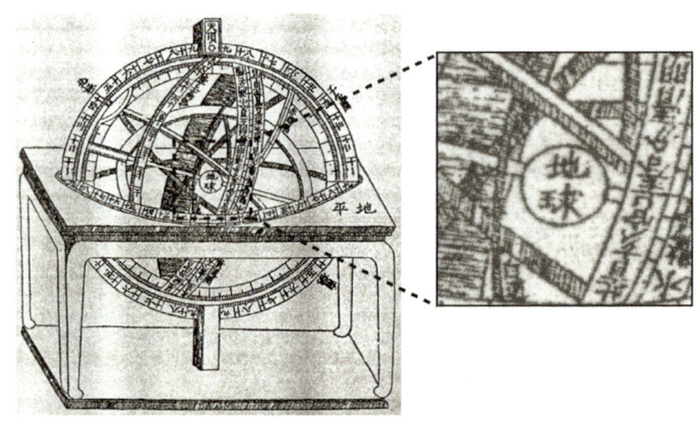

그림 32. 『혼천의설』의 「혼천의도」(1636)289)

---

284) 이 책에서 앞서 기술한 것처럼 지구의 모습을 원으로 나타낸다든지, 극투영 방법, 일·월식을 설명한 모든 천체를 둥근 원으로 나타내고 있다. 그러므로 태양과 달과 지구의 모습은 '구'의 형태를 갖춘 것은 당연한 결과로 보인다.

285) 즐리오 알레니 지음, 천기철 옮김, 『직방외기』(일조각, 2005), 55쪽; 「五大州總圖界度解」의 원문은 다음과 같다. 天體一大圜也. 地則圜中一點, 定居中心, 永不移動. 蓋惟中心離天最遠之處. 乃爲最下之處, 萬重所趨. 而地體至重就下, 故不得不定居於中心. 稍有所移, 反與天體一邊相近, 不得爲最下處矣.

286) 李肯翊, 『練藜室記述』 別集15卷, 「天文典故」, <曆法> 편에 시헌력의 기본이 『일월오성력지(日月五星曆指)』 및 『혼천의설』이라고 언급하고 있다. 오상학, 앞의 논문(2001), 134~135쪽에서 오상학(2001)은 지구의 제작이 『혼천의설』(1636)이 편찬된 이후의 30여 년이 흐른 때이므로 시기적으로 불가능한 것은 아니라고 밝히면서도 『서경』의 틀 속에 불가함을 주장하고 있다. 하지만 이민철과 송이영의 혼천의는 『서경』에 따른 선기옥형을 제작하였다고 밝히고 있지만, 특히 송이영의 것은 전통방식을 탈피한 서양식 기계장치와의 결합이 요구되었으므로 제작방식에서 이민철의 것보다 자유로운 구성이 가능하였을 것으로 보인다. 그렇다면 송이영의 혼천시계는 서양의 최신과학기술과 함께 지구의의 설치도 충분히 고려의 대상이었을 것이다. 그러므로 오상학의 주장처럼 반드시 『서경』의 틀 속에서만 국한하여 지구의 설치가 회의적인 사고를 고정하기보다 좀 더 유연한 사고를 가질 수 있는 개연성은 있어 보인다.

287) 『增補文獻備考』 「象緯考」 卷 1:5ㄴ 6ㄱ; 『국역증보문헌비고』 「상위고」(세종대왕기념사업회, 1980), 68·69쪽.

288) Joseph Needham et al., 앞의 책(1986), p.150; 潘鼐, 앞의 책(2003), 21쪽에 당시 지구의 모습이 나와 있음.

한편, 17세기 중후반 이후 조선 유학자들의 우주에 대한 사고와 지구에 대한 사고는 서양과학의 도입에 따른 서양 우주론의 소개로 논의되기 시작했다. 그중에서 지구설(地球說)에 대한 논란은 당시 지식인들에게 있어 전통적인 우주론과 서양과학의 수용과정에서 다양한 양상을 보여주고 있다.

구만옥(2004)에 의하면 조선 후기에는 우주구조론의 측면에서 전통적인 '천원지방(天圓地方)'과 '천동지정(天動地靜)'의 개념에 변화가 일어나고 있다고 보았는데, 이는 서양의 우주론 도입에 따른 것이다.[290] 그는 이러한 상황 때문에 지구설 도입 초기에 조선의 학자들로부터 비판의 대상이었음을 말하고 있다.

지구설에 비판적인 학자로는 김시진(金始振, 1618~1667)과 최석정이 있었다. 김시진의 주장은 "지구설이 사실이라면 중국과 반대쪽에 사는 사람과 기물은 모두 거꾸로 매달려 있게 되는데 어떻게 그럴 수 있겠느냐"는 것이다. 그의 경험적 지식을 바탕에 두고 말한 것이다. 최석정은 서양 선교사들이 주장하는 지구설이 하늘과 땅이 둥근 것에 대하여 "땅이 네모지다고 하는 것은 곤도(坤道)는 정(靜)을 위주로 하기 때문에 그 덕(德)이 모나다는 것을 이를 따름이다"고 하였다. "… 그 설은 허황하고 믿기 어려워 터무니없이 상도에 어그러지는 것 같지만, 학술의 전수는 말미암은 바가 있어 경솔하게 변파(卞破)할 수 없는 것이 있으니, 잠시 마땅히 보존하여 이문(異聞)을 넓히고자 한다."고 하였다.[291] 이는 지구설에 대하여 유보적인 자세를 보이고 있었음을 말하는 것이다.

이러한 지구설의 비판적 견해와 달리 17세기 후반에 들어서 일부 학자들에 의해서 적극적으로 받아들여졌다. 조선에서 일찍이 서양의 지구설을 받아들였던 김만중은 그의 천문학적인 경험지식에서 "경도는 남북극의 고하를 살피고, 위도는 이를 일월식에 증험하여, 그 이치가 확실하고 그 기술이 정확하다. 믿지 않아서도 안 될 뿐 아니라, 믿지 않을 수도 없다(經度視南北極高下 緯度驗之於日月蝕 其理實其術核 非但不可不信 亦不容不信也)."고 했던 것처럼 지구의 구형 모습에 대하여 상당

---

289) 湯若望, 『渾天儀說』 권1:2ㄱ; 「渾天儀圖」.

290) 구만옥, 앞의 책(2004), 189쪽.

291) 최석정, 『명곡집』 권8, 33ㄱㄴ; <서양건상곤여도이병총서(西洋乾象坤與圖二屛總序)>; 구만옥, 위의 책(2004), 191~192쪽의 번역문을 인용함.

히 신뢰하고 있었음을 알 수 있다.292) 김만중은 경도와 위도의 개념을 반대로 살펴보고 있었지만 전체적인 맥락의 흐름은 지구설에 대한 개념을 두고 한 말이다.

김석문(金錫文, 1658~1735)이 1697년에 저술한『역학도해』에서 "천체가 지구의 둘레를 도는 것이 아니고 지구가 회전함으로써 낮과 밤의 하루가 이루어진다. 그것은 마치 배를 타고 산과 언덕을 바라보되 산과 언덕이 움직이는 것이 아니고 배가 움직이고 있음을 깨닫지 못하는 것과 같다"고 서술하면서 지구회전설(地球回轉說)에 대한 주장을 한 바 있다.293) 이는 지구의 회전을 평면의 지평 개념으로 바라본 것이 아니라 구형의 지구를 사고했던 것으로 보인다.

혼천시계 제작시기 조선 과학자들은 천문에 대한 사고나 중국이나 일본 등의 교류로 인한 세계지도가 그려진 지구의를 장치한 혼천의 등의 정보를 접했을 가능성이 크다. 그리고 땅 모습을 표현한 형태를 구형의 모습으로 보려는 시도가 있었던 것으로 판단된다. 이러한 상황은 혼천시계 혼천의 중심에 지구의를 구현하고자 했을 가능성을 보여주고 있다.

송이영 혼천시계보다 앞서 제작된 최유지의 혼천의에는 지방(地方)으로, 이민철의 혼천시계에서는 산하도(山河圖)로, 18C에 제작한 홍대용의 혼천의에는 산하총도(山河摠圖)로 표현되는 장치가 존재했었다.294) 그런데 혼천시계에 지구의가 존재함에도 송이영 혼천시계의 문헌에서 지구의에 대해 언급을 하지 않은 것이 특이하다. 그것은 송이영의 혼천시계의 지구의가 당시에 완전하게 받아들여지지 않은 복잡한 상황 때문에 의도적으로 기록이 누락되었을 가능성도 생각할 수 있다.

이러한 예는 사회적 인식이 형성되지 않은 상황에서 도입된『곤여만국전도』를『양의현람도』(1603)라는 이름으로 모사하면서 지구설에 입각한 지구의 모습은 삭제되거나 변경되지 않았다. 그리고 이 지구의 모습에 대하여 논란이 있었거나 반대하는 모습도 나타나지 않았다.

---

292) 김만중 저, 홍인표 역주, 앞의 책(1987), 285쪽의 원문과 번역문을 인용함; 전용훈(2004)의 논문(222~229쪽)에서는 조선에서 지구설에 대한 비판적 내용과 수용 과정에 대하여 자세히 다루고 있다.

293) 전상운,『한국과학사의 새로운 이해』(연세대학교 출판부, 1998), 204~205쪽; 물론 이 주장은 나아곡(羅雅谷, James Rho)의 저서에 담긴 코페르니쿠스(Copernicus)의 태양중심설을 말하는 예문과 일치하지만, 김석문이 태양중심설을 이해하고 있는 것은 아닌 것으로 보인다.

294) 홍내봉의 온천시계보나 앞서 제삭된 것으로 보이는 숭실대학교 한국기독교박물관의 혼천의에서는 지평을 나타내는 인공물의 흔적을 발견할 수 없었다.

② 세계지도

<그림 33>은 Rufus와 이원철(1936)이 혼천시계 지구의에 그려졌던 세계지도를 작도한 것이다.[295] <표 16>은 Rufus와 이원철(1936)의 세계지도 내용을 토대로 대륙명, 대양명, 국가명, 지역명을 정리하여 『양의현람도』 등의 세 가지 세계지도 지명과 비교하여 나타낸 것이다. 지구의에 그려진 세계지도의 지명 중에서 대륙명은 3건, 대양명은 3건, 국가명은 7건, 지역명은 9건이다.[296]

지구의에는 선명하게 음각으로 새겨진 경위도선이 있다. 경도선은 10도 간격으로 36개선이 새겨져 있으며, 위도선은 적도에서 남·북극 방향으로 10씩 증가하여 90도까지 새겨져 있다. 적도를 중심으로 북위 23도 27분 지점인 북회귀선과 남위 23도 27분 지점인 남회귀선, 적도선이 붉은 선으로 그려져 있다.[297]

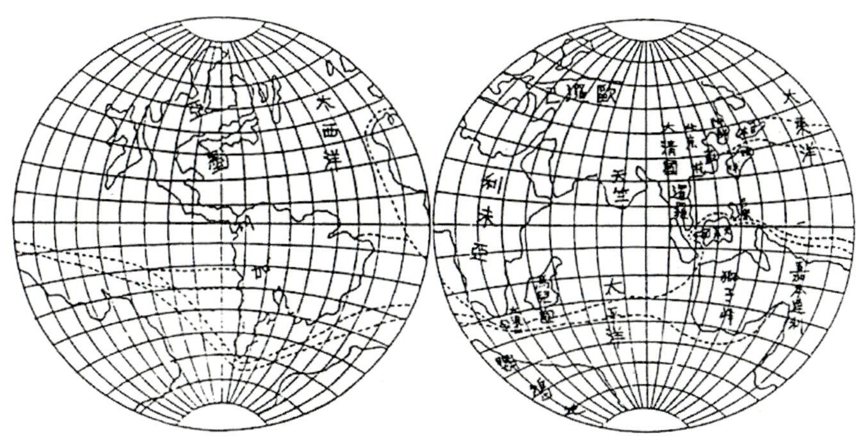

그림 33. 지구의에 그려진 세계지도[298]

---

295) Joseph Needham et al., 앞의 책(1986), p.135; 1936년에 Rufus와 이원철이 지구의의 세계지도를 작도한 것이다. 현재의 유물은 지구표면에 칠이 박락되어 명확한 글씨의 형태나 지도의 윤곽을 알아보기 힘들다.

296) 국가명중 확인할 수 있는 명칭만 국가명에, 불분명한 것은 지역명에 포함하여 정리하였다.

297) 북회귀선은 북위 23도 27분의 위선으로 춘분날에 적도에 있는 해가 점점 북으로 향해 하지 날에 이 선에 이르렀다가 다시 남으로 돌아가므로 '하지선'이라고도 한다. 남회귀선은 남위 23도 27분의 위선으로 추분 날에 적도에 있던 해가 점점 남으로 향해 동지 날에 이 선에 이르렀다가 다시 북으로 돌아가므로 '동지선'이라고도 한다.

298) W. C. Rufus and Won-Chul Lee, "Marking Time in Korea," *Popular Astronomy,* 44(1936), p.257의 그림을 인용함; 재인용: Joseph Needham et al., 앞의 책(1986), p.135.

표 16. 지구의의 세계지도 표기명

구분	표기명	현재명	양의현람도 (1603)	곤여전도 (1674, 1860)[299]	지구전후도 (1834)[300]
대륙명	歐羅巴	구라파: 유럽	○	○	○
	利未亞	이미아: 아프리카	○(利未亞加)	○	○
	亞墨利加	아묵리가: 아메리카	○	○ (南·北亞墨利加)	○
대양명	大東洋	대동양: 태평양	○	×	○
	太平洋	태평양: 인도양	×	×(小西洋)	△(太平海)
	大西洋	대서양	○	○	○
국가명	朝鮮	조선: 한국	○	○	○
	日本	일본	○	○	○
	大淸國	대청국: 중국	이후 지명	언급 안함	언급 안함
	暹羅[301]	섬라: 태국	○	△(□羅)	○
	文英國	문영국	×	×	○
	天竺	천축: 인도	○	○	○
	馬兒國	마아국: 마다가스타르	×(仙□□祖島)	×(聖老楞左島)	×(聖老楞左島)
지역명	北京	북경	이후지명	○(北)	○
	琉球	유구: 일본 규슈 남반부	○	×	○
	蘇	소: 중국 소주	×	×	○
	杭	항: 중국 항주	○	○	○
	呂宋	여송: 필리핀 북부 루손 섬	○	○	○
	鸚鵡地	안기지	○	○	×
	大浪山	대랑산	○	○	○
	獅子峰	사자봉: 오스트레일리아 지역	×	△(獅子地)	○
	嘉本達利	가본달리: 오스트레일리아 지역	×	×(新阿蘭地亞) 또는 △(加爾本大利亞)	○(嘉本達利亞)

기호표시 ○: 동일 지명 있음. ×: 동일 지명 없음. △: 유사 지명. □: 알아보기 힘든 글자

전상운(1994a)과 니덤 등(1986)은 지구의에 그려진 세계지도가 1645년(인조 23) 북경에서 돌아올 때 소현세자가 가져온 여지구(輿地球)의 영향을 받았을 것으로 보고 있다.[302] 불행하게도 현재 여지구의 유물이 남아 있지 않아 이것의 형태나 세계지도에 대해서 살펴볼 수 없다. 여지구 이외에 지구의의 형태나 세계지도에 영향을 주었을 가능성이 있는 제작시기와 그 이후의 지도들 중에서 『양의현람도』,

---

299) 한국기독박물관에 소장되어 있는 『곤여전도』를 조사하였다. 『곤여전도』는 이미 1687년에 페르비스트가 제작하였던 것을 목판으로 만들었기 때문에 <표 18>에서는 『양의현람도』 다음에 배치하여 나타내었고 이어서 『지구전후도』 순서로 나열하였다.

300) '지구전후도'가 그려져 있는 고려대학교 박물관의 '지구전후도병풍'을 대상으로 조사함. 이 병풍에는 1800년 청나라 장정부의 『지구도』를 중간한 최한기의 『지구전후도』를 그대로 본뜬 것이 병풍으로 옮겨져 있다. 서울역사박물관·고려대학교 박물관 기획전, 『서울, 하늘·땅·사람』 전시도록(서울역사박물관·고려대학교 박물관, 2002), 36~37쪽.

301) 영남대학교 박물관, 『韓國의 옛 地圖』(영남대학교 출판부, 1998), 13~15쪽; 섬라(暹羅)는 태국의 예전 이름인 시암(Siam)의 한자음 표기이다. 섬라의 섬(暹)은 '進'자의 윗변에 '日'자를 사용하는데 간혹 옛 지도에서 윗변을 '灬'자를 사용하고 있다. Rufus와 이원철(1936)의 지구의 지명 표기에도 '灬'를 윗변으로 하는 글자로 나타냈다.

302) 전상운, 앞의 책(1994a), 135쪽; Joseph Needham et al., 앞의 책(1986), p.150.

『곤여전도』,『지구전후도』를 대표로 선택하여 비교하였다.

1603년 명나라에 다녀온 이광정(李光庭, 1552~1627)과 권희(權憘, 1547~1624)가 북경에서 간행된 세계지도인『곤여만국전도(坤輿萬國全圖)』(1602)를 조선으로 들여와 홍문관에 전해준 지도가 있었다. 이 지도는 마테오 리치(Matteo Ricci, 1552~1610; 중국명은 '利瑪竇')가 북경에서 제작한 것으로 2벌의 목판으로 만들어 졌다. 1603년 이응시(李應試)는『곤여만국전도』보다 크게『양의현람도(兩儀玄覽圖)』라고 이름을 명명하고 8매의 목판에 새겼다.

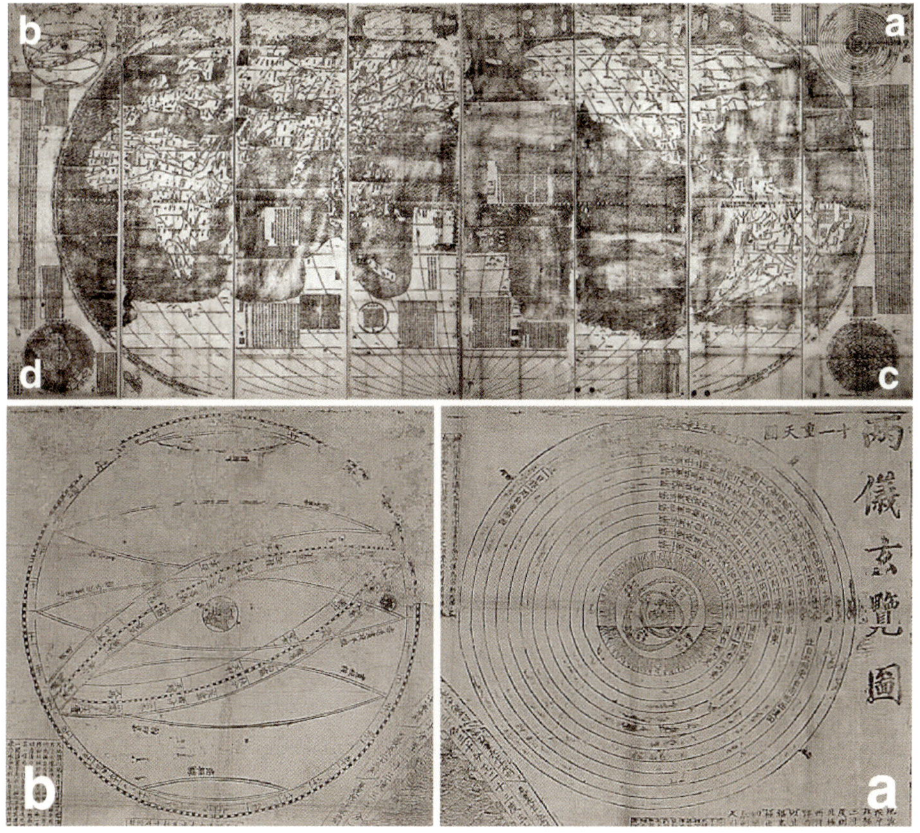

a. 십일중천도, b. 이중천도, c. 적도북지반구지도, d. 적도남지반구지도

그림 34. 『양의현람도』 전경(상)과 1폭과 8폭의 지구 모습(하)

<그림 34>는 숭실대학교 한국기독교박물관에서 소장하고 있는『양의현람도』인데 대륙과 바다의 윤곽이 근대에 제작한 지도로 오해할 정도로 정밀하게 묘사되어 있다.『양의현람도』1폭 위(a)의 <십일중천도(十一重天圖)>의 중앙에 구형의 지구 모습이 그려져 있다. 또한 8폭 위(b)의 <이중천도(二重天圖)>에는 황도대(12궁과 24기 표시)와 북회귀선, 남회귀선이 표시되어 있으며 가운데에 구형의 지구 모습이 그려져 있다. 1폭 아래(c)에는 적도북지반구지도(赤道北地半球之圖, 북극에서 적도까지 대륙과 바다를 표현)를 그렸고, 8폭 아래(d)에는 적도남지반구지도(赤道南地半球之圖, 남극에서 적도까지 대륙과 바다를 표현)를 표현하였다. 이는 지구를 구형으로 생각하고 있는 당시의 세계관을 엿볼 수 있게 한다.[303]『양의현람도』에도 남북방향으로 그려진 경위도 표시가 있는데, 혼천시계의 지구의와 같은 수로 분할되어 있으며 이후 제작된 여러 세계지도에도 동일한 경위도 구분을 따르고 있다.[304]

서양 선교사 페르비스트(Verbiest; 南懷仁, 1623~1688)가『곤여전도』를 1674년에 만들었는데, 1860년 조선에서 다시 목판으로 제작되었다.『지구전후도』는『곤여전도』가 목판으로 새겨지기 전 1834년에 조선에서 제작되었다. 1669년 이후에 제작된『곤여전도』(1674, 1860)와『지구전후도』(1834)의 세계지도를 살펴보는 것은 혼천시계의 지구의에 1669년 이후의 지리정보가 섞여 있기 때문이다.

혼천시계의 용도가 홍문관에서 교육을 위하여 사용된 점을 고려한다면, 지구의의 수리가 필요할 때『곤여전도』와『지구전후도』의 지리정보를 활용하여 보완했을 가능성이 높다. 또한 이렇게 지리 정보를 추가하였을 가능성은 지구의가 매달려 있는 극축이 탈착이 가능한 시스템이라는 점이다. 그러므로 이 지구의 시스템은 자유롭게 정보를 추가 기록하거나 새롭게 보완된 지구의를 장착했을 가능성도 있다.

세 지도와의 비교에서 가장 관심을 끄는 것은 사자봉(獅子峰)과 가본달리(嘉本達利)가 그려진 곳이다.[305] 지도상으로는 오세아니아 대륙인 것으로 보이며『양

---

303) 세계지도에 대한 조선인의 세계관과 신뢰에 대한 연구는 오상학, "조선후기 圓形 天下圖의 특성과 세계관",『지리학연구』제35권 3호(2001), 231~247쪽; 배우성, "조선후기 蝦夷 인식과 서구식 세계지도의 신뢰에 관한 연구",『朝鮮時代史學報』제28권(2002), 121~157쪽의 연구내용을 참고하였다.

304) 마테오 리치의『곤여만국전도』를 모사한 여러 종류의「곤여전도」가 조선에 등장하고 있는데 모두 36경도선과 적도를 중심으로 10도씩 증가하는 위도선을 사용함.

305) 오상학, 앞의 논문(2001), 135~136쪽; '가본달리(嘉本達利)'의 원래 지명은 '嘉本達利亞'이다. 오상학은 이 지역(Carpentaria)이 오스트레일리아의 Cape York 반도의 서쪽에 해당한다고 보았으며, 이 지역(오스트레일리아 북동해안)의 최초 지명은

의현람도』에는 나오지 않는 미지의 지역이었다.306)『곤여전도』에 가본달리는 가이본대리아(加爾本大利亞)라는 대륙 명칭으로 새겨졌다. 그리고 이곳은 신아란지아(新阿蘭地亞), 사자지(獅子地) 등의 지명과 함께 표기되어 있다. 또한 이 대륙의 남서 방향에 작은 섬으로 신슬란제아(新瑟蘭第亞)가 존재한다. 그러나 혼천시계 지구의의 표기와 정확히 일치하는 곳은 보이지 않았다.『지구전후도』(1834)에서는 가본달리아(嘉本達利亞)와 사자봉은 동일한 대륙에, 신슬란지아(新瑟蘭地亞)는 남서 방향에 위치한 또 다른 큰 대륙에 표기되어 있다.

오스트레일리아 대륙은『양의현람도』에서는 없었다가『곤여전도』에서 작은 섬과 함께 나타나고,『지구전후도』에서 2개의 큰 대륙으로 분리되어 나타나고 있다.『지구전후도』의 2개의 대륙이 오스트레일리아 대륙과 북쪽의 뉴기니(New Guinea) 섬을 각각 표현한 것인지는 확실하지 않다.

<표 16>의 비교에서 볼 수 있듯이 지구의에 새겨진 22건의 지명중에서『양의현람도』의 지명과 일치하는 것은 14건이고,『곤여전도』는 12건,『지구전후도』는 18건이다. 유사한 지명까지 포함하여 본다면,『곤여전도』는 3건을 추가하여 15건이고,『지구전후도』는 1건을 추가하여 19건이 된다.

일치하는 지명 수가 가장 많은『지구전후도』경우 지구의의 태평양(太平洋)을 태평해(太平海)로, 마아국(馬兒國)을 성노릉좌도(聖老楞左島)로 표기하고 있으며, 안기지(鸚鵡地)나 대청국(大淸國)에 대한 지명은 언급되어 있지 않다. 문영국(文英國), 소(蘇; 蘇州)의 지명은『양의현람도』와『곤여전도』에는 언급되어 있지 않지만 후대의『지구전후도』지명에는 나타나 있다.

지구의에 그려진 세계지도의 지명은 위에서 언급한 3종류의 지도정보만 이용된 것은 아니다. 아마도 18~19세기의 다양한 지리 정보를 포함하여 보수했을 것으로 추정된다.307) 현재 남아 있는 지구의의 지리정보가 특별한 시점의 상황을

1648년 네덜란드의 지도에서 나오는 것으로 밝히고 있다. 그리고 1650~1660년에 일반화 되어 많은 지도에 사용되었다고 한다. 하지만 중국으로 들어온 서양선교사가 이러한 최신 지도를 한역을 하고 이것을 다시 조선으로 들어오게 되는 것은 여러 정황이나 시간으로 볼 때 1669년 혼천시계의 지구의에 표기되었을 가능성에 대해 부정적인 견해를 갖고 있다. 그는 '가본달리아'의 지명이 1800년 청나라 장정부(莊廷敷)의『지구도(地球圖)』에 수록되어 있으며 최한기의『지구전후도』는 이를 중간(重刊)한 것으로 보고 있다.

306) 서울역사박물관,『European의 상상, Corea꼬레아: 서정철 · 김인환 기증 서양고지도 특별전 전시도록』(2004), 31쪽, 85쪽, 87쪽, 95쪽, 97쪽; 18C초에 그려진 서양식 지도에서는 'Nouvelle Hollande(or Hollandia Nova, New Holland)'라는 명칭으로 오스트레일리아 대륙을 나타내고 있다.

담는 것으로 사고하기보다 새로운 지리정보의 습득과정과 반영이라는 측면에서
바라보는 노력이 중요할 것으로 보인다.

(3) 태양운행 메커니즘

혼천의의 두 번째 층에 해당하는 삼신의흑雙환은 황도단환과 적도단환이 결합
한 형태로 구성되어 있다. 그러므로 삼신의흑雙환이 회전하면 별(태양은 제외)들
의 운행을 나타내는 적도단환과 태양의 운행을 나타내는 황도단환이 함께 회전하
게 된다. 그런데 적도단환은 혼천의 극축의 고정된 지향점(지구 자전축)을 중심으
로 회전하게 되므로 적도단환의 임의의 지점은 극축에서 바라 볼 때 항상 정원을
그리면서 회전하도록 되어 있다. 하지만 황도단환은 지구 자전축을 중심으로
23°.5 정도 기울어져 회전하므로 황도단환의 임의의 지점은 타원궤도를 그리면서
회전하게 된다. 또한 적도단환과 겹쳐지거나 어긋난 상태를 보이기도 한다.

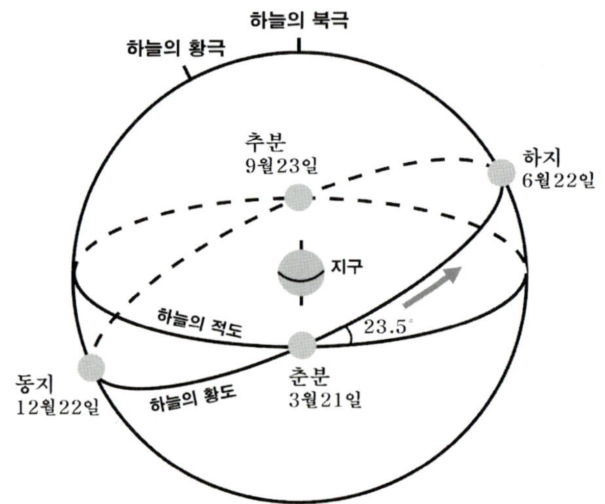

그림 35. 지구를 중심으로 본 하늘의 적도와 황도

307) 이용복(서울교육대학교 과학교육과 교수)에 의하면 지구의에 글씨와 지도를 각기 다른 시기에 써 넣었을 가능성을 전제한다
면, 표면 위의 글씨체를 정밀히 분석하고 연구하는 방법론을 제시한 바 있다. 필자는 아직 지구의 표면에 대한 정밀한 조사
를 진행시키지 못했다.

<그림 35>는 혼천의의 적도단환과 황도단환의 형태를 천구상에 투영한 것이다. 이 그림은 지구를 중심으로 본 하늘의 적도와 황도를 천구상에 표시하였다. 혼천의의 형태가 우주의 모형 즉, 천체의 운행을 담고 있으므로 별들과 태양의 운행을 담당하는 적도단환과 황도단환의 좌표를 통해서 정보를 기록하고 이용한 것이라고 할 수 있다. 혼천의에서는 적도단환과 황도단환의 교점이 되는 바로 이 지점을 춘분점과 추분점으로 정하였다. 춘분점을 기준으로 태양은 황도상에서 반시계방향(혼천의 북극축에서 볼 때)으로 하루에 약 1/365.25씩 움직이게 된다.

그러므로 약 3개월이 지나면 태양은 하지의 위치(적도단환 위에 황도단환이 위치함)에 오게 되고, 그로부터 약 3개월이 지나면 추분의 위치(적도와 황도의 또 다른 교점)에, 그리고 다시 약 3개월이 지나면 동지의 위치(적도단환 아래에 황도단환이 위치함), 마지막으로 약 3개월이 더 지난다면 춘분의 위치로 되돌아오게 된다. 이것이 바로 혼천의의 황도단환 위에서 보여주는 1년 동안의 태양의 운행이다. 이것을 태양의 연주운동(年周運動, annual motion)이라고 한다.

이러한 태양의 연주운동은 지구가 태양주위를 공전하기 때문에 일어나는 현상이다. 태양의 연주운동 이외에 태양은 하루 동안 동쪽에서 떠서 자오선을 통과한 후 서쪽으로 지게 되는 일주운동(日周運動, diurnal motion)이 있다. 이와 같은 태양의 연주운동과 일주운동에 걸리는 시간의 개념은 생각만큼 간단하지 않다.

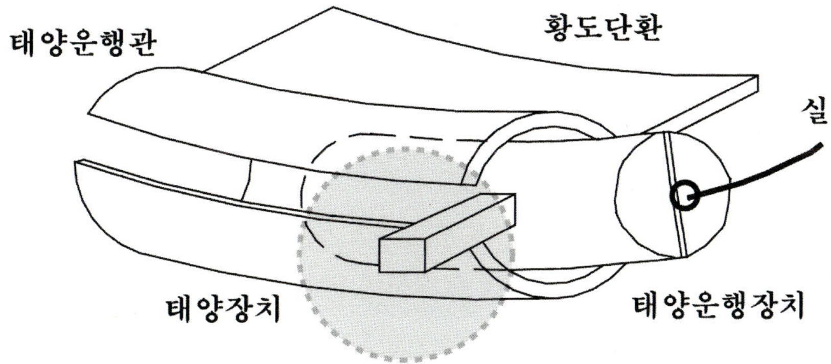

그림 36. 태양운행장치 구성도

<그림 36>은 혼천의의 태양운행장치로, 천구상에서의 지구의 자전과 공전(1태양년) 현상으로 일어나는 현상이다. 하지만 실제 우주에서 벌어지는 천문학적 원리의 완전한 구현은 아니었다. 태양운행장치는 삼신의를 1회전 시키는 메커니즘을 구현하여 하루 동안 태양의 일주운동을 나타냈고, 노끈을 이용하여 하루에 3.01mm씩 끌어당김으로써 태양의 연주운동을 표현하였다.[308]

(4) 달운행 메커니즘

천구상에서 일어나는 달의 운동은 태양의 운행보다 더 복잡하다. 달이 뜨는 시간이 변하기도 하고, 한 달을 주기로 달의 위상도 변화됨을 알 수 있다. 이러한 달의 주기를 삭망월이라고 하며 약 29.5일에 해당한다. 삭망월은 지구를 기준으로 한 달의 공전주기를 말하며 달의 위상이 삭(망)에서 다음 삭(망)까지 걸리는 시간이다. 이 시간이 바로 음력에서 말하는 한 달이 된다. 이와 달리 항성을 기준으로 하여 달의 실제적 위치를 계산하면 이보다 작은 약 27.3일의 항성월이 있다.

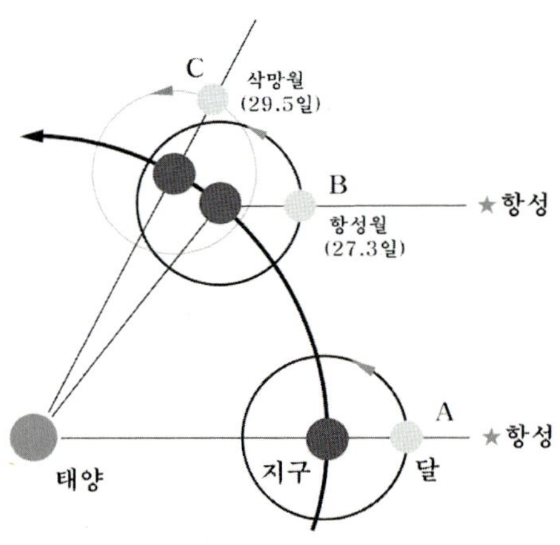

그림 37. 항성월과 삭망월

---

308) 혼천의의 북극축에 12-톱니기어(<그림 25>. 8f)와 태양운행 36-톱니기어(<그림 25>. 8g)가 맞물려 돌아가고 있다. 36-톱니기어가 1회전할 때 혼천의는 극축을 중심으로 3회전(12-톱니기어)하게 된다. 이때 36-톱니기어의 축에 감기는 실의 길이로 축 지름을 구해 보고자 한다. 혼천의의 황도단환에서 하루 동안 태양이 움직인 거리가 3.01 mm이므로 3일 동안 움직인 거리는 3.01mm×3일=9.03mm이 된다. 그러므로 36-톱니기어에 실이 감기는 축의 지름은 2.87mm(9.03mm/π)가 되어야 한다.

<그림 37>은 항성월과 삭망월을 나타낸 것이다. 항성월은 A~B 동안의 움직인 시간이고, 삭망월은 A~C 동안의 움직인 시간이다. A와 C의 위상은 보름(망)이 된다.

1 삭망월=29.530 589일=29일 12시간 44분 02.9초
1 항성월=27.321 582일=27일 07시간 43분 04.7초[309]

항성월은 달이 어떤 항성(별)을 출발하여 백도를 따라 서쪽에서 동쪽으로 하루에 약 13°.1764(360°/27.3216일)씩 옮겨 가서 처음의 항성 위치로 되돌아오는 주기를 말한다. 달은 항성월을 주기로 지구의 둘레를 공전하면서 태양의 둘레도 공전하게 된다. 그런데 달이 약 13°.1764도만큼 움직일 때, 태양은 하루 동안에 다른 항성에 비해 평균적으로 0°.9856(360°/365.25636)씩 동쪽으로 움직인다. 그러므로 하루 동안 달과 태양의 운행을 나타낸다면 달은 태양의 동쪽으로 12°.1908(13°.1764－0°.9856)만큼 옮겨가게 된다.

혼천의의 달운행장치(달)는 황도단환위의 태양운행장치(태양)보다 하루에 12°.1908씩 늦게 떠오르는 것을 표현해주어야 한다. 이를 위해 혼천의 남측에 월운환은 59－톱니기어로, 태양장치를 매달고 운행하는 삼신의흑쌍환은 57－톱니기어로 나타내었다. 즉 혼천의 삼신의흑쌍환(태양운행장치가 함께 운행)의 1회전에 따른 월운환은 57/59 회전비를 갖는다. 월운환이 2－톱니만큼 덜 회전하는 것을 360°상에서 표현하면 약 12°.2(2－톱니/59－톱니×360°)씩 차이가 난다. 그러므로 월운환의 57/59 회전비는 하루 동안 달의 공전을 나타내주고 있다.

실제 달의 위상은 지구에서 바라본 달과 태양의 이각에 의해서 볼 수 있는 현상이다. 그러므로 혼천시계의 달위상은 앞서 살펴본 월운환의 회전비인 28.5/29.5(=57/59)를 이용해야 한다. 즉, 월운환의 위치에 따른 달의 위상을 결정해 주어야 한다.

---

309) 한국천문연구원, 앞의 책(2007), 99쪽.

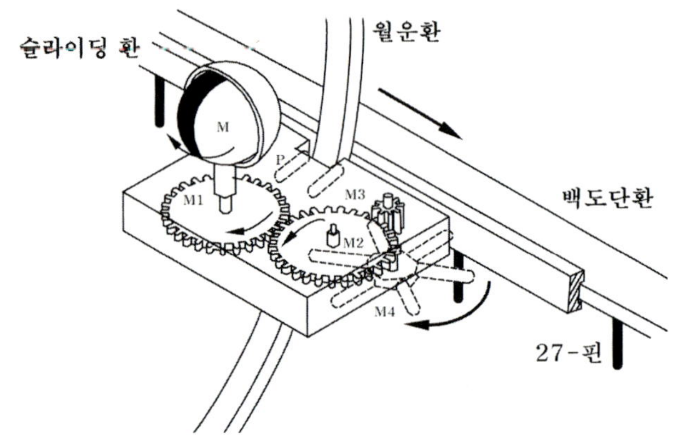

그림 38. 달운행장치 구성도

<그림 38>은 니덤 등(1986)이 고안한 달운행장치의 외형모습을 수정하여 새롭게 구현한 달운행장치이다. 이 구성을 보면 달의 위상이 달려 있어 회전하는 곳에 29-톱니기어(M1)를 설치했고, 이 톱니기어는 중간 기어인 29-톱니기어(M2)와 6-톱니기어(M3, 하단에 27개의 핀과 맞물려 회전하는 6-핀기어 M4가 있음)의 조합으로 이루어졌다. 달의 구면중 절반이 검게 칠해져 있는데, 이는 최유지 혼천의 문헌기록, 숭실대학교 한국기독교박물관의 혼천의 유물, 홍대용 혼천시계 문헌기록의 달운행장치에서 볼 수 있는 형태이다.

혼천의 백도단환 남측에 27개 핀이 있고, 월운환은 백도단환 안쪽에 있는 슬라이딩 환을 구동시키면서 달운행장치를 이끌고 움직인다. 백도단환은 삼신의흑쌍환과 함께 운행하고 있고, 월운환이 이끄는 백도단환의 슬라이딩 장치가 운행되면서 백도단환의 27-핀과 달운행장치의 6-핀기어(M4)가 맞물려 6-핀기어를 회전시킨다.

백도단환의 27-핀은 13°.33 간격으로 배치되어 있으며 달운행장치의 6-핀기어를 27회 작동시키게 된다. 하지만 월운환은 삼신의흑쌍환의 28.5/29.5의 회전비로 운행되므로 달운행장치는 하루에 약 12°.2씩 운행한다. 그러므로 백도단환위에서 달운행장치의 일주운동(360°)을 하면 백도단환의 27-핀을 27번만 마주치는 것이 아니라 2.5회 더 마주치게 되어서 총 29.5회를 마주치게 되어 있다.[310] 이렇게 달운행장치는 매월 약 29.5일의 주기를 갖도록 기계적 장치가 제작되었다.

3. 시보시스템

(1) 시계장치상자

시계장치상자의 크기는 길이 119cm, 높이 97.2cm, 폭 52.2cm이다. 나무상자 안에는 시간지속장치(추 1을 포함)와 시간지시장치, 구슬신호발생장치, 타종장치(추 2와 종을 포함)가 있어 동력의 발생과 시보기능을 한다.[311] 시계장치에서 시간지속장치를 제외한 각 부속장치들은 12지 시패로 시간을 알려주고, 구슬에 의한 타종신호를 발생시키고, 매시에 따른 종소리로 시간을 알려주는 시보시스템이다.

이 시계장치상자는 오랜 세월이 지난 가구처럼 고풍스러운 멋이 있는가 하면 어떤 부분은 심하게 훼손되어 나무판들이 들떠 있거나 일부 수리한 흔적도 남아 있다. 시계장치상자의 재질은 사각형 목재와 얇은 판재로 구성되어 있는데, 판재의 경우 심하게 수축되거나 색상이 확연히 다른 판재로 수리되었다.

<그림 39>에서 시계장치상자의 정면을 보면 시간알림 창을 포함하여 4군데의 판재가 유실되었다.[312] 또한 시계장치상자의 후면 4곳과 우측면 1곳(2조각)은 육안으로 확인해도 판재의 보강수리가 있었던 것으로 보인다. 니덤 등(1986)의 책에 실린 사진을 살펴보면 시계장치 후면 4곳의 판재가 보이지 않는다. 이 책에 실린 사진은 1960년대 전상운이 촬영한 것인데, 촬영을 위해 판재를 분리해 냈을 가능성도 배제할 수 없으나 기계장치 부분이 없는 곳의 판재도 없었던 것으로 보아 1930년대 기증될 당시부터 유실되었던 것으로 보인다. 그렇다면 지금 있는 판재는 1960년 이후에 박물관에서 별도의 수리 기록을 남기지 않은 채 보수했음을 추측해 볼 수 있다.

---

310) 360°÷12°.2≒29.5(회).

311) 이용삼 · 이용복 · 김상혁, 앞의 보고서(2005); 혼천시계의 시계장치 명칭은 보고서에서 연구되어 명명된 것으로 기능적 특성과 역할을 중심으로 표현하였다.

312) 전면부의 추가 달려 있는 부분은 여닫이 형식의 문을 설치했을 것이다. 왜냐하면 하루에 한 차례 씩 추를 올려주어야 했기 때문이다.

정면	좌측
후면	우측
윗면	

그림 39. 시계장치상자 사진들

후면의 수리된 판재 색상과 유사한 것이 우측면에도 1곳 보인다. 이곳은 판재
가 2조각으로 나누어져 있는데, 판재를 들어내고 내부상치를 보기에 편리한 구소

이다. 실제로 시계장치의 구슬신호발생장치와 쇠구슬의 걸림, 시간알림장치의 점
검을 위해서는 바로 이곳과 후면 3단의 중간부분을 수시로 들여다보아야 한다.
이러한 기기 점검창 용도였다면 가장 빨리 훼손되었거나 유실되었을 가능성도 있
어 보인다. 그리고 좌측면에 시계장치상자 아랫부분(혼천의가 놓인 곳)과 윗부분
(동력전달이 되어 혼천의 북극축과 맞닿은 곳)도 유실되어 없어졌다. 윗면의 덮개
판도 유실되었다. 이러한 측면 판재나 덮개는 1930년대부터 이미 없어졌을 것으
로 추측된다.

그림 40. 목재 이음 감잡이(좌, 중간)와 형태유지를 위한 철심과 너트(우)

<그림 40>의 좌측에서 보듯이 목재의 이음을 연결하는 금속장식으로 'ㅓ'자형
(a; 새발감잡이), 'ㅕ'자형(b), 그리고 'ㅡ'자형(c)의 감잡이를 사용했다. 이러한 감
잡이는 화려하지도 않고 독특한 형태도 아닌 단순한 모양이다. 시계장치상자의
외관도 미적 예술의 추구보다 실용성에 입각한 단순한 형태로 제작되었다.

<그림 40>의 우측에 보이는 철심(내부를 관통하는 기다란 철심)과 너트를 사용
하여 시계장치의 전체적인 뒤틀림을 막기 위해 철심을 박아놓고 그 형태를 유지
하였다.[313] 철심은 시계장치상자 위쪽에 1개, 아래쪽에 2개가 박혀 있고 너트로
조여 나무틀을 견고하게 붙잡고 있다.

혼천시계는 1930년대 이후 박물관으로 옮겨져 관리와 보존의 혜택을 받았
고,[314] 2005년 새로 만들어진 박물관으로 옮겨져 더 좋은 시설과 환경에서 전시

---

313) 이 철심과 너트는 제작초기에 있었다기보다는 사용 중에 뒤틀림 현상으로 인한 시계작동에 이상이 생겨 설치하였을 것으로 보인다.
314) 혼천시계가 기증된 이후 박물관에서는 목제 받침대를 만들어 그 위에 놓았다. 그리고 언제부터인지 확실하지 않지만 혼천의

되고 있다. 현재 혼천시계는 청동의 부식이나, 목재의 뒤틀림 등의 피해로부터 어느 정도 안심할 수 있게 되었다.

(2) 시간지시장치

<그림 41>과 <그림 42>는 시간을 시각적으로 알려주는 시간지시장치로 12지 시패가 매시간 시간알림 창을 통해 출현하여 시간을 알려 준다. 시간지시장치의 기계적 구조는 양호한 편이다. 그러나 일부 12지 시패장치인 연결막대가 살짝 굽어 있기도 하고, 물리적인 압력에 의해 한쪽으로 심하게 치우쳐 휘어 있기도 하다. 시패 장치를 붙잡아 주는 직사각형의 직립횡이(直立橫耳, 'Π'형태) 장치 부분은 일부가 휘어져 있어 시패 장치가 똑바로 올라오지 못할 가능성이 있다. 또한 이 직립횡이 장치의 용접이 떨어져 있어 12지 시패연결막대에 걸려 있는 것도 있다.

시간지시장치(5)의 5F축의 360－톱니기어는 시간지속장치(4) 4A축의 120－톱니기어와 맞물려 회전한다. 그리고 5F축의 24－쌍톱니기어는 구슬신호발생장치(6)의 구슬장착바퀴로 동력을 전달해 준다. 시패연결막대의 길이는 17cm이고, 막대 끝 쪽에 지름 3.2cm인 둥근 시패 원에 12지 글자가 새겨 있다. 12지 시패는 '子丑寅卯辰巳午未申酉戌亥'의 글자가 2시간 간격으로 시간알림 창을 통해 보이게 되며 다음 시패가 올라오면 지나간 시패는 자동으로 아래로 내려가도록 되어 있다. 이러한 작동을 하기 위해 시간알림 창 전면부에 탄성력을 갖는 장치가 있고, 구슬신호발생장치로부터 발생되는 신호가 긴 막대와 연결된 T자형장치와 함께 연동되어 작동한다. 시패 중에서 '卯', '辰', '申'의 3개의 글자판은 부러져 유실되었다.

부분을 유리 상자로 감싸고 있었다. 유리 상자가 해체된 부분을 살펴보았더니 목재로 된 틀의 흔적이 있어 본래 혼천시계의 외형은 완전한 직사각형의 모습이었을 것으로 추측된다. 즉, 혼천의 부분도 별도의 정육면체의 나무틀로 마감하였던 것으로 볼 수 있다. 새로 옮겨진 장소에서는 유리 상자부분을 제거하여 전시하고 있다.

5. 시간지시장치: 5a. 360－톱니기어, 5b. 24－쌍톱니기어, 5c. 12지 시패,
　　　　　　　 5d. 시패연결막대, 5e. 시패 장치를 붙잡는 직립횡이('Π'형태),
　　　　　　　 5f. 슬라이딩장치, 5F. 시간지시장치 회전축

그림 41. 시간지시장치 부품 사진

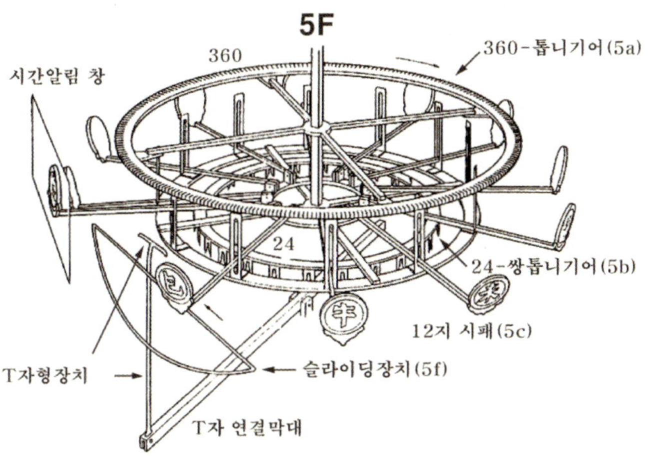

그림 42. 시간지시장치 구성도[315]

<그림 42>에서 시패연결막대는 중심축의 원에서부터 연결되어 있는데 느슨한 형태로 엮어져 있다. 너무 세계 맞물려 있다면 시패 장치가 슬라이딩 장치에 오르

---

315) Joseph Needham et al., 앞의 책(1986), p.125의 그림을 편집함.

거나 시간알림 창에 올라갈 때 기계적 무리가 발생할 수 있다. 그러므로 최소한의 마찰력으로 운행하도록 유격을 두었다. 하지만 이러한 유격은 시간의 정확성(기계의 정밀성)을 저해하는 요인이기도 하다.

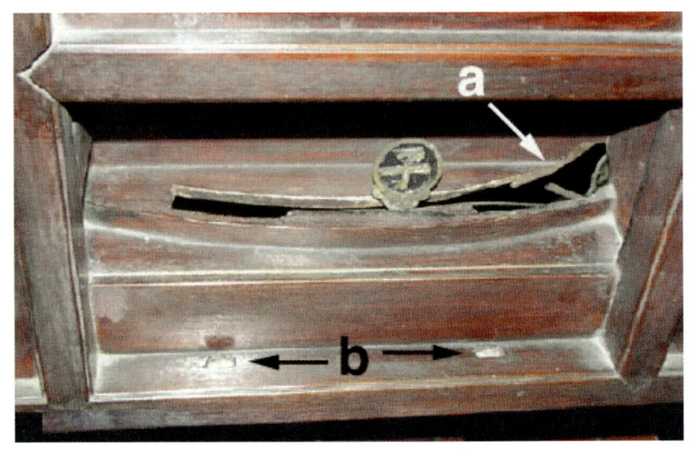

그림 43. 시간알림 창

<그림 43>은 혼천시계 전면부의 시간을 알려주는 창으로 시패가 올라오는 부분의 우측 일부(a)가 파손되어 있다. 파손 부위가 돌출 부위가 아닌 안쪽으로 들어간 부분이기 때문에 어떤 이유로 파손되었는지 의문스럽다. 시간알림 창의 하단부분을 보게 되면 2개의 홈(b)이 보인다. 이 홈에 맞는 별도의 판재 마감이 있었을 것으로 생각되며 그 용도는 시패의 시간을 작게 세분하는 시각눈금이 있었을 것으로 추정된다.

a. 스프링장치('ㄱ' 모양), b. 슬라이딩장치
c. T자 연결막대, d. T자형장치, e. 구슬받음주걱장치

그림 44. 시패장치를 들어 올려주는 전면부의 여러 장치들

<그림 44>에 보이는 시패알림 창의 바로 아래에 있는 판재는 유실된 상태이다. 이곳을 통해 시계장치상자 내부를 들여다보면 혼천시계 전면부에는 'H'모양의 목재에 부착되어 있는 스프링장치가 보인다. 전체 스프링장치는 'ㄱ'모양인데, 윗 부분은 나무에 가려서 아랫부분의 'ʃ'모양(a)만 드러나 보인다. 이 장치 우측 안 쪽으로 철제로 만든 활모양의 슬라이딩장치(b)가 있어 시패장치는 이것을 타고 올라오게 된다. 이때 구슬신호발생장치의 구슬받음주걱 장치(e)로부터 온 동력이 T자형장치(d, 'ㅡ'부분만 보임)로 전달되어 순간적으로 시패장치를 올려주게 된 다. T자형장치는 'H'모양의 목재 뒷면에 얇은 직사각형 모양의 철제장치가 붙들 고 있어 작동할 때 이탈하는 것을 막아준다. T자형장치와 연결된 긴 막대는 중심 축에서 오른쪽으로 탈착되어 있다(<그림 44>. c).316)

---

316) 박물관을 다시 방문했을 때(2006. 8. 29), 탈착되어 있었던 T자 연결막대가 제 위치에 장착되었음을 확인하였다.

시패는 시간알림 창에 출현하게 되어 오른쪽에서 왼쪽으로 진행하게 된다. 그런데 T자형장치가 시패를 올려 줄 때 스프링장치를 건들이게 되는데, 이 순간에 지나간 시패를 떨어뜨리는 작용을 한다. 그러므로 시간알림 창에는 2개의 시패가 동시에 올라올 수 없는 구조가 되는 셈이다. 이러한 스프링장치와 T자형장치의 역할은 12지 시패장치의 아날로그(analogue) 운행을 시패 시간의 순간적인 출현과 같은 디지털 방식으로 변환시킨 것이다.

(3) 구슬신호발생장치

<그림 45>와 <그림 46>은 구슬신호발생장치의 사진과 구성도인데, 타종장치로 신호를 발생시키는 장치이다. 구슬장착바퀴는 직경 7.8cm, 폭 4cm로 9개의 구슬장착 틀이 있으며 시간지시장치 5F축의 24-쌍톱니기어와 맞물려 회전한다. 5F축이 1시간에 15°씩(360°÷24시간) 운행하기 때문에 이것과 맞물려 있는 6G축의 장착바퀴도 1시간에 40°씩(360°÷9칸) 아주 천천히 움직이게 된다. 구슬장착바퀴의 회전으로 쇠구슬이 구슬받음장치로 떨어지게 되고(타종장치로 신호발생) 구슬이 동통로를 통해 이동하여 구슬들어올림장치에 의해서 천천히 올라오게 된다. 구슬들어올림장치의 총 길이는 17.5cm이고 구슬을 들어 올리는 사각주걱의 크기는 2.4×2.5cm이다.

구슬장착바퀴와 구슬들어올림장치를 이어주는 부분(6G)이 마치 장구 모양과 흡사해 보인다. 구슬신호발생장치 회전축의 왼쪽에 있는 것이 구슬장착바퀴인데, 9개의 칸이 있는 장착바퀴로 구성되어 있다. 구슬장착바퀴는 시간지시장치의 24-쌍톱니기어와 맞물려 운행되는데, 현재 유물에서는 서로 어긋나 있다. 구슬들어올림장치는 회전축의 오른쪽에 위치하며 긴 막대 끝의 사각주걱은 구슬이동통로 방향으로 약간 비스듬한 형태로 있는데, 이것은 쇠구슬이 이동통로로 잘 굴러가도록 하기 위해서이다.

5. 시간지시장치: 5a. 24-쌍톱니기어, 5b. 360-톱니기어
6. 구슬신호발생장치: 6a. 구슬장착바퀴, 6b. 구슬들어올림장치, 6c. 구슬이동통로
       6G. 구슬신호발생장치 회전축

그림 45. 구슬신호발생장치 부품의 정면(좌)과 윗면(우) 사진

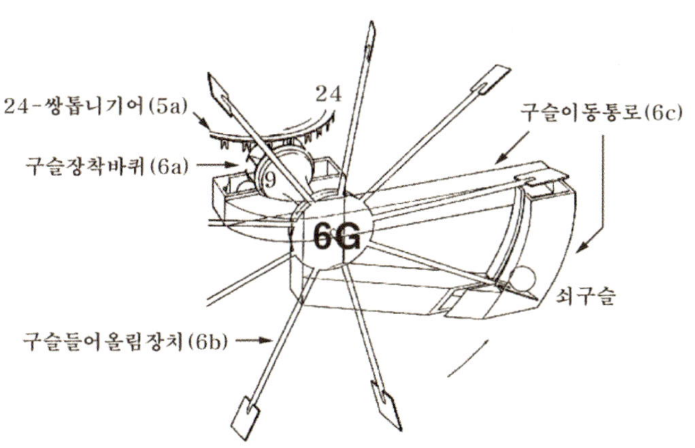

그림 46. 구슬신호발생장치 구성도[317]

    1936년에 철제로 만들어진 쇠구슬이 여러 개가 있었던 것으로 알려져 있는데,[318] 현재는 모두 없어진 상태이다. 구슬이동통로의 경사면은 아주 작은 경사도를 이루고 있어 쇠구슬이 천천히 굴러 내려오도록 되어 있다. 만일 쇠구슬이 강하

---

317) Joseph Needham et al., 앞의 책(1986), p.127의 그림을 편집함.
318) W. C. Rufus and Won-Chul Lee, 위의 책(1936), p.256; 재인용: Joseph Needham et al., 같은 책(1986), p.124.

게 굴러 내려온다면 구슬장착바퀴에서 대기하고 있는 다른 쇠구슬에게 강한 충격을 주게 되므로 기계적 오작동이 발생되기 쉽다.[319]

혼천시계의 구슬신호발생장치는 보루각루 시보시스템의 구슬이용 방식을 그대로 답습하지 않았다. 보루각루의 쇠구슬에 의한 시패장치의 회전, 종의 타종, 구슬이동장치의 개패가 동시 발생적인 일괄적 시스템으로 진행되었던 것을 효과적으로 개량시켰다. 보루각루의 일괄적 시스템은 쇠구슬 에너지의 힘이 그만큼 커야 하고, 원활한 기계적 운행에 여러 한계점이 있었다. 그러므로 혼천시계를 제작할 때 시간지시장치와 타종장치의 유기적인 작동이 될 수 있도록 구슬의 운행과정을 세분화시켰다.

그것은 진자신호에 의해서 가능해 졌는데, 진자의 운행은 시간지시장치와 구슬신호발생장치의 운행을 아주 천천히, 그리고 부드럽게 진행시킬 수 있도록 하였다. 또한 구슬의 이동이 완만한 경사면을 따라 구슬장착바퀴로 장착되도록 하는 일련의 과정을 안정적인 시스템으로 개량시켰던 것이다. 그리고 일정한 높이에서 떨어진 구슬이 지렛대의 원리를 이용한 구슬받음주걱 안으로 신속하게 떨어 뜨려 타종신호를 발생시킬 수 있었다. 이렇게 떨어진 구슬도 그대로 흘려보내는 것이 아니라, 구슬신호발생장치로 되돌아오도록 하여 사람의 힘을 빌리지 않고도 스스로 구슬이 장착되도록 하는 무한순환시스템으로 발전하였다. 결과적으로 보루각루의 구슬운행보다 더욱 더 원활하고 안정적인 운행이 될 수 있도록 기술의 개량이 이루어졌다.

그런데 혼천시계의 구슬신호발생장치의 운행을 나타낼 때 서양식 기어장치로 사용하지 않고 별도의 보루각루의 디지털 구슬신호 전통을 따랐다. 서양식 동력체계에 대한 도입을 하고 있었음에도 전통적인 시보시스템에 대한 메커니즘을 염두하고 있었던 것으로 생각된다. 이것은 보루각루의 시보시스템이나 표현방식을 그대로 따르고 있는 것에서 확인할 수 있다. 또한 구슬신호발생장치의 형태적 구현이 중국 수운의상대의 승수호식 시스템의 특징을 가지고 있는 것도 이와 무관

---

319) 쇠구슬을 장착하고 수십 차례 재현실험을 진행하였다. 구슬이동통로를 통해 움직인 쇠구슬의 떨어지거나 이동하면서 생기는 충격 등에 의해 진자장치가 멈춰버린 적이 있었다. 그리고 아주 완만한 경사각을 유지하였을 때 중간의 먼지 등의 이물질에 의해 쇠구슬이 통로 가운데 서 있었던 적도 있었다. 또한 설치장소의 수평이 조금이라도 맞지 않는 경우에도 쇠구슬운행에 영향을 주었다.

하지 않다. 그러면서도 동력방식을 물에서 추(錘)로 개량하였고, 타종신호 방식도
물에서 디지털 방식의 쇠구슬 신호로 변화시켰다.

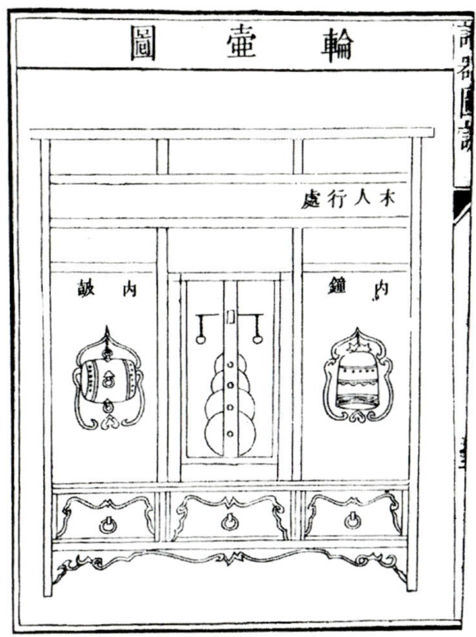

그림 47. 중국 왕징의 폴리오트 시계[320]

<그림 47>은 1627년 중국의 왕징(王徵)이 제작한 기계시계이다. 이 기계시계 중
앙에는 추력에 의한 폴리오트를 장착한 탈진장치와 기어장치가 있으며, 좌우측에
북과 종을 두었다. 북과 종을 타격하는 신호발생은 쇠구슬을 이용하였다.[321] 폴리
오트식 자명종에 쇠구슬을 이용한 타격방식은 중국에서도 보기 드문 경우라고 할
수 있다. 이러한 쇠구슬을 이용한 신호발생의 기술적 특징은 혼천시계의 구슬신
호발생장치에서 잘 구현되어 있다.

---

320) Joseph Needham et al., 앞의 책(1960), facing p.146.

321) Joseph Needham et al., 위의 책(1960), pp.146~147; Joseph Needham et al., 같은 책(1986), p.124.

(4) 타종장치

<그림 48>과 <그림 49>는 타종장치로 시간에 따라 종이 울리는 장치이다. 타종
장치(7)는 구슬신호발생장치(6)에서 발생되는 타종신호를 받아 해당시간의 타종
기어 수만큼 타종하였다. 동력기어의 지지틀에 5개의 기어축이 있다. 가장 아래쪽
의 동력이 장치되는 7H축에서 위쪽의 7L축까지 기어의 톱니 수와 역할을 소개하
면 다음과 같다.

7H축은 72-톱니기어, 7I축은 8-톱니기어와 56-톱니기어로 구성되어 있다.
이중 7I축에 달려 있는 56-톱니기어의 측면에는 8-핀의 막대가 꽂혀 있는데, 이
막대를 스칠 때마다 종을 타격하도록 되어 있다. 또한 7I축의 지지틀 바깥측면에
8-톱니기어가 있어 바로 위의 타종수기어 회전에 도움을 준다. 7J축은 7-톱니
기어와 54-톱니기어로 구성되어 있는데, 지지틀 바깥측면에 45-톱니기어(타종
수기어)가 있다. 7K축은 6-톱니기어와 42-톱니기어, 7L축은 6-톱니기어와 직
사각형의 바람개비로 구성되어 있다. 바람개비는 2날개로 된 서양의 형식을 따르
고 있으며,[322] 타종장치의 동력기어 속도를 제어한다.

7. 타종장치: 7a. 타종신호 연결막대, 7b 타종제동장치 들어올림 귀, 7c. 타종제동장치,
7d. 타종막대 연결장치, 7e. 타종핀(8-핀의 막대), 7f. 바람개비

그림 48. 타종장치의 동력기어 부품(좌)과 종(우) 사진

---

322) Joseph Needham et al., 앞의 책(1986), p.128.

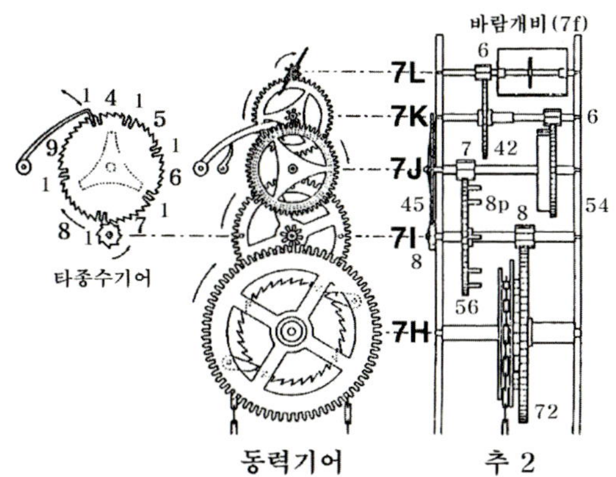

그림 49. 타종장치 정면 구성도(좌)와 측면 구성도(우)[323]

타종수기어는 지름 7.8cm의 45-톱니기어로 되어 있다. 이 기어는 16세기 네덜란드에서 성행하던 형식[324]으로 판스프링이 살짝 밀착하고 있으므로 수동으로 시각교정이 가능하다.[325] 타종수기어의 톱니는 깊은 톱니와 낮은 톱니로 구성되어 있다. 깊은 톱니는 종의 타격을 멈추는 잠금장치 역할을 하게 된다. 종은 놋쇠로 만들어 졌는데 밥그릇을 뒤집어 놓은 형상을 하고 있다. 종의 외관은 서양 자명종의 종을 조금 변형시킨 일본식 형태이다.[326] 종의 하단 직경은 약 11cm로 시계장치 후면 상단 우측에 위치하며 윗면에 고정되어 있다.

타종장치의 동력전달은 비교적 단순한 메커니즘이다. 그것은 오로지 동력의 공급과 정지의 신호로 구현되기 때문이다. 하지만 안정적인 운행을 위해 여러 가지 주목할 부분이 있다. 우선 구슬신호로부터 발생되는 신호가 타종장치로 전달되면, 현재 타종장치를 멈추게 하고 있는 제동(또는 정지)장치가 안전하고 신속하게 해제되어야 한다. 이때 타종장치에 미세한 충격을 줌으로써 타종장치에 부속된

---

323) Joseph Needham et al., 앞의 책(1986), p.131의 그림을 편집함.

324) Joseph Needham et al., 위의 책(1986), p.126.

325) 예를 들어 시간이 틀려지면 타종기어를 잡아당겨 해당되는 시간으로 돌려놓는다. 이렇게 하면 구슬신호발생장치로부터 오는 다음 신호부터 변경된 타종기어에 따른 종소리를 듣게 된다.

326) Joseph Needham et al., 위의 책(1986), p.128; 니덤 등(1986)은 일본식 형태로 밝히고 있으나, 서양의 자명종을 검토해 보면 이러한 유사한 형태의 것이 상당히 많이 발견된다. 서양 자명종 출처: Lloyd, H. Alan, 앞의 책(1964), p.16; Edward Wenham, *Old Clocks*(Sping Book, 1964), p.82; Percy G. Dawson, *The Iden Clock Collection* (Antique Collectors' Club, 1987), pp.226~227; Symonds, R. W., *Thomas Tompion: His Life & Work* (London: Batsford, 1951), pp.90~101; 이와 같은 기계시계 컬렉션 등을 살펴보면 혼천시계의 종보다 대체로 납작한 경향을 보이지만 유사한 형태를 갖는 것들도 있다.

추 2의 하강 운동이 시작되도록 해야 한다. 어려운 점은 바로 이 부분에 있다. 예를 들어 타종장치의 모든 기어들이 잘 손질되어 있어야 하는데, 미세한 먼지나 이물질 등이 기어장치에 묻어 있을 경우 추의 자유낙하 운동을 방해할 수 있기 때문이다.

표 17. 타종장치의 동력전달 메커니즘과 타종수

타종장치(7) – 추 2가 운행
구슬신호발생장치의 신호(오늘날 1시간 간격) → 타종신호 연결막대

타종수기어 톱니에 따른 타종			
톱니 수, 타종수 – 현대시제			조선시제
8, 8	—	1시	丑初, 未初
1, 1	—	2시	丑正, 未正
7, 7	—	3시	寅初, 申初
1, 1	—	4시	寅正, 申正
6, 6	—	5시	卯初, 酉初
1, 1	—	6시	卯正, 酉正
5, 5	—	7시	辰初, 戌初
1, 1	—	8시	辰正, 戌正
4, 4	—	9시	巳初, 亥初
1, 1	—	10시	巳正, 亥正
9, 9	—	11시	午初, 子初
1, 1	—	12시	午正, 子正

* 각 시(時)는 오늘날의 2시간에 해당하는 것으로 초(初)와 정(正)으로 나뉜다. 예를 들면 자초 초각(子初 初刻)은 밤 11시, 자정 초각(子正 初刻)은 밤 12시에 해당한다.
* 하루 중 타종수는 子時와 午時를 기준으로 반복된다. 예를 들면 卯初 初刻(오전 5시)과 酉初 初刻(오후 5시)에는 각각 6회 타종을 함.
* 혼천시계의 타종장치 구조로 보아 1일 1회 추를 들어 올려줌.

여기에 한 가지 더 언급하자면 추의 낙하속도 즉, 타종속도는 타종장치 상단의 2개의 날개로 이루어진 바람개비로 조절된다. 그런데, 바람개비의 중량을 너무 가볍게 한다면 추의 낙하속도가 빨라질 수가 있다. 이 상황에서 제동장치가 갑자기 동작한다면 기계장치에 치명적인 손상을 입힐 수 있다.327) 반대로 바람개비의 중량을 너무 무겁게 한다면 추의 낙하속도를 일정한 속도로 유지할 수 있는 반면,

---

327) 재현 실험을 하였을 때 심각한 충격은 기어장치의 용접부분이나 정지장치의 쇠를 휘게 만들었고, 심지어 시계장치 상자나 혼천의에 강한 진동을 발생시키기도 했다.

초기에 이루어지는 추의 낙하운동을 위한 최소한의 힘에도 못 미치는 결과를 가져오게 한다. 즉, 타종신호를 보냈음에도 불구하고 작동하지 않는 경우가 발생할 수 있다.

타종신호가 타종장치로 보내지면 <표 17>과 같이 타종수에 따른 타종이 이루어지게 된다. 타종신호가 발생되면 이후 동작은 타종수기어의 톱니 수에 따라 결정된다. 예를 들면 구슬신호발생장치로부터 자초 초각에 해당하는 9회 타종신호를 받게 되면 타종기어 수에 따라 9회 종을 타격한다. 그리고 타종수기어의 깊은 톱니 홈에 타종제동장치가 물려 타종이 멈춰지게 된다. 이후 1시간이 흘러 자정 초각 신호를 받게 되면 1회 타종을 한 후 또다시 깊은 톱니 홈에 의해 타종을 멈추게 된다. 이렇게 진행하면 자초 초각부터 사정 초각까지 9, 1, 8, 1, 7, 1, 6, 1, 5, 1, 4, 1의 타종수(=타종기어 톱니 수)만큼 타종하게 된다. 니덤 등(1986)은 정각마다 종을 한 번씩 치는 것이 일본식 타종법과 조금 다른 점으로 보았다.[328]

그림 50. 일본의 자명종(좌)과 17세기 서양의 기계시계(우)[329]

<그림 50>의 좌측은 일본의 자명종과 서양의 기계시계를 나타낸 것이다. 일본 자명종에 보이는 타종기어는 타종수가 자시부터 사시까지 9, 8, 1, 7, 6, 1, 5, 4,

---

328) Joseph Needham et al., 앞의 책(1986), p.126.

329) 17세기 서양 기계시계는 전상운(2006)의 사진자료임.

1회 타종하게 되어 있다. 그리고 오시부터 해시까지 앞의 타종수를 반복한다. <그림 50>의 우측은 서양의 17세기 기계시계의 타종수기어(우측 하단의 화살표가 가리키는 기어)는 1시부터 12시까지를 타종수가 증가하면서 타종하도록 되어 있다. 1시에 1회, 2시에 2회, …… 12시에 12회 타종하도록 되어 있다. 하지만 이러한 타종방식은 혼천시계의 타종기어 형식과 다른 것이다. 서양에도 혼천시계의 타종수기어 톱니바퀴 모습과 유사한 것도 있으나 타종수는 시간에 따라 증가되었다.[330]

그림 51. 일본의 자명종(좌)과 타종수기어 장치(우)[331]

<그림 51>은 일본의 자명종으로 혼천시계에 적용한 타종수기어와 유사한 형태로 되어 있다. 이 시계의 타종수기어 형태로 파악된 타종수는 자(또는 '오')시부터 사(또는 '해')시까지 시간이 흐를 때 9, 1, 8, 2, 7, 1, 6, 2, 5, 1, 4, 2 횟수만큼 타종한다. 매시의 정각을 알리는 타종수가 처음에 1번 치고, 다음 정각에 2번 치고, 다시 오게 되는 정각에 1번 치는 것을 반복하여 순환한다.

서양에서는 시계의 문자판에 아라비아 숫자나 로마자를 사용하므로 시간에 해

---

330) Peter Heuer, Klaus Maurice, *European pendulum clocks: decorative instruments of measuring time*(Schiffer Publishing Ltd., 1988); 이 책에 실려 있는 17~18세기의 프랑스, 영국, 네덜란드, 스웨덴, 독일의 진자시계를 검토해 보면 타종수기어가 톱니 모양으로 되어 있으면서, 시간에 따라 타종수가 증가하는 타종수기어를 채택한 것들을 확인할 수 있었다.

331) 山口隆二, 앞의 책(1950), 234~235쪽.

당하는 타종횟수를 나타낼 수 있었겠지만 조선의 경우는 달랐다. 자시, 축시, 미시, 진시, 오시 등으로 순서를 나타낼 수 있었지만 횟수를 나타내는 성분은 들어 있지 않았기 때문이다. 다만 자시와 오시는 중요한 기준으로 사용해 왔다. 오정은 낮 시간 태양의 남중시각을 측정할 때 중요했고, 자정은 밤 시간 별의 남중을 측정하는 데 중요했다. 그러므로 천문학이나 시간측정에서 이 기점은 중요한 의미를 담고 있었다. 혼천의의 천경흑쌍환이 향하는 방향도 바로 '자'와 '오' 방향이 된다. 그래서 이 환을 자오환이라고도 불렀다.

일본에서는 서양의 자명종이 전해지게 되면서 에도시대(1600~1868, 江戶時代) 부터 전통적으로 사용해왔던 시각법(자시부터 9, 8, 7, 6, 5, 4회 타종)에 따라 서양의 타종수기어를 개량하여 사용하였다.[332] 그런데 이러한 타종방식의 근거나 기원에 대해서는 일본에서도 명확한 해석이 없었다. 조선의 혼천시계 타종법은 종을 타격하는 기본형식을 유지하면서 소리로만 듣고도 시간을 알 수 있도록 새로운 타종방법을 도입했던 것으로 보인다. 그렇다면 왜 자시와 오시에 9번의 종을 쳐야 했을까?

이에 대한 명확한 근거를 제시할 수 없으나 수의 배치에서 10이 아닌 9를 중요한 숫자로 여기고 있음을 주목해야 할 필요가 있다.[333] 하지만 12지(支)의 문자성분을 9부터 시작되는 순차적인 내림차순으로 열거하는 내용은 주역 등에도 나와 있지 않은 특수한 배치방법이다. 타종수에 해당되는 문자(子丑寅卯辰巳午未申酉戌亥)를 수와 연결시켜보면 가장 큰 수인 구(九, 9회 타종)는 자시나 오시에 연결 짓고 있으며 내림차순으로 진행시켜 사(四, 4회 타종)는 사시나 술시에 대응하도록 하였다.[334] 그런데 자와 오는 앞서 살펴보았듯이 혼천의에서 방향과 시간을 나타내는 데 아주 중요한 의미를 담고 있었다.

---

332) Ryuji Yamaguchi, "A study on the antique Japanese clocks during the period of Tokugawa Shogunate," *The Clocks of Japan* (Nippon Hyoron‑Sha Publishing Co., LTD., 1950), p.3.

333) 한규성 원저, 한필훈 엮음, 『주역에 대한 46가지 질문과 대답』(동녘, 1996), 183~184쪽; 동양 사상중 주역에서는 1부터 10 까지 열 개의 수를 수의 기본으로 보고 열 개의 원리가 서로 관계하여 우주 삼라만상을 이루고 있다고 보았다. 이 숫자들을 서로 더하거나 빼기도 하여 이 우주를 해석하기도 한다. 그중 9라는 숫자에 대해 정신과 육체의 종합적인 작용이 일어나는 것으로 보고 있다.

334) 韓東錫, 『宇宙變化의 原理』(誠理會出版社, 1966), 140쪽; 우리가 보통 일(一)부터 십(十)까지의 수를 말하고 있지만 주역에 서는 0에서부터 9까지를 수의 체계로 보기도 한다. 즉, 십(十)을 일(一)과 〇(空)의 상태로 되어 있는 것을 의미하기도 한다.

하지만 사(四)이하인 삼(三, 3회 타종), 이(二, 2회 타종), 일(一, 1회 타종)의 타종수는 문자의 배치와 연결 짓지 않았다. 삼, 이, 일의 횟수성분은 매시간 보다 작은 단위의 시간을 알리는 요소로 사용되었을 가능성이 있다. 실제로 <그림 51>의 일본 자명종은 정각에 일(一)회 타종하고 다음에 오는 정각에 이(二)회 타종하는 방식으로 사용되었다. 그렇다면 삼(三)회 타종은 사(四)회 타종인 사시와 술시의 혼돈을 피하고 두 번째 정각에 오는 이(二)회 타종하는 것과 구분하기 위해 비워 놓았을 가능성이 있다.

이러한 맥락이라면 자시와 오시를 9, 축시와 미시를 8, 인시와 신시를 7, 묘시와 유시는 6, 진시와 술시는 5, 사시와 해시는 4로 내림차순의 순차적 배치가 오히려 자연스런 흐름이라고 볼 수 있다. 이를 종합해 보면 1회, 2회 타종은 정각을 알리기 위해 사용되었고, 3회 타종은 2회 타종과 4회 타종의 혼돈을 피하기 위해 생략하였고, 4회 타종부터 9회 타종까지 문자와 결합하여 사용하고 있는 셈이 된다.

혼천시계의 타종법은 일본의 방식을 차용했지만 문자와 결합하는 수의 개념과 원리를 충분한 검토 후에 사용한 것으로 보인다. 조선 중·후기에 만들어진 자명종은 이러한 타종수 방식으로 제작되었다. 시간이 흘러 조선 말기에는 서양의 12시간제 문자판과 서양식 타종법이 사용되었다.

혼천시계의 복원과정

메커니즘 연구의 주요 결과물이라고 할 수 있는 설계도면의 작성, 제작과정의 기술, 시작품과 완성품을 운행하면서 발생되는 문제점, 각 부속장치들의 재현실험 등으로 나누어 서술하였다. 유물의 복원을 위해서 재질에 대한 특성 고찰은 중요한 과정이라고 할 수 있다. 그러나 유물의 충격이나 파손 등을 고려하여 재질에 대한 분석은 실시하지 않았다. 이를 보완하기 위하여 혼천시계 제작 전후에 만들어진 과학유물의 성분을 조사하였고, 육안으로 관찰된 내용을 설계에 적용하였다.

혼천시계 연구 목적 중에 하나는 작동 메커니즘을 완전히 규명하여 작동하는 복원 모델을 만드는 것이다. 하지만 혼천시계의 기계장치 모두를 분해하여 유물의 세부 부품치수까지 측정할 수 없었다. 복원 모델의 설계 작업은 외형적으로 들어나는 유물의 실측조사 자료와 사진자료, 관련 유물을 참고하여 작성하였다. 또한 보이지 않는 세부 부품들에 대해서 기계구조에 대한 경험적 판단을 적용하여 제작하였다.

1. 재질에 대한 논의

혼천시계의 혼천의는 여러 종류의 환(環)들로 구성되어 있으며 주로 청동 주물로 제작되었다. 이 환들의 청동 성분을 유추하기 위하여 현재 남겨진 과학유물의 동합금 재질을 조사하였다. <표 18>은 12세기부터 18세기 중반까지의 과학유물을 시기별로 나타낸 것으로 구리(Cu), 주석(Sn), 아연(Zn), 납(Pb) 등의 성분을 제시하였다.

표 18. 동합금 과학유물 성분표(단위: %)

구분	시기	명칭	Cu	Sn	Zn	Pb	기타
①	1112년	일영의 시반면[335]	64.8	26.5	–	1.9	
②	1112년	일영의 밑받침[336]	61.6	19.4	–	0.99	Si: 7.5
③	1403년	계미자 동활자[337]	80.7	9.7	–	7.7	
④	1455년	을해자 동활자[338]	79.5	13.2	2.3	1.7	
⑤	15C중반	해시계 받침(大)[339]	63.0	–	0.4	2.3	Si: 11.7
⑥	1678년	상평통보[340]	95.5	1.7	2.8	–	
⑦	18C중반	유척[341]	72.1	1.9	19.2	1.4	

해시계인 일영의(1112) 시반면(<표 18>의 구분 '①')과 밑받침(②)의 성분을 보면 구리의 함량에 따른 주석의 양이 7.1%나 차이가 난다. 일영의 밑받침의 경우 3point에 대한 평균값으로 각 부분에 대한 구리와 주석의 함량은 현저한 차이가 났다. 규소(Si) 성분도 일정량이 발견되었다. 이는 불균질화된 주물의 용융상태나 기타 불순물을 많이 포함하고 있음을 말해준다. <그림 52>에서 보듯이 구리에 함유되는 주석의 중량(%)이 14~16%를 넘어서면 인장강도(引張強度, tensile strength)[342]는 오히려 약해지고, 경도(硬度)[343]에 대해서는 더 이상 향상되지 않는다. 그

---

335) 남문현, 앞의 책(1995), 113쪽; 일영의 시반면의 2point(Spec 60, Spec 61) 평균값.

336) 남문현, 위의 책(1995), 113쪽; 일영의 받침의 3point(Spec 62, Spec 63, Spec 64) 평균값으로 Si, Sn, Cu 등의 원소 함량 변화가 심하게 나타남.

337) 조선기술발전사편찬위원회, 앞의 책(1997a), 148쪽.

338) 홍희유 · 최윤구, 『조선수공업사2』(백산자료원, 1997), 159쪽.

339) 남문현, 위의 책(1995), 285쪽; 해시계 받침(大)의 2 point(Spec 68, Spec 69) 평균값으로 Sn 측정은 불가능했다. 성분분석 깊이가 표면에서 7㎛로 국한되었기 때문에 표면부식에 의한 Cl (5.0%), S (6.6%), K (0.7%) 등의 성분이 나타났다.

340) 조선기술발전사편찬위원회, 『조선기술발전사: 5. 리조후기편』(과학백과사전종합출판사, 1997b), 30쪽; 시편 1~6까지 6편의 평균값.

341) 남문현, 위의 책(1995), 285쪽; 유척의 3point(Spec 70, Spec 71, Spec 72) 평균값.

342) 재료에 인장력이 가해졌을 때 나타나는 재료의 강도로, 인장 시험에서 막대모양의 시험편(試驗片)을 축 방향으로 잡아당길 때 시험편이 파괴되기까지 견디는 최대 하중을 시험편 원래의 단면적으로 나눈 값을 말한다.

343) 물체의 굳고 무른 정도를 말하는 것으로 이것을 수량으로 나타내기는 곤란하므로 보통 굳기시험기에 의한 측정값을 사용한다. 브리넬굳기시험기는 지름 5㎜ 또는 10㎜인 강철구가 500㎏~3t 하중으로 시료를 눌러서 생긴 홈의 지름을 측정한다.

러므로 일영의 시반면의 경도는 밑받침에 비하여 그대로인 반면, 인장강도는 오히려 약해졌음을 알 수 있다.

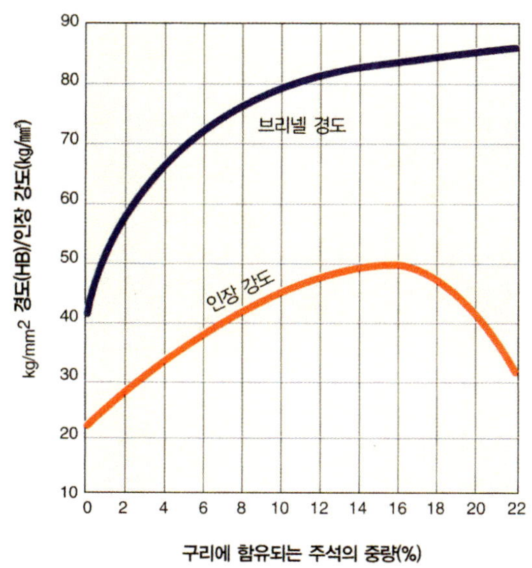

그림 52. 주석 성분의 양과 청동의 경도 관계[344]

15세기에 만들어진 동활자(③과 ④)의 구리성분은 대체로 일정하나 주석 성분이 9.7%에서 13.2%로 향상되었다. 이것은 청동 활자의 경도와 인장강도를 향상시킨 결과를 보여준다.

남문현(1995)은 15세기 중반에 만들어진 시간측정기기(해시계받침 大, ⑤)에 쓰인 구리합금은 구리 60~70%, 주석 15~30%, 그리고 아연이 0~0.3% 정도 섞인 청동 주물 계열이 많고, 18세기 중반에 제작된 척도기기(유척, ⑦)의 경우 구리 70%, 아연 20%, 주석 2%, 납 1%가 합금된 황동 계열로 밝힌 바 있다.[345]

조선 중기에 주조된 화폐인 상평통보(常平通寶, ⑥)를 보면 구리성분이 95.5%에 해당하는 아주 높은 동(銅) 순도를 가지고 있다. 이럴 경우 화폐의 경도와 인장강

하중의 홈과 면적의 비를 브리넬굳기라고 한다.

344) 히라오 요시미츠 편저, 최영희 옮김, 『문화재를 연구하는 과학의 눈』(학연문화사, 2001), 38쪽.

345) 남문현, 앞의 책(1995), 283쪽.

도는 현저히 떨어지게 마련이다. 청동에 주석 성분이 많을수록 주물이 응고되는 온도가 낮아지게 되므로 미세한 문양의 표현도 가능해진다.[346] 상평통보는 주석의 양을 아주 적게 넣었기 때문에 응고점이 높아 짧은 시간 동안 응고되었던 것으로 보인다. 이것은 화폐의 문양보다 화폐의 가공성을 높이고, 주물을 빨리 응고시켜 생산성을 높이려고 했던 당시의 정황을 알 수 있다.

청동은 용해가 쉽고 탕유동이 잘되는 장점과 수축률이 작아 주조성이 좋다고 할 수 있다. 황동은 주조성과 소성가공이 용이하지만 산, 알카리에 약하고 해수에 대한 저항력이 구리 합금 중에서 가장 낮다. 구리 합금에서 아연이 30% 이상이 되면 유연성이 좋아져 판, 봉, 관 등의 제조에 많이 사용된다.

이러한 동합금의 성분에 따른 금속의 성질로 혼천의 환의 성분을 다음과 같이 유추해 보았다. 혼천의 환에는 여러 글자와 세밀한 눈금이 새겨져 있다. 하지만 그림과 같은 문양은 아니기 때문에 특별히 주석의 양을 많이 주입하지 않았던 것으로 보인다. 그리고 경도와 인장강도에 대하여 좋은 품질을 기대해 볼 때, 구리에 함유한 주석의 중량(%)은 12%에서 18%정도라고 추정해 볼 수 있다.

혼천시계의 여러 부품 중에서 태양운행관, 바람개비 등은 황동 계열의 금속이 사용되었다. 혼천의의 태양운행관은 동합금을 얇게 펴고 다듬어서 둥근 형태의 관(지름 5mm)을 만드는 정교한 제작기술이 사용되었다. 각 환들의 두께는 대략 3mm 내외인데, 삼신의흑쌍환의 한쪽 환 속으로 태양운행끈이 통과할 수 있도록 얇은 두 개의 환을 나란히 겹쳤다. 그리고 그 공간을 조금 벌려 실이 통과할 수 있도록 하였다. 이 사이로 실을 삽입 한 후에 황동 계열의 얇은 살을 덧대어 마감하였다.

혼천의의 천경흑쌍환을 받치고 있는 오운주와 구름무늬 장식, 둥근 구슬은 모두 청동으로 주조되었다. 이는 나무로 정교하게 조각한 후 주물 틀을 만들고, 쇳물을 부어 주조한 후 연마작업 등을 거쳐 채색되었던 것으로 보인다. 혼천의의 지평환, 지구의, 혼천의의 4개의 다리와 시계장치상자를 이루는 재료는 모두 목재로 제작되었다. 시계장치 부분의 기어장치 및 프레임장치는 대부분 청동 주물로 제작되었다.

---

346) 주물의 응고온도가 낮아지면 그만큼 천천히 식게 되므로 미세한 문양을 표현하는 데 유리하다.

2. 설계도면 작성

　설계 작업은 작동 메커니즘 복원을 중심으로 진행하였다. 유물의 기계적 장치를 모두 분해하여 치수를 측정할 수 없었으므로 실제 유물의 치수와 완전히 일치한다고 볼 수 없다. 예를 들면, 태양운행관에 들어 있는 태양운행장치의 크기와 지름, 태양운행끈이 지나가는 삼신의흑雙환의 꺾임 부분에 대한 통로처리, 삼신의 극축이 삽입되는 혼천의 북극축의 내경과 남쪽의 매립부분 등에 구체적인 크기, 타종막대 연결장치와 종을 타격하는 구조, 혼천시계 전면부의 스프링장치의 매립부분에 대한 크기, 유실된 달운행장치의 각 기어구조와 크기 등은 기계구조의 경험적 판단이나 구조적 형태로 치수를 산출하였음을 밝혀 두는 바이다.347) 하지만 외형적으로 잘 드러나 있는 부분에 대해서는 비교적 완벽히 설계하였다.

　설계도면은 실제 제작이 가능하도록 전체 구성도, 세부 부품도, 단면도 등 총 57장으로 작도하였다. 혼천시계 전체 구성도와 혼천시계 측면 구성도에는 각 부속장치들의 부품명칭을 써 넣어 전체적인 메커니즘 구성을 알기 쉽게 표현하였다 (Drawing List no. 1, 2). 시간지속장치는 측면 구성도 2장과 기어부분에 대한 전면 구성도 2장, 시간지속장치 프레임 도면 1장, 세부 부품도 6장을 작도하였다 (Drawing List No. 3~13). 타종장치는 측면 구성도 1장과 기어부분에 대한 후면 구성도 2장, 타종장치 프레임 도면 1장, 세부 부품도 4장을 작도하였다(Drawing List No. 14~21). 그리고 시간지시장치 및 구슬신호발생장치 구성도에 대한 도면은 모두 11장으로 작도하였다(Drawing List No. 22~32).

　혼천의 부분은 전체 구성도를 비롯하여 육합의, 삼신의, 월운환, 세부 부품도 등을 12장의 도면으로 작도하였다(Drawing List No. 33~44). 시계장치상자에 대한 도면으로 측면도, 정면도 및 배면도, 그리고 평면과 측면 단면도를 포함하여 10장의 도면으로 작도하였다(Drawing List No. 45~54). 혼천시계를 안전하게 보관 및 전시하기 위한 전시대 도면 3장을 작도하였다(Drawing List No. 55~57). 총 57장의 설계도면 중에서 대표적인 몇 개를 다음과 같이 소개한다.348)

---

347) 또한 각 환들의 가공성을 고려하여 환 두께와 폭은 제작이 용이하도록 일부 변형하여 설계하고 제작하였다.

<그림 53>은 혼천시계 전체 구성도와 측면 구성도를 나타낸 것으로 전체적인 형태와 각 부속장치들의 구조를 살펴볼 수 있도록 명칭을 붙여 나타냈다. <그림 54>는 시간지속장치 측면 구성도 2와 타종장치 측면 구성도를 나타냈다. 각 도면에서 세부적인 부품도면은 ①, ②, ③ 등의 번호를 부여하여 작도하였다. 시간지속장치 측면 구성도 2에 있는 부품번호에서 ①은 시간지속장치의 프레임 부분을 나타낸 것이다. 여기에 프레임 크기와 기어장치의 회전축인 4A, 4B, 4C, 4D의 장착 위치들이 표시되어 있다. ②는 4A축으로 이 축의 전체 크기와 지름이 나와 있다. ⑭는 4A축의 혼천의 방향으로 뻗어 나온 12-핀기어인데, ②번 부품과 조립할 수 있도록 도면이 그려져 있다. ⑰은 진자장치에 의해 제어되고 있는 탈진기의 역할을 하는 왕관형기어이다. 이 왕관형기어는 ⑲의 회전축과 조립된다.

타종장치 측면 구성도에서 ⑰은 타종장치 7L의 회전축인데, 여기에 2개의 날개를 가진 바람개비가 매달려 있으며 ⑯의 6-톱니기어로부터 동력을 전달 받는다. ⑩은 45-톱니의 타종수기어이다. 타종수기어의 톱니는 깊고 낮은 구조로 되어 있어 타종수를 제어한다. ③-1과 ③-2는 깔쭉톱니기어와 클릭을 나타낸 것이다. 클릭은 2개를 설치하여, 추에 의해 회전하는 방향으로만 회전력을 갖도록 설계하였다. ⑥은 7I축의 56-톱니기어로 측면의 8-핀의 막대가 있어 타종막대 연결장치와 만날 때마다 타종하도록 하였다.

<그림 55>는 시간지시장치 및 구슬신호발생장치 구성도 2와 혼천의 전체 구성도이다. 시간지시장치 및 구슬신호발생장치 구성도 2에서 ①은 360-톱니기어이고, ②는 직립횡이가 달려 있는 환이고, ④는 24-쌍톱니기어가 달려 있는 환이다. 직립횡이는 12지 시패들의 상하운동을 할 수 있도록 붙잡아 주고 있다. ⑧은 구슬신호발생장치의 구성도로 구슬장착바퀴와 구슬이동통로, 구슬들어올림장치에 대한 세부치수를 나타냈다.

---

348) 혼천시계 설계도면에 대한 모든 권한은 (주)옛기술과문화의 지적소유권을 갖고 있으므로 무단으로 전제하거나 복제할 수 없다. 이 책에서는 일부 도면에 대해서 해당 업체와 협의하여 실을 수 있었다.

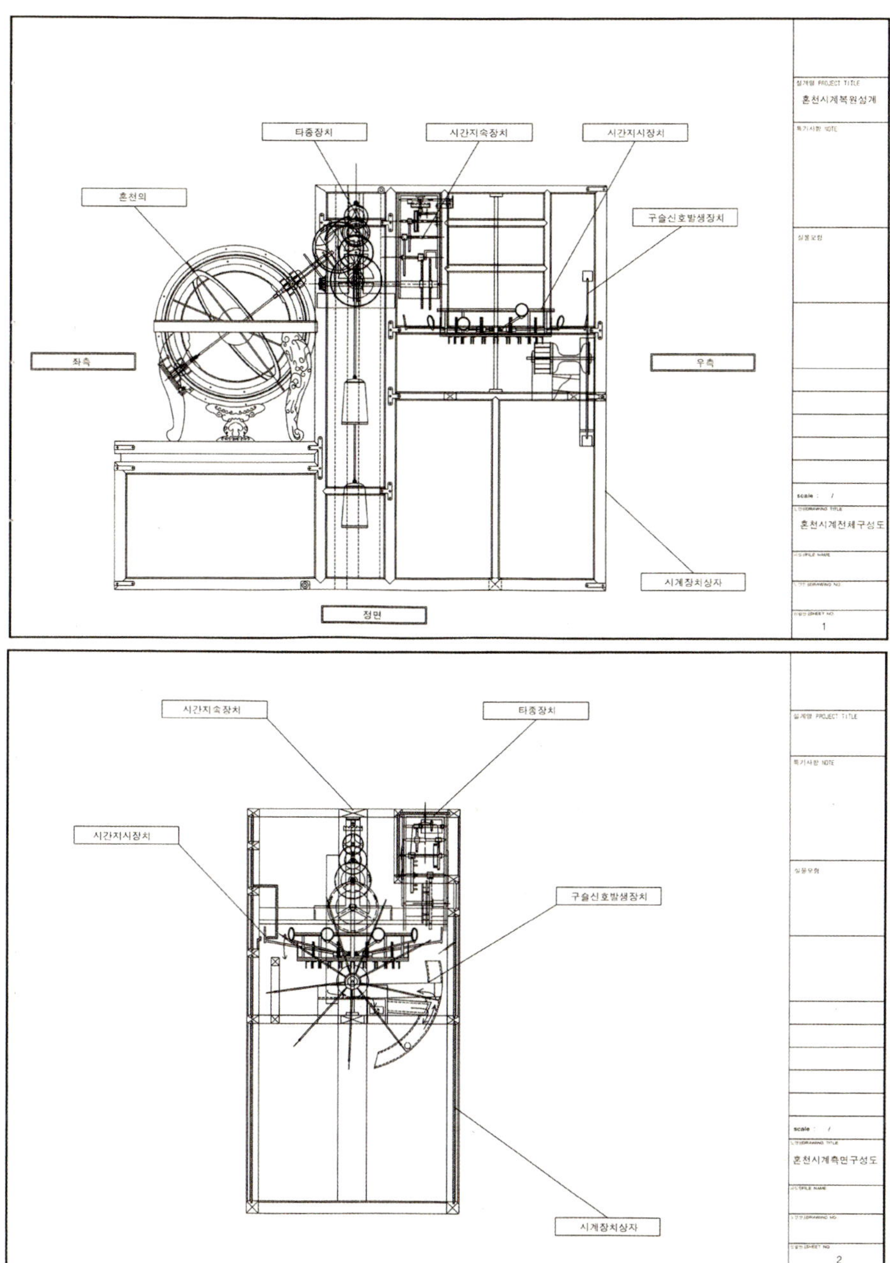

그림 53. 혼천시계 전체 구성도(상)와 측면 구성도(하)
(Drawing List No. 1, 2) [복제불허]

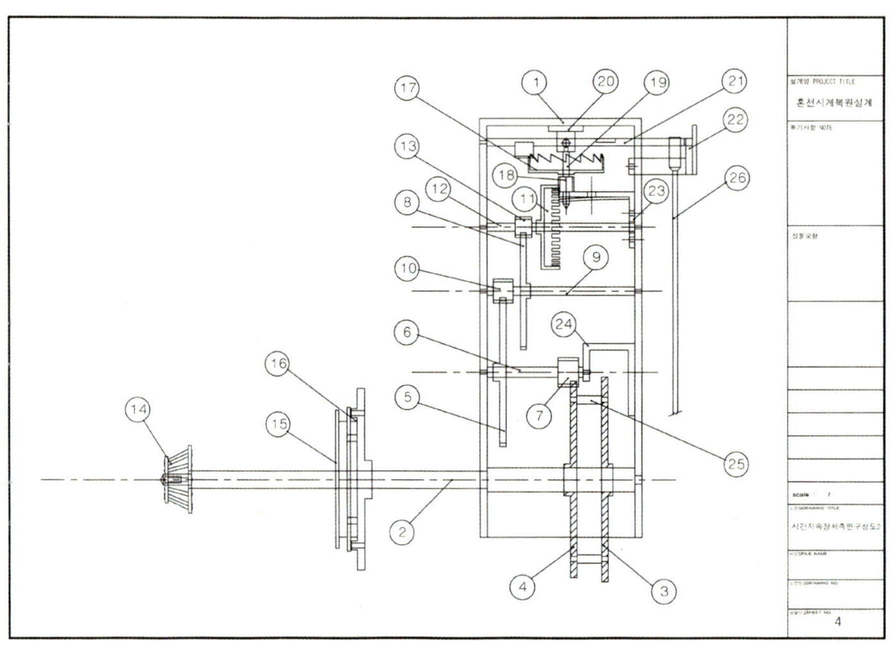

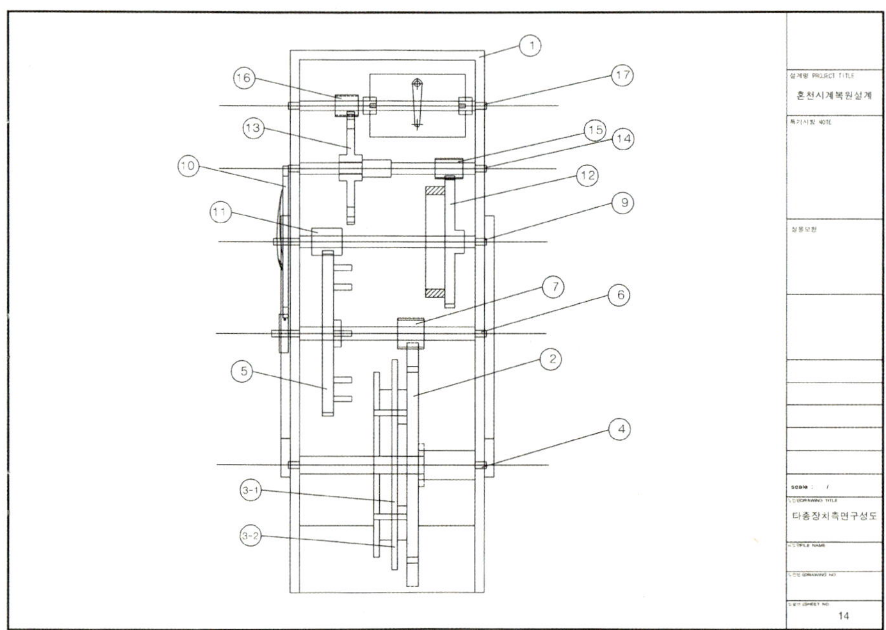

그림 54. 시간지속장치 측면 구성도 2(상)와 타종장치 측면 구성도(하)
(Drawing List No. 4, 14) [복제불허]

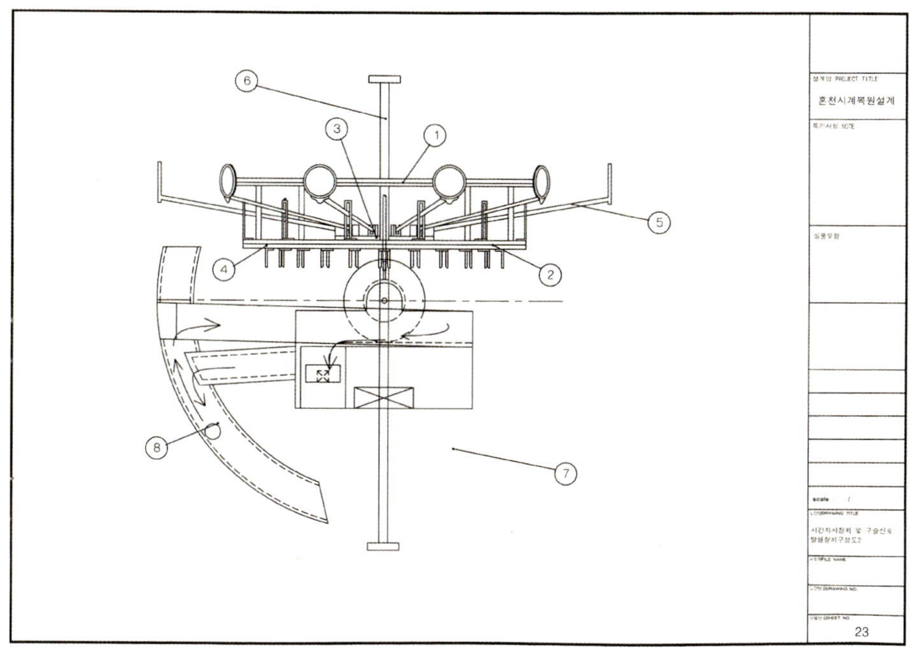

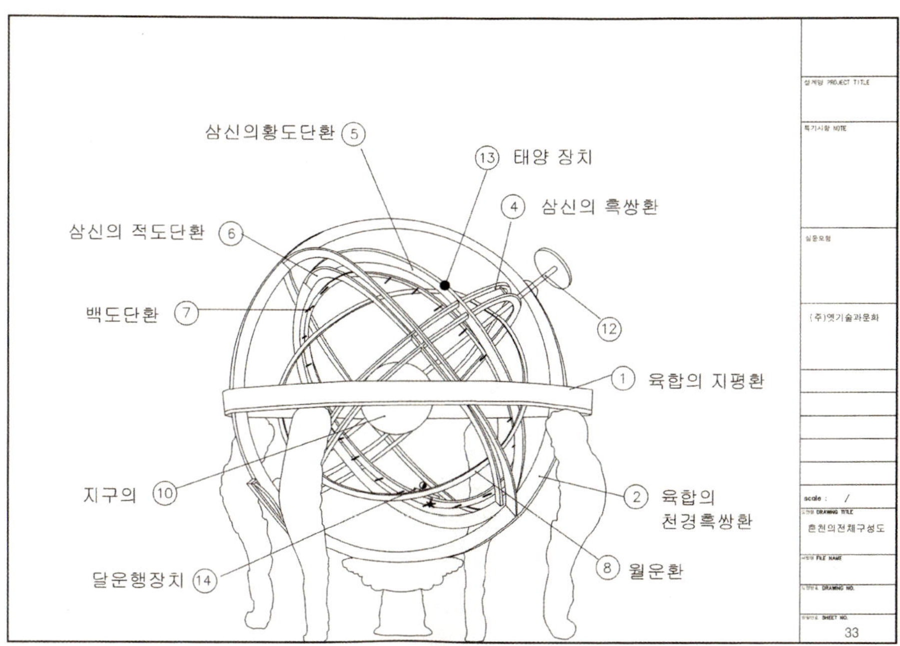

그림 55. 시간지시장치 및 구슬신호발생장치 구성도 2(상), 혼천의 전체 구성도(하)
(Drawing List No. 23, 33) [복제불허]

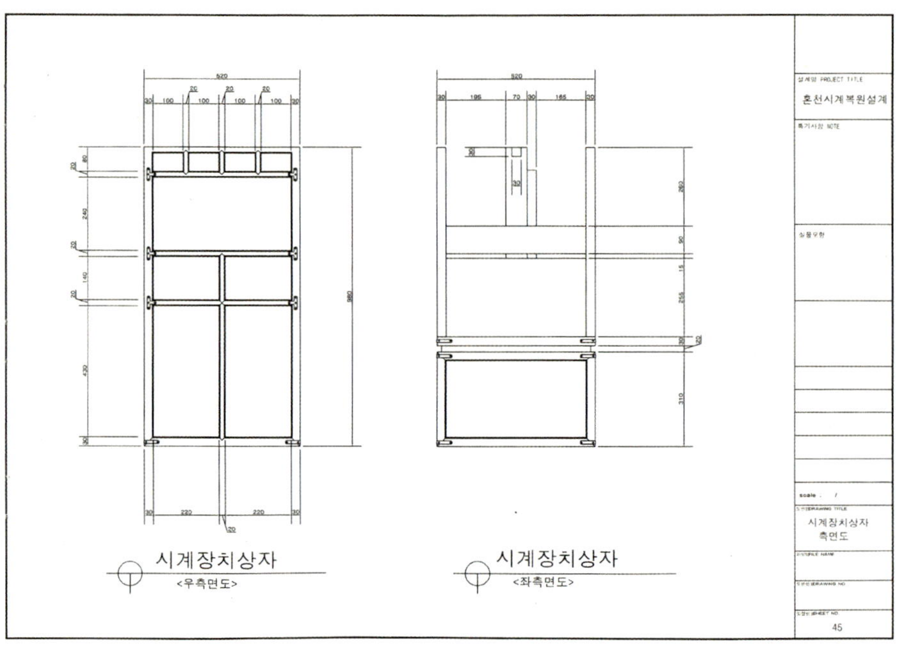

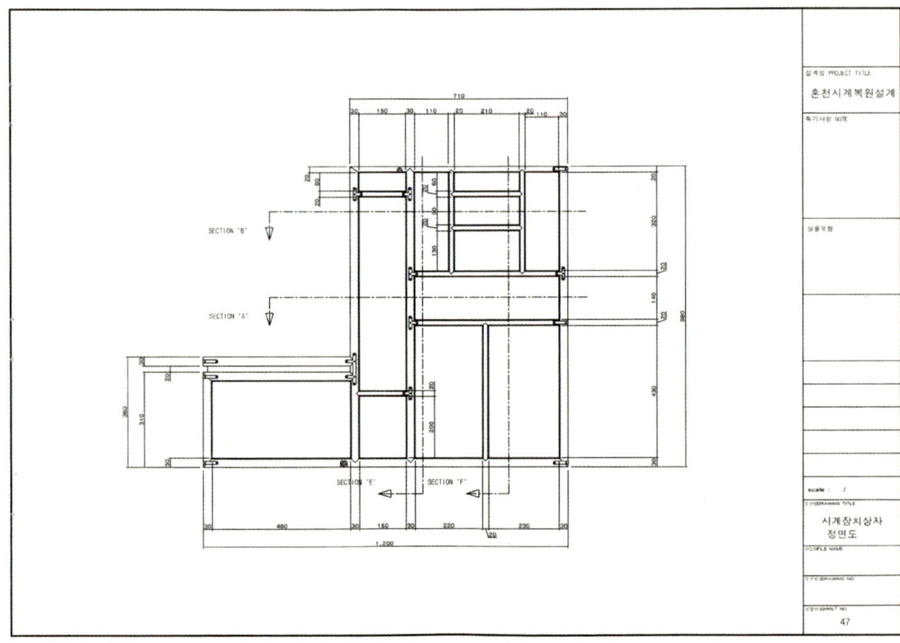

그림 56. 시계장치상자 측면도(상)와 정면도(하)
(Drawing List No. 45, 47) [복제불허]

혼천의 전체 구성도는 ①부터 ⑭까지의 각 부품들의 세부 설계도면으로 표현
했다. 특히 ⑤의 삼신의 황도단환에 태양운행장치의 개념도를 나타냈다. ⑭의 달
운행장치는 현존 유물에서 유실되었던 부분을 새롭게 설계한 것이다. 달운행장치
는 달의 위상이 월운환의 위치에 따라 29.5일의 삭망주기의 위상을 나타나도록
설계하였다. <그림 56>은 시계장치상자 측면도와 정면도를 나타낸 것이다. 혼천
시계의 설계도면 중에서 49장의 도면은『국보230호 혼천시계(渾天時計) 복원제작』
보고서(2005)를 통해 검토한 바 있다.[349]

3. 제작과정

혼천시계의 제작과정은 기어를 깎는 기계적 작업을 중심으로 진행되었지만 기
어를 다듬거나 연결 부품을 제작하는 데 수작업이 이루어졌다. 그러므로 모든 작
업공정은 수작업이 항상 뒤따르는 것으로 시행착오와 재작업을 수시로 반복해야
만 했다. 이는 공업 생산품에서 이야기 되고 있는 불량률과는 다른 것이며, 복원
작업이 처음 진행되는 제작 과정에서는 항상 겪게 되는 일들이다.

<그림 57>은 제작공정에서 복원된 부속장치들과 기어장치들의 사진들이다. 본
격적인 제작에 앞서 복원 모델 제작을 위한 실무자들이 세부제작 공정에 대하여
논의하였다. 이후 시계장치가 안착될 수 있는 시계장치상자의 틀을 제작하였다.
수몰 지역에 버려진 옛 건물에서 수집한 목재를 시계장치상자로 사용하였다. 이
러한 목재들은 오랜 시간을 두고 건조되었기 때문에 휘거나 뒤틀림을 방지할 수
있는 좋은 재료라고 할 수 있다. 이것을 가공하여 사각 봉이나 판재로 사용하였
다. 목재 틀의 접합방법은 전통적인 짜 맞춤 기법을 사용하였고, 금속 장식의 감
잡이로 마감하였다. 또한 전통적인 옻 칠을 구현하기 위한 고색처리 과정을 거친
후 시계장치상자의 외형적 모습을 완성할 수 있었다. 이렇게 제작한 상자 속에 시
계장치의 핵심적인 부품의 하나라고 할 수 있는 시간지속장치를 제작하였다.

---

349) 이용삼 등(2005), 27~30쪽; 보고서의 설계도면은 전체지면수를 고려하여 전체 57장의 설계도면 중에서 49장의 설계도면을
    축소 이미지로 소개하고 있다.

그림 57. 제작공정에서 복원된 부속장치와 기어장치의 사진들

시계장치상자	타종기어	시간지속장치
시간지시장치	혼천의	기어장치 조립
	혼천의 동력연결	타종기어 장착

시간지속장치는 여러 가지 기어장치가 맞물려 있다. 정밀하게 운행해야 하는 왕관형기어의 탈진기와 진자장치, 동력기어를 운행시키는 추장치가 포함된다. 동력기어의 각 축과 축사이의 유격이 대단히 중요한데, 이 조정은 몇 차례 수정을 통해 각 기어들의 마찰력이 적고, 원활히 회전할 수 있는 회전축을 찾을 수 있었다. 시간지시장치와 구슬신호발생장치는 톱니기어가 맞물려 연동하여 운행한다. 그러므로 시간지시장치의 24-쌍톱니기어와 구슬신호발생장치의 9칸의 구슬장착바퀴의 동력연결부분에 대한 유격을 고려하여 회전축 위치를 선정하였다. 각종 기어나 굴축 봉, 연결 관에 사용한 재료는 일반적인 기계 공업사에서 취급하고 있

는 경도와 강도가 우수하고 가공성이 좋은 동합금 재질을 사용하였다.

혼천의는 시간지속장치로부터 동력이 전달되므로 혼천의의 지평환과 용주, 오운주 등의 기본 지지틀을 제작하였다. 지평환은 나무를 가공하여 제작하였고, 그 위의 청동 재질의 동합금을 부착하여 나무의 뒤틀림을 막았다. 용주는 나무로 조각하였고, 오운주는 석고로 조각하였다. 조각한 용주와 오운주의 형틀을 만들고, 유리섬유강화플라스틱(fiber glass reinforced plastic; F. R. P.) 재료를 주입하여 성형하였다.

용주나 오운주의 성형 재질을 목재로 사용하지 않은 것은 혼천시계 작동 모델의 설치장소가 항온항습이나 관리시설이 미비 되어 있는 일반 사무동이기 때문이다.350) 또한 용주는 지평환에 부착되어 있을 뿐 전시환경으로 인한 변형에 대단히 취약하다고 볼 수 있다. 그러므로 혼천의의 수평상태를 유지하기 위하여 환경 변화에 영향을 덜 받는 재질(F. R. P.)을 선택하여 제작하였다. 혼천의의 각 환들은 동합금으로 제작하였다. 각 환들의 눈금과 명문은 예리한 철제 칼을 이용하여 새겨 넣었다. 지구의는 나무로 조각한 후 유리섬유강화플라스틱으로 성형하여 채색하였다.

그림 58. 복원된 12지 시패 사진(좌)과 복원된 진자장치 사진(우)

350) 작동 모델로 복원한 혼천시계는 2005년부터 서울특별시과학전시관의 일반 사무동에 전시되고 있지만 향후 전시동으로 옮겨질 예정이다.

추를 매단 쇠사슬은 스테인리스 재질의 작은 고리를 연결하여 제작하였다. 작은 고리의 안쪽 길이는 약 8mm[351]로 실제 유물에서는 크고 작은 열린 고리였으나, 복원품에서는 규격을 일정하게 하였고 고리가 더 이상 벌어지는 것을 막기 위하여 용접하였다. 이는 전시 운영상 발생될 수 있는 기기의 오차를 최대한 줄이기 위함이었다.

<그림 58>은 12지 시패 복원사진과 진자장치 복원사진이다. 12지 시패의 운행과 구슬신호발생 메커니즘을 수동으로 돌려가면서 점검하였다. 이후 동력을 연결해 작동상황을 점검하였다. 구슬이 떨어질 때 T자형장치가 시패장치를 올려주는 실험 등이 진행되었는데, 정확한 시간에 올려주도록 세심한 조정이 필요했다. 진자장치는 진자추를 이동하여 진자주기가 약 0.71초가 되도록 조정하였다. 진자추까지 길이는 약 13cm이다.

그림 59. 복원된 혼천의 사진(좌)과 시간지속장치 사진(우)

---

351) 제작된 작은 고리 안쪽 길이는 약 8mm로 ±0.2mm의 오차가 있다.

혼천의의 태양운행장치와 달운행장치를 제작하여 추 2를 연결하였다. <그림 59>는 시간지속장치에서 혼천의로 연결되는 동력전달 메커니즘을 중심으로 찍은 사진이다. 시간지속장치의 연결동력인 주축(4A축)과 혼천의 북극 쪽의 회전축의 적절한 유격을 유지해야 한다. 또한 혼천의와 시계장치상자를 고정하고 수평상태를 유지하여 기계적 오작동을 최소화시켜야 한다.

그림 60. 복원된 종과 타종장치 사진

<그림 60>은 혼천시계 각 부속장치 제작의 마지막 과정인 종과 타종장치 모습이다. 타종장치는 바람개비의 중량에 따라 아주 민감하게 반응했다. 그러므로 바람개비를 이루는 2단 평면 날개의 넓은 면을 조금씩 갈아내면서 중량을 조정하였

다. 이 과정은 오랜 시간 실험을 반복하여 적절한 회전속도를 얻을 수 있었다. 타종장치 동력기어는 동합금을 사용하여 제작하였다.

종은 놋쇠를 깎아 만들었다. 종소리의 울림은 가장 경쾌하고 맑은소리를 내도록 전문가의 조언이 있었다. 전상운은 오래전 혼천시계의 실제 타종소리를 들어본 적이 있었다고 하였는데, 이번에 복원 제작한 혼천시계의 종소리도 당시의 것에 유사한 소리음색을 가진 것으로 평가하였다.

그림 61. 혼천시계 1차 시작품

<그림 61>은 여러 제작 공정을 거쳐 완성한 혼천시계 1차 시작품이다. 시작품을 만든 후 이에 대한 검토 작업을 실시하였다. 이 과정에 대하여 복원 모델 연구 및 제작진은 현재까지 밝혀진 혼천시계의 메커니즘에 대한 종합적인 점검을 할 수 있었다. 또한 운행 중에 발생된 문제점과 보완할 것을 세심히 검토하였다.[352]

352) 검토 작업을 위해 혼천시계의 연구를 진행했던 이용삼(충북대학교 천문우주학과 교수), 이용복(서울교육대학 과학교육과 교

혼천시계 1차 시작품에서 발생되었던 문제점은 대략적으로 다음과 같이 정리할
수 있다.

첫째, 진자장치의 운행에 대한 문제가 발생했다. 시간지속장치만 독립적으로
실시한 추력실험과 진자운행은 정상적이었다. 하지만 각 부속장치의 조립 이후에
실시한 실험에서 기어장치들이 맞물린 여러 부분에서 부하가 걸렸다.

둘째, 시패장치와 T자형장치가 서로 엉키는 일이 빈번했다. 12지 시패가 슬라
이딩장치를 타고 올라갈 때 T자형장치에 의해 순간적으로 시간알림 창 위로 올려
진다. 그런데 이 메커니즘은 약간의 시간차만 발생해도 서로 엉키게 된다. 계속
운행하게 되면 시패장치 연결축이 부러지거나 휘는 일이 발생할 수 있다.

셋째, 구슬신호발생장치의 쇠구슬이 통로를 굴러가다가 중간에 멈추는 경우가
있었다. 이것은 구슬이 굴러오는 경사도와 관련된 문제였다. 하지만 너무 급한 경
사도를 줄 경우 대기하고 있는 쇠구슬을 강하게 부딪치게 되므로 시간지속장치의
진자운행에 기계적 충격이 가해진다. 이것으로 인하여 진자장치의 오작동이 발생
될 수 있다.

넷째, 타종장치가 제대로 작동하지 않았다. 구슬이 낙하하여 타종신호가 발생
되면 타종수기어의 톱니 수만큼 종을 쳐야 하는데, 종을 치지 않는 경우가 발생하
거나 반대로 타종추의 낙하속도가 빨라 타종이 멈추지 않는 경우가 간혹 발생되
었다. 이것은 바로 바람개비의 중량과 관계된 문제였다.

다섯째, 황도단환의 태양위치가 간혹 덜 진행하는 일이 발생했다. 이는 기계적
결함이 아니라 태양운행장치를 이끌고 있는 실에 발생하는 장력의 문제였다. 그
러므로 황도단환의 태양운행 위치에 대한 미세한 조정이 필요했다.[353]

완성한 혼천시계 시작품을 운행하면서 구슬신호발생장치에 장착되는 구슬의
개수를 확정할 수 있었다. 구슬의 수는 구슬장착바퀴에 3개(또는 2개)만 장착되어
있으면 된다. 또한 이미 타종신호를 발생시켜 그 임무를 끝낸 쇠구슬도 1개(또는
2개)가 구슬주걱에 담아져 있으면 된다. 이렇게 쇠구슬 4개만으로 영원한 타종신

수), 김상혁(중앙대학교 과학문화학과 박사학위과정 학생)의 연구자문진과 제작을 담당한 정해성과 최용식 등이 참여하여
문제점과 보안할 것들을 점검하였다. 괄호안의 직책과 직위는 당시의 기준으로 기술함.

[353] 하지만 태양장치를 실로 이동하는 것은 톱니기어로 운행하는 숭실대학교 한국기독교박물관의 혼천의에 비해 정확성이 떨어
진다고 볼 수 있다.

호를 만들어 낼 수 있게 된다. 구슬신호발생장치에 사용되는 쇠구슬의 지름은 22mm, 무게 44g으로 결정하여 4개를 장착시켰다.

혼천시계의 시간알림 창의 훼손부분과 덮개 흔적을 연구한 결과 별도의 시각 눈금이 있었을 것으로 판단하여 96각 눈금을 설치했다. 또한 니덤 등(1986)이 연구한 달운행장치와 숭실대학교 한국기독교박물관의 달운행장치에 대하여 면밀한 검토를 거쳐 새로운 달운행장치를 제작하였다. 이 장치를 설치한 후 작동실험을 실시하였다.

4. 복원제작과 작동 모델 재현실험

제1차 시작품을 점검 후 새롭게 제2차 시작품을 제작하였다. 여기서 발생된 문제점에 대해 하나씩 해결해 나가면서 혼천시계의 정상적인 작동을 할 수 있었다. 이것은 과학문화재 복원업체가 주체가 되어 학계의 여러 학자들이 본격적인 연구를 진행한 지 1년여 만에 일구어 낸 값진 성과였다.[354] 이미 선행연구를 포함한다면 1960년대부터 혼천시계의 연구가 진행되었고, 작동을 위한 몇 차례 시도가 축적된 결과라고 할 수 있다.[355]

<그림 62>의 복원한 혼천시계로 재현실험을 하였다. 이 실험을 통해 혼천시계의 동력전달 부분인 시간지속장치의 기어장치, 진자 및 탈진장치의 작동이 원활하게 이루어지는 것을 확인하였다. 시간지속장치 추 1의 낙하속도는 30.6mm/1hr 이다.[356] 추의 낙하 거리를 고려해 볼 때 하루에 두 번 추를 올려 주었다. 하지만

---

354) 혼천시계 복원에 참여한 연구자와 제작자, 그리고 복원기관을 소개하면 다음과 같다. 복원연구: 이용삼(충북대학교 천문우주학과 교수, 연구총괄), 이용복(서울교육대학교 과학교육과 교수), 김상혁(중앙대학교 과학문화학과 박사학위과정 학생). 복원제작: 정해성(제작총괄), 최용식(기술자문). 복원제작 기관: (주)옛기술과문화(대표이사: 윤명진). 행정지원 업무: (주)옛기술과문화의 한경수 이사와 송보영 이사, 일러스트작업과 설계도면은 오상미 대리와 최선순이 담당했다. 작동 모델 혼천시계의 복원의 총괄자문 및 검토는 전상운(문화재위원회 위원)이 감수하였다. 괄호안의 직책과 직위는 당시의 기준으로 기술함.

355) 2007년까지 국립중앙과학관(전시중), 국립서울과학관(수장고 보관중) 등의 혼천시계 모델은 작동 모델 까지 이어지지 못하고 모형으로 제작된 바 있다. 이후 2009년부터 새롭게 복원 제작된 혼천시계의 작동 모델이 국립중앙과학관(대전)에서 전시 운영되고 있다.

356) 추를 매달고 있는 축의 환(8a)은 직경이 78mm이므로, 원주는 78mm×π ≒245mm가 된다. 이 축은 하루에 3회전 하므로 추는 총 735mm/1일만큼 움직인다. 그러므로 추는 30.6mm/1hr씩 하강한다.

실제 유물에서는 시보장치 밑바닥이 개방되어 있으므로 혼천시계 바닥까지 추를 떨어뜨릴 수 있다. 그러므로 홍문관에서 운영할 때 별도의 받침대 위에 설치하여 하루에 1번만 추를 올려주면서 사용했을 것으로 판단된다.[357] 타종장치 추 2는 하루에 한 번 추를 올려서 작동시켰다.

그림 62. 복원된 혼천시계 정면(상)과 측면(하) 사진

---

357) 여기서는 시계상자 안의 추 움직임만 고려하여 기술한 것이다.

진자의 움직임은 굉장히 민감하여 바람개비의 상태나, 주변의 진동에 의해 영향을 받았다. 나무상자의 수축률에 따라 기계장치를 압박하는 정도에 따라 간혹 진자의 운행이 멈춰지는 일도 있었으나 그 발생은 시간이 지날수록 안정화 되었다. 동력기어 지지틀은 시계장치상자의 나무틀에 장착되었는데, 나무틀과 기어장치들은 시간이 지나면서 견고하게 안착될 수 있었다. 이러한 과정들이 기계장치의 안정적 운행에 영향을 끼쳤던 것으로 보인다. 또한 실험 장소에 일정한 항온항습이 유지되도록 기계시설을 가동하였다.

혼천시계의 재현실험은 모든 동력을 발생시켜 하루에 조금씩 시간을 늘려가면서 문제점 등을 최종 수정하였다. 하루에 4시간에서 8시간의 운행 실험을 약 15일 동안 실시하였다. 이후 15일 동안 12시간 이상의 운행 실험을 실시하였다. 시간지속장치의 추 1은 하루에 두 번씩 올려주어야 하기 때문에, 진자의 운행은 어쩔 수 없이 한 번은 멈춰야 했다. 이 운행 실험에서는 ±3분/1일 이내의 오차를 나타냈다.[358]

혼천시계의 시간 오차는 시보시스템(시간지시장치와 구슬신호발생장치)이나 혼천의 부분에서 발생되는 오작동을 제외한다면, 추를 들어 올릴 때 생기는 오차와 탈진시스템의 기계적 마찰에서 오는 오차라고 볼 수 있다. 당시 기준으로 볼 때, 혼천시계는 상당히 정밀한 작동을 했던 것임을 알 수 있다.

* 작동 모델로 처음 제작한 혼천시계는 서울특별시과학전시관(2005년)에 전시되어 있고, 이를 보완하여 새롭게 복원한 것이 국립중앙과학관(2009년)에서 전시 운영 중에 있다. 국립중앙과학관의 혼천시계는 각 부속품들을 세부적으로 살펴볼 수 있도록 별도의 전시 공간을 두었다.

---

358) 이는 운행 중인 시계의 1차례 추를 들어 올릴 때 생기는 원인과 12지 시패장치를 붙들고 있는 각 부품들 간의 유격에 의해서 발생되었다.

05

맺음말

1669년 송이영(宋以穎)이 제작한 혼천시계는 서양식 자명종 원리를 이용한 시계 장치이다. 송이영은 천문학 교수로 천문관측에 대한 지식이 높았고, 시헌력에 대한 깊은 신뢰를 가졌다. 그는 서양의 과학기술을 응용하여 조선과 중국, 그리고 이슬람과 서양의 여러 시계장치에 대한 장단점을 고려하여 혼천시계를 제작하였다.

필자는 혼천시계의 기술사적 위치를 명확히 할 수 있도록 각 부속장치들의 원천기술과 장치들을 검토하였다. 혼천시계의 각 부속장치를 분석하여 동력발생과 천체운행 및 시보시스템에 대한 메커니즘을 규명하였다. 분석된 결과들을 설계도면으로 작성하고, 유기적인 시스템으로 연결하여 새로운 작동 모델로 복원하였다. 이에 앞서 송이영의 생애와 천문활동을 문헌에서 검토하였다.

1. 송이영의 생애와 천문활동의 내용과 시대적 배경

송이영의 생애에 대해서는 그동안 알려진 바가 거의 없었다. 이번 복원 제작과정에서 송이영이라는 인물이 『연안송씨세보』(이하 『세보』)에 등장하는 것을 밝히고, 그 인물이 혼천시계를 제작한 송이영과 같은가를 검토하였다.

천문학 교수 송이영과 『세보』의 인물이 동시대 사람이라는 정황, 현감을 지낸 관직의 동일성, 연안이라는 지역에 대한 연고, 음사(蔭仕)에 의한 관직진출로 천문학 교수임에도 잡과 출신자 명단에 없었던 상황 등이 같은 인물이라고 추측할 수 있게 한다. 그러나 『세보』에 송이영이 천문학 교수를 지냈다는 기록이 나와 있지 않다. 또한 『세보』에서 밝힌 음사에 의한 관직은 송이영의 활동시기인 현종대가 아닌 그 이후의 숙종대의 일이다. 그리고 옥과 현감을 지낸 시기도 『현종개수실록』에서는 1666년으로 나오는데, 『세보』에서는 1679년으로 기록하고 있다.

따라서 『세보』의 인물을 천문학 교수 송이영으로 확정하기 위해서는 보다 다양한 자료의 수집과 면밀한 분석이 뒤따라야 할 것이다. 그러나 아무 내용도 밝혀지지 않은 상태에서 『세보』의 관련내용들은 송이영 생애에 대한 유추에 좋은 참고자료로 사용될 수 있다. 『세보』의 내용을 따른다면 송이영의 가문은 전형적인 양반층으로 그의 부친은 임진왜란과 관련하여 선조의 피난길을 함께 올라 여러 공을 세웠다. 이로 인하여 송이영은 음사에 의해 관직에 진출하였다. 조부 송대립은 성리학자 성혼과 이정암 등과 교류할 만큼 학문적으로 상당한 위치에 있었다.

1654년 조선에서는 청나라의 외교 관계로 시헌력을 도입하게 되었다. 하지만 시헌력을 '청력(淸曆)'으로 간주하는 지식인들은 일단 시헌력 자체에 대한 거부감을 가지고 있었다. 시헌력의 오류를 비판한 송형구와 주자학적 우주론을 품고 있었던 송시열과 송준길을 포함한 대부분 유학자들에게 서양과학은 관심 밖의 대상이었다. 하지만 17세기 초반부터 들어온 서양과학기술 수용의 누적된 결과가 있었고, 시헌력 체제에 따른 새로운 천문시계의 필요성이 대두되기 시작했다.

송이영이 문헌상에 처음으로 거론되기 시작한 것은 1661년(현종 2) 천문학 겸(兼) 교수를 하고 있을 때이다. 객성(客星)의 출현으로 국가적인 불안 상황에 처했을 때, 기상관측의 적임자로 송이영이 추천 되었다. 1668년 송이영이 연안(延安)에서 머물고 있었을 때, 혜성에 대한 관측 결과가 현종에게 보고되었다. 이때 현종은 송이영의 관측결과에 높은 신뢰를 보여주었다.

1664년 송이영과 이민철은 누국(漏局)에 있던 혼천시계를 수리하였다. 이 수리는 1669년에 제작한 혼천시계의 여러 장치들이 개량되는 결과를 가져왔다. 송이영은 혼천시계의 동력으로 서양의 자명종을 이용하였다. 그리고 시보시스템에서는 동아시아와 이슬람의 여러 시계장치들의 장단점을 고려하여 제작하였다.

『현종실록』,『서운관지』,『증보문헌비고』등의 문헌에 의하면 서양식 자명종 동력을 이용한 추동식 혼천시계는 송이영에 의하여 1669년에 단 한 차례 제작된 것으로 나타난다. 후대에 제작된 숭실대학교 한국기독교박물관에 소장된 혼천의, 홍대용의 혼천시계, 강이중과 강이오의 혼천시계는 근본적으로 송이영의 혼천시계의 외형과 메커니즘 구조가 상이함을 알 수 있었다.

지금까지 밝혀진 문헌과 혼천시계 메커니즘의 기술적 특징, 17세기 초반부터 현종대(顯宗代)까지 보여주었던 서양과학기술 수용에 진취적이었던 홍문관 학자들과 관상감 관리들의 활동 등을 종합적으로 검토해 볼 때, 고려대학교 박물관의 유물이 송이영의 혼천시계라고 보는 것은 당연한 귀결이다. 더구나 혼천시계 수리기록인 최석정의 <자명종명>(1687~1688)은 현존하는 혼천시계 유물에 있는 진자장치와 탈진장치의 운행을 설명한 것으로, 송이영의 혼천시계임을 확인하는 중요한 근거가 된다.

2. 메커니즘을 중심으로 비교한 동서양 천문전통과 시계기술

혼천시계의 작동 메커니즘을 살펴보면 메커니즘 형성에 직접적인 영향을 주었던 원천기술이나 장치들이 있었다. <표 19>와 <그림 63>은 혼천시계의 제작기술과 다른 유물들과의 상호관계를 총괄적으로 살필 수 있도록, 복원 제작과정에서 검토되었던 여러 천문시계 장치들에 대하여 요약하고 정리한 것이다. <표 19>는 혼천시계의 각 부속장치들에 반영된 원천기술과 장치들을 종합하여 나타낸 것이다. <그림 63>에는 혼천시계의 제작에 영향을 끼쳤던 동서양의 천문과 시계기술들을 시간의 흐름에 따라 나타냈다. 또한 혼천시계 이후에 조선에서 제작된 천문시계들과의 관계도 나타냈다.

표 19. 혼천시계 각 부속장치의 원천기술과 장치

부품	각 부속장치	원천기술과 장치
혼 천 의	혼천의	중국식 혼천의에서 발전한 조선의 독창적 형태.
	삼신의 ・천체운행장치	세종대 혼의와 혼상의 태양운행장치(1435). 세종대 흠경각루의 태양운행장치 응용(1438). 최유지 혼천의의 천체운행시스템(1657).
	지구의 ・구 형태 ・세계지도	중국을 통해 전해진 지구의와 세계지도 지구의를 장치한 서양의 혼천의(1588), 『양의현람도』(1603). 『직방외기』(1631), 『혼천의설』(1644), 소현세자의 여지구(1645). 『양의현람도』(1603), 『곤여전도』(1860), 『지구전후도』(1834).
시 계 장 치	시간지속장치 ・기어장치 ・진자장치 ・탈진장치 ・추 1	서양식 기계시계 시간지속장치 시스템. 서양에서 14세기부터 17세기 중반 사이에 사용된 기계시계의 기어장치. 호이헨스의 1657년 진자장치. 서양에서 14세기부터 17세기 중반 사이에 사용된 왕관형탈진기. 조선의 독창적 형태.
	시간지시장치 ・12지 시패장치 ・시간알림 창	중국 수운의상대・이슬람 물시계・보루각루와 흠경각루의 시보시스템 응용. 중국 수운의상대(1092)와 이슬람 물시계(13세기)의 시패장치 응용. 보루각루의 시패장치(1434), 흠경각루의 시패장치(1438) 응용. 보루각루의 시간알림 창(1434).
	구슬신호발생장치 ・구조형태 ・구슬신호	중국과 이슬람의 영향, 보루각루의 전통. 중국 수운의상대의 승수호식 구조장치(1092). 이슬람 물시계의 구슬신호 응용(13세기), 보루각루의 구슬신호시스템(1434). 중국 왕징의 기계시계 구슬신호 영향(1627).
	타종장치 ・기어장치 ・타종수기어 ・타종수 ・종 ・추 2	서양식 기계시계 타종장치 시스템. 서양에서 14세기부터 17세기 중반 사이에 사용된 기계시계의 기어장치. 16세기 네덜란드와 일본의 영향. 일본식과 유사. 서양의 영향을 받은 일본식 형태. 조선의 독창적 형태.

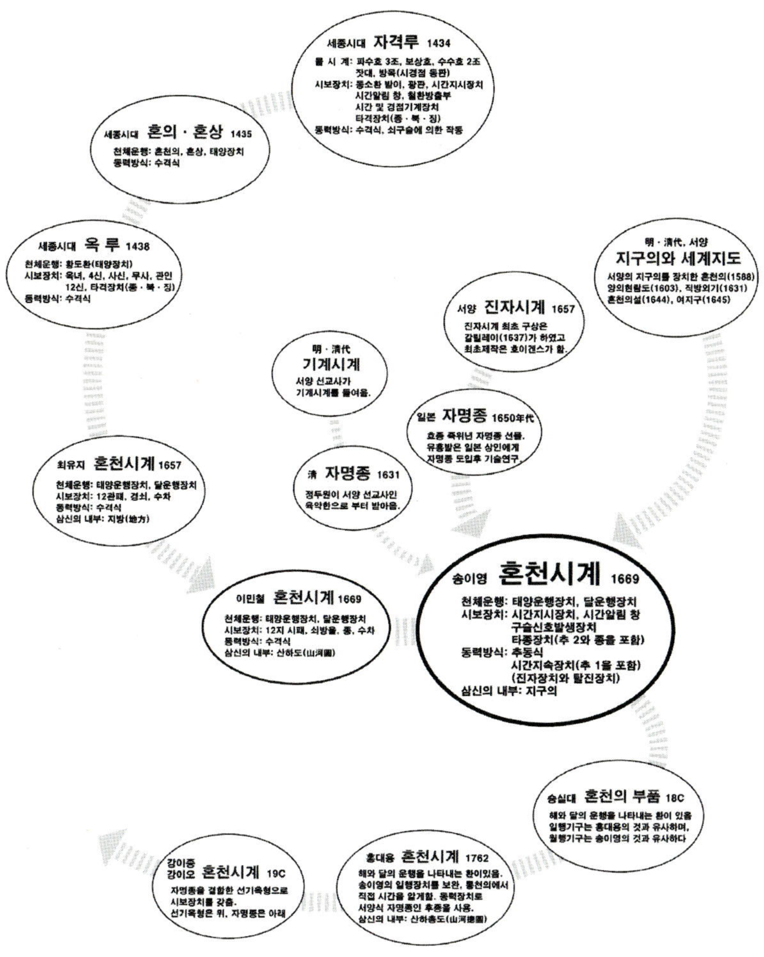

그림 63. 송이영 혼천시계와 동서양의 천문과 시계기술의 관계를 나타낸 구성도

혼천시계의 천체운행 메커니즘은 세종대 혼의와 혼상(1435), 흠경각루(1438)의 태양운행장치를 응용하였던 것으로 유추할 수 있으며, 이러한 천체운행시스템은 최유지의 혼천의(1657)에서 사용하고 있는 작동 메커니즘과 상당부분 일치하고 있음을 확인하였다. 태양을 이동하기 위해 노끈을 사용해 하루에 약 1도씩 물러나도록 하고, 이 끈이 회전축(최유지 혼천의의 경각과 차전의 역할과 유사한 원리)에 감겨 추에 의해 끌어당겨진 모습이라든지, 백단환에 13도 간격으로 27개의 대나무 못을 박았던 것, 달이 차고 기우는 모양을 나타낸 기술표현 등이 유사하게

나타나고 있다.

삼신의 내부에 설치된 지구의 형태적 구현은 서양의 세계지도인『양의현람도』(1603)에 그려진 천문학 지식을 습득하였을 가능성과『직방외기』(1631)의 지구에 대한 이해, 그리고『혼천의설』(1644)에 실린「혼천의도」의 지구의의 영향을 받았던 것으로 보인다. 또한 구면위의 세계지도는『양의현람도』등에서 얻은 지리 정보를 받아들여 지도를 그리고 글씨를 써서 표기하였을 것으로 여겨지며,『지구전후도』(1834)와 같은 후대의 자료를 이용하여 보수했을 가능성이 있다.

혼천시계 시계장치의 시간지속장치와 타종장치는 14세기에서부터 17세기 중반까지 서양에서 개발되어 사용한 기계시계시스템에서 찾아볼 수 있다. 진자장치는 호이헨스가 1657년에 제작한 초기 형태의 것이 응용되었고, 탈진장치는 17세기경에 서양에서 새롭게 등장한 수평 왕관형기어 탈진기의 기술을 담고 있다. 타종수기어는 16세기 네덜란드에서 성행하고, 이후 일본에서도 사용된 톱니 수에 따른 타종기어 기술이 적용되었다. 시간을 알리는 문자(子丑寅卯辰巳午未申酉戌亥)와 타종횟수(9, 8, 7, 6, 5, 4)를 연결 짓은 방법은 이전시기에는 없었던 방식으로 일본의 타종법에 영향을 받은 것으로 볼 수 있다.

시간지시장치는 중국 수운의상대(1092)와 조선 흠경각루의 시보시스템이 응용되었던 것으로 보이는데, 특히 보루각루(1434)의 12지 시패장치(평륜)와 매우 유사한 특징과 구조를 보여주고 있다. 시패장치의 운영이나 시간알림 창을 통한 시각적 효과, 슬라이딩장치를 이용한 시패의 안전한 이동 등 시보시스템이 혼천시계에도 그대로 적용되었다. 구슬신호발생장치는 중국 수운의상대의 동력발생 메커니즘과 이슬람 물시계의 구슬신호, 자격루의 구슬운영시스템의 기술이 집약되어 구슬의 신호발생과 구슬 장착이 자동으로 순환하고 반복되도록 구현한 무한순환시스템의 기술이 개발되어 사용되었다.

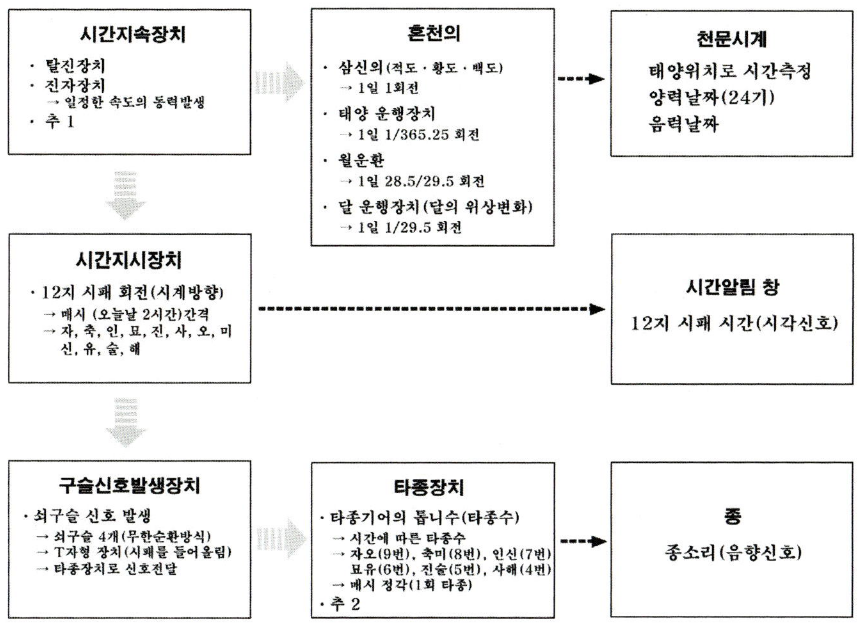

그림 64. 동력전달에 따른 혼천시계 메커니즘에 대한 구성도

<그림 64>에는 혼천시계 메커니즘 구조를 동력전달의 유기적인 구성도로 표현하였다. 혼천시계의 주동력장치라고 할 수 있는 시간지속장치의 동력은 혼천의와 시간지시장치의 양방향으로 전달된다. 이렇게 전달된 동력은 혼천의의 태양과 달의 운행장치를 운행시킨다. 혼천의에서 태양의 위치로 시간을 보여주고, 황도상의 태양위치로 24기의 양력 날짜를 알려준다. 또한 달운행장치는 달의 위상 변화의 모습을 통해 음력 날짜를 알려주게 된다. 그러므로 혼천의는 천문시계와 음양력을 알리는 달력(calendar)의 역할을 한다.

시간지시장치로 전달된 동력은 12지 시패장치를 운행하고 시간알림 창을 통해 시패 시간을 보여준다. 이때 구슬신호발생장치로 전달된 힘에 의해 구슬이 떨어지고 타종신호를 발생하는데, 타종장치의 타종수기어 톱니 수에 따라서 타종한다. 시간알림 창에서는 시패 시간의 시각신호를 나타내 주고, 타종장치에서는 종소리인 음향신호로 알려주게 된다. 혼천시계는 천체운행을 보여주는 천문시계이면서, 시보시스템을 갖춘 종합적인 시계장치라고 할 수 있다.

3. 메커니즘 규명을 통한 복원연구와 제작상황

혼천시계 복원연구는 Rufus(1936)가 처음으로 혼천시계를 소개한 후, 전상운의 연구(1963)와 니덤 등의 성과(1986)를 바탕으로 2005년부터 시작한 메커니즘 연구를 통해 실제 작동 가능한 혼천시계를 복원할 수 있었다. 혼천시계의 복원설계를 위해 국내외 관련 메커니즘의 문헌연구와 혼천시계를 비롯한 관련유물의 특징과 구조를 살펴서, 이를 분석하여 총 57장의 설계도면으로 작성하였다. 1차와 2차에 걸쳐 시작품을 완성하여 진자장치 및 타종장치에 대한 재현실험을 실시하였고, 이후에 혼천의, 시간지시장치, 구슬신호발생장치 등에 대하여 점검과 최종실험을 통하여 혼천시계의 작동 모델을 복원하였다. 혼천시계의 복원성과를 각 부속장치별로 고찰하여 다음과 같이 기술하였다.

혼천의의 황도단환의 부품으로 태양이동을 위한 운행장치와 레일장치를 복원하였다. 태양이동장치를 실에 묶어 이 실이 삼신의흑쌍환의 한쪽 환을 통과하여 극축을 통해 빠져나오게 하였다. 이 실이 태양운행 축(36-톱니기어)에 감기게 하여 1년 동안 매일 1도씩 동쪽(극축에서 바라보면 반시계 방향)으로 약 3mm/1일 이동하도록 제작하였다.

또한 실 끝에 추를 장치하여 실을 팽팽하게 당기는 역할을 하도록 하였다. 이 장치를 복원할 때 실이 혼천의 환의 굽은 부분을 통과하면서 잘 당겨지지 않는다거나, 회전하는 혼천의 구조상 꼬이거나 끊어질 것으로 예상되었다. 하지만 하루에 아주 조금씩 그리고 천천히 움직이게 되므로 이러한 일은 발생되지 않았다. 다만 실로 당기기 때문에 실 끝에 추를 달아 팽팽하게 유지한다고 해도, 실의 장력이 발생하여 태양의 움직임은 조금씩 오차가 있었다.

혼천시계의 또 다른 천체운행 메커니즘인 달운행장치를 복원하였다. 백도단환 남측면의 핀의 개수를 27개로 확정하여 이 핀(pin)과 달운행장치의 톱니기어수를 조정하여 날짜에 따른 삭망월을 보여 줄 수 있다. 달 모양은 구형으로 제작하여 한쪽 면은 검게 칠하고 다른 반쪽 면은 흰색으로 칠해 달의 위상을 표현하였다. 달의 위상은 하루에 1/29.5일씩 변하도록 기어장치를 구성하고 음력 날짜에 해당하는 초승달, 상현달, 보름달, 하현달 등을 재현할 수 있도록 제작하였다.

혼천의의 삼신의흑雙環과 월운환의 회전비(59:57, 29.5:28.5)를 유지하도록 혼천의 남측의 57-톱니기어와 59-톱니기어를 복원하였다. 57-톱니기어는 삼신의의 회전에 관계하고, 59-톱니기어는 월운환의 회전을 담당한다. 그러므로 삼신의가 1일 1회전할 때 월운환은 1일 57/59(=28.5/29.5)의 회전비를 갖게 된다. 이러한 28.5/29.5의 변화는 달위상이 하루에 1/29.5씩 변하게 되는 메커니즘을 만들어 준다. 이 메커니즘에 의하여 달운행장치의 위치를 변화시키고, 달의 위상도 음력 날짜에 해당하는 것으로 보여줄 수 있다.

시계장치의 동력시스템인 시간지속장치와 추장치를 복원하였다. 시간지속장치는 진자장치까지 모두 5개축으로 구성되어 있다. 이 중에서 탈진기와 진자장치는 시간지속장치의 핵심 장치라고 할 수 있다. 혼천시계 진자장치는 서양의 진자시계 제작 초기의 형태이다. 현재 호이헨스의 진자시계로 알려진 것에는 실에 매달린 진자장치가 포크장치를 통과하여 함께 운행한다. 이 장치 위에는 진자운동의 회전 폭을 제한하는 진자가이드가 있다. 하지만 혼천시계의 진자장치는 진자가이드와 포크장치가 존재하지 않는다. 그러므로 진자시스템을 복원할 때, 진자장치(진자추 포함)를 매단 평행봉의 쌍이와 탈진기의 톱니가 만들어내는 기계적 마찰이 시간의 정확성에 어떠한 영향을 미칠 것인가를 심각하게 고려했었다. 하지만 혼천시계의 운영시 1일 ±3분의 오차를 보였을 정도로 당시의 기준으로는 정밀한 작동을 하였음을 알 수 있었다.

시간지시장치에서는 훼손된 12지 시패장치, 시간알림 창의 창틀, 시각눈금, 그리고 혼천시계 전면부에 위치한 T자형장치와 연결막대, 슬라이딩장치, 스프링장치('ㄱ' 모양) 등을 복원하였다. 이 과정에서 혼천시계 전면부에 위치한 활모양의 슬라이딩장치와 T자형장치, 스프링장치 등의 역할에 따른 작동구조의 규명이 있었다. 이 장치들의 작동원리를 말하면 다음과 같다.

두 개의 시패장치가 있는데, 12지 시패 장치 중에서 시패 1이 슬라이딩장치를 타고 서서히 오르다가 T자형장치에 의해 시간알림 창에 올려지게 된다. 시패장치 1은 시간알림 창 아래에 설치한 스프링장치의 평면 레일을 따라 진행한다. 시간이 흐르면 다음 시패 2가 T장형장치에 의해 시간알림 창으로 올려 진다. 이때 스프링장치를 건드리게 되고, 그 반동에 의해서 앞서 지나간 시패 1을 아래로 떨어뜨린다. 그러므로 시간알림 창에는 항상 하나의 시패만 보이게 된다. 시패장치를 스프링장치와 T자형장치로 올려준 것은 아날로그 방식의 12지 시패장치의 운행을 디지털 방식의 시패장치 신호로 변환시키는 과정이라고 볼 수 있다. 시각눈금은 96각법으로 추정하여 부착하였다.

구슬신호발생장치는 무한순환이 가능하도록 구슬들어올림장치, 구슬장착바퀴, 구슬이동통로, 쇠구슬 등을 복원하였다. 이 과정에서 구슬이동통로의 경사각을 고려하여 제작하였고, 쇠구슬의 크기와 질량, 개수를 확정하여 제작하였다. 쇠구슬의 지름은 22mm, 무게는 44g로 정하였고 쇠구슬은 모두 4개만 사용하여 무한순환이 되도록 제작하였다.

타종장치를 이루는 동력기어와 타종수기어, 바람개비, 추장치 등을 복원하였다. 타종수기어는 시간에 따라서 종을 치도록 재현하였다. 또한 타종속도를 감속하기 위해 공기저항을 일으키는 바람개비 장치는 중량에 매우 민감하여 회전속도를 조정할 때 많은 어려움이 있었다. 바람개비의 크기는 가로와 세로, 두께를 각각 44.7mm, 26.5mm, 0.6mm, 무게는 약 8g으로 결정하여 제작하였다.

혼천시계의 복원과정을 통하여 그동안 추론만 하여 정확한 메커니즘을 알지 못했던 혼천시계의 여러 가지 구조와 기능을 이해할 수 있었다. 우선 시간지속장치의 동력장치의 메커니즘을 완전히 이해하였다. 이는 유물의 탈진장치와 진자장치의 구조에 대한 메커니즘과 동시대의 다양한 서양식 자명종 자료를 수집함으로써 기술적 변천흐름을 이해하여 비교 연구할 수 있는 계기를 마련하였다. 또한 타종수기어의 역할과 타종법에 대한 명확한 연구가 수행되었다. 문헌에 밝힌 타종법이 실제 유물의 부품에서 어떻게 구현되었는가를 알 수 있는 귀중한 연구 성과였다.

구슬신호발생은 전통적인 방식을 효과적으로 변화시켜 사람이 수동으로 구슬을 장착하지 않도록 개량한 무한순환시스템이었음을 밝혀냈다. 이것은 보루각 자격루에서 구슬장착의 번거로움을 일시에 해결한 진일보한 기술발전이었다. 또한 디지털 방식의 구슬신호를 사용하여 시간지시장치와 타종장치를 유기적인 연결 메커니즘이 되도록 하였다. 혼천시계의 전면부의 시패장치를 올려주는 여러 장치에 대한 기술적 메커니즘이 명확하게 밝혀지게 되었다. 혼천시계의 복원은 추론적 연구 방법에서 벗어나 실제 운행하는 작동 메커니즘을 이해하는 데 상당히 중요하다는 것을 알 수 있었다. 그리고 제작 당시 혼천시계가 어떠한 정밀도를 갖은 시계장치였는지 밝혀낼 수 있었다.

혼천시계는 태양과 달의 운행을 담고 있는 혼천의와 연동되면서, 진자장치, 시패장치, 구슬신호장치, 타종시스템을 갖춘 종합적인 시계시스템으로 세계의 시계사에서도 독특한 구성을 이룬다. 자동으로 운행하는 종합적인 천문시계 제작은 중국의 수운의상대 이후 조선으로 전해진 수격식 혼천의 시스템과 여러 시계장치에서 보여 주듯이 시계 제작기술의 역사적 전통을 잇는 것이라고 할 수 있다.

하지만 조선후기의 사회적 분위기는 서양식 자명종의 동력 방식으로 운행하는 혼천시계 시스템에 대하여 일부 실학자들에게만 관심을 끌었던 한계점을 갖고 있었다. 또한 진자가 장치된 자명종 동력을 이용한 시스템의 기술을 유지하고 계승하기 위한 기술적 기반이 형성되지 못한 아쉬움을 남기게 되었다.

혼천시계의 작동 모델이 운행되면서 17세기 동서양의 시계장치 기술이 하나로 재현되었다. 복원 모델을 통하여 조선 중기 혼천의의 천체운행에 대한 메커니즘이 규명되었고, 시계장치의 작동 메커니즘을 이해할 수 있었다. 또한 동서 천문시계에 대한 특징을 분석하여 혼천시계의 과학기술사적 위상과 위치를 확고히 할 수 있었다. 향후 현존하고 있는 송이영 혼천시계 유물의 복원수리를 통하여 우리의 자랑스러운 천문과학 문화유산이 실제로 작동하는 모습을 기대해 본다.

참고문헌

가. 논문

1. 국내

구만옥, "崔攸之(1603~1673)의 竹圓子 -17세기 중반 朝鮮의 水激式 渾天儀-", 『한국사상사학』
　　제25집(2005), 173-210쪽.

김상혁, "의기집설의 혼천의 연구"(충북대학교 대학원 석사학위논문, 2002).

김상혁 · 고경신, "송이영의 혼천시계 제작과 작동 구조 문헌연구", 『충북사학』 제18권
　　(2007), 483-519쪽.

김상혁 · 이용삼 · 이민수, "A Study on the Operation Mechanism of Ongnu, the Astronomical
　　Clock in Sejong", 『Journal of the Korean Astronomical Society』 28(2011), 79~91쪽.

남문현, "金墩의 「報漏閣記」에 대하여 -自擊漏의 原理와 構造-", 『한국사연구』 101(1998), 75
　　~114쪽.

南文鉉 · 韓永浩 · 李秀雄 · 梁必承, "朝鮮朝의 渾天儀 硏究", 『建國大學校 學術誌』(人文 · 社會篇)
　　39(1995), 519~543쪽.

배우성, "조선후기 蝦夷 인식과 서구식 세계지도의 신뢰에 관한 연구", 『朝鮮時代史學報』 제
　　28권(2002), 121~157쪽.

오상학, "조선시대의 세계지도와 세계 인식"(서울대학교 대학원 박사학위논문, 2001).

오상학, "조선후기 圓形 天下圖의 특성과 세계관", 『地理學硏究』 제35권 3호(2001), 231~247쪽.

禹景燮, "英 · 正祖代 弘文館 기능의 변화", 『한국사론』 39(1998), 137~186쪽.

李勇三, "世宗代 簡儀의 構造와 使用法", 『東方學志』 제93집(1996), 159~202쪽.

이용삼 · 김상혁 · 남문현, "남병철의 혼천의 연구 I", 『Journal of the Korean Astronomical
　　Society』 34(2001), 47~57쪽.

全相運, "璇璣玉衡(天文時計)에 對하여", 『古文化』 2집(1963), 2~10쪽.

전용훈, "조선후기 서양천문학과 전통천문학의 갈등과 융화"(서울대학교 대학원 박사학위
　　논문, 2004).

趙承龜, "朝鮮初期 書雲觀의 機能과 變遷"(연세대학교 대학원 석사학위논문, 1998).

한영호, "농수각 천문시계", 『역사학보』 제177집(2003), 1~32쪽.

한영호 · 남문현, "조선조 중기의 渾天儀 復元 연구:李敏哲의 渾天時計", 『한국과학사학회지』
　　제19권 제1호(1997), 3~19쪽.

韓永浩 · 南文鉉 · 李秀雄, "朝鮮의 天文時計 연구-水激式 渾天時計-", 『한국사연구』 113(2001),
　　57~83쪽.

2. 외국

Gao Xuan, "Principle Research and Reconstruction Experiment on the Astronomical Clock in Ancient China," *Proceedings of the 11th World Congress in Mechanism and Machine Science*, August 18~21(2003).

Hong−sen Yan and Tsung−Yi LIn, "A study on ancient Chinese time law and the time−telling system of Su Song's clock tower," *Mechanism and Machine Theory*, 37, 1(2002), pp.15 ~33.

Ryuji Yamaguchi, "A study on the antique Japanese clocks during the period of Tokugawa Shogunate," *The Clocks of Japan* (Nippon Hyoron−Sha Publishing Co., LTD., 1950).

W. C. Rufus and Won−Chul Lee, "Marking Time in Korea," *Popular Astronomy*, 44(1936), pp.252~257.

W. C. Rufus, "Astronomy in Korea," *Transactions of the Korea Branch of the Royal Asiatic Society*, 26(1936), pp.1~52.

藪內淸, "中國の時計", 『科學史研究』(1951), pp.19~22.

나. 일반서적

1. 국내

具萬玉, 『朝鮮後期 科學思想史 硏究I−朱子學的 宇宙論의 變動』(혜안, 2004).

金龍德, 『朝鮮後期思想史硏究』(乙酉文化史, 1977).

남문현, 『장영실과 자격루−조선시대 시간측정 역사 복원』(서울대학교 출판부, 2002).

남문현, 『한국의 물시계』(건국대학교 출판부, 1995).

박성래, 『한국사에도 과학이 있는가』(교보문고, 2004).

연세대학교 국학연구원 편, 『韓國實學思想硏究4−科學技術篇』(혜안, 2005).

禹仁秀, 『朝鮮後期 山林勢力硏究』(일조각, 2002).

월간시계사 편집부, 『시계총론』(월간시계사, 1995).

이기백, 『한국사신론』(일조각, 2007), 238쪽.

李成茂·崔珍玉·金喜福, 『朝鮮時代雜科合格者總攬』(韓國精神文化研究員, 1990).

이장규·홍성욱, 『공학기술과 사회』(지호, 2006).

전상운, 『시간과 시계 그리고 역사』(월간시계사, 1994a).

全相運, 『韓國科學技術史』(정음사, 1994b).

전상운, 『한국과학사』(사이언스북스, 2000).

전상운, 『한국과학사의 새로운 이해』(연세대학교 출판부, 1998).

조선기술발전사편찬위원회, 『조선기술발전사:4.리조전기편』(과학백과사전종합출판사, 1997a).

조선기술발전사편찬위원회, 『조선기술발전사:5.리조후기편』(과학백과사전종합출판사, 1997b).

한국천문연구원, 『역서 2007』(남산당, 2006).

한규성 원저, 한필훈 엮음, 『주역에 대한 46가지 질문과 대답』(동녘, 1996).

韓東錫, 『宇宙變化의 原理』(誠理會出版社, 1966).

홍희유·최윤구, 『조선수공업사2』(백산자료원, 1997).

2. 외국

Abbott Payson Usher, *A History of Mechanical Inventions*(Harvard University Press, 1954).

Al－Jazari, Donald R. Hill(ed. & transl.), *The book of knowledge of ingenious mechanical devices*(Pakistan Hijra Council, 1989).

Berthoud, F., *Histoire de la Mésure du Temps par les Horloges. 2 vols. Impr. de la République, Paris*(1802).

Britten, F. J., *Former clock & watchmakers and their work: Including an account of the development of horological instruments from the earliest mechanism, with portraits of masters of the art』*(Spon & Chamberlain, 1894).

Britten, F. J., *Old Clocks and Watches & Their Makers*(E. & F. N. SPON., 1932).

Christianson, David., *Timepieces: Masterpieces of Chronometry*(Firefly Books, 2002).

Clutton and G. Daniels, *Clock and Watches in the Collection of the Worshipful Company of Clockmakers*(London, 1925).

Denison, E. B., *Clock & Watch Making: With a chapter on church clocks*(John Weale, 1850).

Donald R. Hill, *A historyn of engineering in classical and medieval time*(Routledge, 2004).

Edmund Beckett, *Clocks & Watches and Bells*(Crosby Lockwood and Co., 1883).

Edward Wenham, *Old Clocks*(Sping Book, 1964).

H. L. Nelthropp, *Catalogue of the Nelthropp Collection,* 2nd edn(London, 1900).

Jo Ellen Barnett, *Time's Pendulum: From Sundials to Atomic Clocks, the Fascinating History of Timekeeping and How Our Discoveries Changed the World*(Harvest Books, 1999).

Joseph Needham, Lu Gwei－Djen, John H. Combridge, John S. Major, *The Hall of Heavenly Records: Korean astronomical instruments and clocks 1380～1780*(Cambridge University Press, 1986).

Joseph Needham, Wang Ling, D. J. de Solla Price, *Heavenly Clockwork: The Great Astronomical Clocks of Medieval China*(Cambridge University Press, 1960).

Kenneth Ullyett, *In Quest of Clocks*(Rocklife, 1950).

Kristen Lippincott, Umberto Eco, E. H. Gombrich and others, *The Story of Time*(Merrell Holberton, 1999).

Montres Rolex S. A., *The Anatomy of Time*(Geneva, The Company, 1955).

Peter Heuer, Klaus Maurice, *European pendulum clocks: decorative instruments of measuring time*(Schiffer Publishing Ltd., 1988).

Robertson, J. Drummond, *The Evolution of Clockwork*(Cassell & Company, LTD., 1931).

Whitrow, G. J., *Time in history: View of time from prehistory to the present day*(Oxford University Press, 1989).

潘鼐, 『中國古天文儀器史』(山西教育出版社, 2003).

山口隆二, 『日本の時計: 德川時代の和時計の一研究』(日本評論社, 1950).

山田慶兒·土屋榮夫, 『復元水運儀象臺:十一世紀中國の天文觀測時計塔』(新曜社, 1997).

李約瑟, 『中國科學技術史: 第四卷 物理學及相關技術』(科學出版社 · 上海古籍出版社, 1999).
李志超, 『水運儀象志 - 中國古代天文鍾的歷史』(中國科學技術大學出版社, 1997).

다. 외국 번역서

데이바 소벨 · 윌리엄 앤드루스 지음, 김진준 옮김, 『해상시계』(생각의 나무, 2005); McCready,
　　　S. *The Discovery of Time* (MQ Publications, Ltd., 2002).
스튜어트 매크리디 엮음, 남경태 옮김, 『시간의 발견』(휴머니스트, 2002); Sobel, D., *The
　　　Illustrated Longitude* (Thinking Tree Publication Co., 1995).
움베르토 에코, 에른스트 곰브리치, 크리스틴 리핀콧 외, 김석희 옮김, 『시간박물관』(푸른숲, 2000).
위비 바이커외 지음, 송성수 편저, 『과학 기술은 사회적으로 어떻게 구성되는가』(새물결, 1999).
즐리오 알레니 지음, 천기철 옮김, 『직방외기』(일조각, 2005).
테사 모리스 스즈키 지음, 박영무 옮김, 『일본 기술의 변천』(한승, 1998).
히라오 요시미츠 편저, 최영희 옮김, 『문화재를 연구하는 과학의 눈』(학연문화사, 2001).

라. 보고서, 발표집, 컬렉션자료, 기타문헌

건국대학교 한국기술사연구소, 『보루각 자격루 복원설계 용역』 보고서(문화재관리국, 1998).
국립민속박물관, 『천문: 하늘의 이치 · 땅의 이상』(2004).
국제신문, 2002년 1월 30일, 사진: ‘옥루상상도’.
나일성 · 박성래 · 전상운 · 남문현, 『과학기술문화재 복원 기초조사 및 설계용역』 보고서(문
　　　화재관리국, 1992).
서울역사박물관, 『European의 상상, Corea꼬레아: 서정철 · 김인환 기증 서양고지도 특별전
　　　전시도록』(2004).
서울역사박물관 · 고려대학교 박물관 기획전, 『서울, 하늘 · 땅 · 사람』 전시도록(서울역사박
　　　물관 · 고려대학교 박물관, 2002)
延安宋氏世譜編纂委員會, 『延安宋氏世譜』(延安宋氏修譜所, 1972).
영남대학교 박물관, 『韓國의 옛 地圖』(영남대학교 출판부, 1998).
오상학, “조선 후기 지구의 제작과 활용: 고려대학교 박물관 소장 혼천시계의 지구의를 중심
　　　으로”, 『한국과학사학회 추계학술대회』(2005), 22~27쪽.
이용삼, “일성정시의를 이용한 자격루의 시각 교정”, 『세종과학기술의 현대적 조명』 세종대왕
　　　탄신 601돌 기념 학술대회 논문집(건국대학교 한국기술사연구소, 1998), 23~31쪽.
이용삼 · 이용복 · 김상혁, 『국보 230호 혼천시계(渾天時計) 복원제작』(옛기술과문화, 2005).
전상운, 개인서신(2006).
全州李氏密城君派宗會, 『全州李氏密城君派世譜』卷1, (家乘미디어, 2002).
중앙일보사, 『姓氏의고향』(1989).
통계청, 『(2000 인구수택종조사) 성씨 및 본관 보고서』(2003).

諏訪湖時の科學館 儀象臺, 儀象臺展示解說(諏訪湖時の科學館, 1998).

Bruce Stephenson, Marvin Bolt, Anna Felicity Friedman, *The Universe Unveiled*(Cambridge University Press & Adler, 2000)

Hachette Collections Japan,『古の時計』(アシェット・コレクションズ・ジャパン株式会社, 2006)

Lloyd, H. Alan, *The Collector's Dictionary of Clocks*(Country Life Limited, 1964).

Percy G. Dawson, The Iden Clock Collection(Antique Collector's Club, 1987).

Symonds, R. W., *Thomas Tompion: His Life & Work*(London: Batsford, 1951).

마. 고문헌

『世宗實錄』(『세종장헌대왕실록』, 세종대왕기념사업회, 1980).

『中宗實錄』(『이조실록』147, 여강출판사, 1991).

『仁祖實錄』(『인조실록』, 민족문화추진회, 1989).

『顯宗改修實錄』(『현종개수실록』, 민족문화추진회, 1991).

『肅宗實錄』(『숙종실록』, 세종대왕기념사업회, 1987).

『英祖實錄』(『영조실록』, 세종대왕기념사업회, 1990).

『增補文獻備考』「象緯考」(『국역증보문헌비고』「상위고」, 세종대왕기념사업회, 1980).

『增正交隣志』(하우봉·홍성덕, 『국역증정교린지』, 민족문화추진회, 1998).

金萬重, 『西浦漫筆』(홍인표 역주, 『서포만필』, 일지사, 1987).

金堉, 『潛谷筆談』(『잠곡전집』「잠곡선생필담」, 성균관대학교 대동문화연구원, 1975).

南秉哲, 『儀器輯說』 상권 「渾天儀」.

李圭景, 『五州衍文長箋散稿』 권13.

成周悳, 『書雲觀志』(『국역서운관지』, 세종대왕기념사업회, 1999; 이면우·허윤섭·박권수 역주, 『서운관지』, 소명출판, 2003).

李肯翊, 『練藜室記述』(『국역연려실기술』, 민족문화추진회, 1966).

李純之, 『諸家曆象集』(『韓國科學古典叢書』 II, 성신여자대학교출판부, 1983).

李純之·金淡, 『七政算內篇』(유경로·이은성·현정준 역주, 『칠정산내편』, 세종대왕기념사업회, 1973).

崔錫鼎, 『明谷集』(『韓國文集叢刊』 153~154책, 민족문화추진회, 1997).

崔攸之, 『艮湖先生集』「竹園子說」.

洪大容, 『湛軒書』(『국역담헌서』, 민족문화추진회, 1967).

『宋史』, 「律曆志」.

『元史』 「天文志」.

托克托, 『金史』卷二十二, 渾象條.

蘇頌, 『新儀象法要』, 四庫全書, 宋.

湯若望, 『渾天儀說』「渾天儀圖」.

楊桓, <太史院銘>, 元.

부록 1. 혼천시계의 교육학습을 위한 활용과 운영관리

제1장 혼천시계의 교육학습을 위한 활용

1. 혼천시계 사용방법

(1) 시간측정법

혼천시계를 사용하여 우리가 알 수 있는 정보는 다양하다. 우선 가장 쉽게 알수 있는 정보는 현재의 시간이다. 이것은 시간알림 창에 보이는 시패 시간을 읽어주면 된다. <그림 1>은 복원한 혼천시계에 장치한 96각 시각눈금이다. 시패장치는 우측에서 좌측으로 진행하게 된다. 앞의 1시간은 초(初)에 해당하는 시간이고, 뒤의 1시간은 정(正)에 해당하는 시간이다.

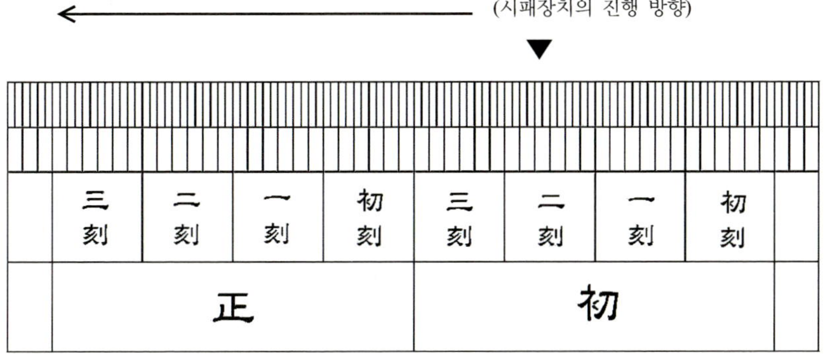

그림 1. 혼천시계의 96각 눈금표

위의 모든 시간은 시간의 간격(interval)을 나타낸다. 초와 정은 초각(初刻), 일각 (一刻), 이각(二刻), 삼각(三刻)으로 구분하였는데, 1각에 해당하는 시간은 다시 6등 분 하였다. 그리고 1등분을 10분(分)이라는 용어로 사용하였다. 그러므로 1각은 60 분(分)이 되고, 현대시간으로 15분이 된다. 또한 10분(分)은 현대시간으로 2.5분에 해당한다.

96각 시간체계에서 10분(分)의 간격은 또다시 2등분하여 사용할 수 있다. 이것 은 혼천시계 시간지시장치의 12지 시패장치의 회전반경 크기를 고려하였을 경우 이다. 만약 회전반경의 지름이 크면 클수록 눈금의 세분화는 더욱 이루어졌을 것 이다. 조선 전기의 천체위치측정기인 간의(簡儀)의 백각환에는 현대시간의 20초 안팎의 세밀한 간격의 눈금으로 나타냈던 것으로 보인다.[1] 위에서 언급하고 있는 분(分)과 오늘날 우리가 사용하는 시, 분, 초에서 말해지는 '분'의 시간과는 차이 가 있음을 유의해야 한다,

12지 시패의 시간측정방법에 대하여 알아보자. 시패장치의 둥근 원의 가상의 중심선을 긋고 혼천시계 96각 시각눈금이 가리키는 곳을 읽는다. 예를 들어 오시 (午時)의 시패 중심이 <그림 1>에서 역삼각형 표시(▼)에 있다면, 시간은 '午初 二 刻 四十分'이라고 읽을 수 있다. 오초는 오전 11시에서 12시에 해당하고, 2각은 매 시 30분에서 45분에 해당하고, 40분(分, 10分=2.5분)은 현대시간인 10분에 해당하 므로 이를 합하여 나타내면 오전 11시 40분이 된다.

(2) 태양 위치에 따른 양력 날짜 측정

혼천의에서 태양장치의 위치로 시간을 읽는 방법을 알아보자. 태양이 운행하는 황도단환 북면 위에는 24기(氣)의 명칭이 새겨져 있다. 24기 명칭 사이의 태양운 행관에는 약 15개의 눈금이 그려져 있다. 24기(氣)로부터 태양장치가 위치해 있는

---

1) 李勇三, "世宗代 簡儀의 構造와 使用法", 『東方學志』 제93집(1996), 198쪽; 간의의 백각환은 하루를 12시와 100각으로 나누 었다. 매시는 초와 정으로 2등분하였고 매초와 정을 초각, 일각, 이각, 삼각으로 나누고 매 각을 6등분하여 60분(分)이라고 하 였다. 그리고 나머지 시간인 사각은 10분(分)에 해당했다. 그러므로 오늘날 1시간은 4각(刻)하고도 10분(分)이 되는 셈이다. 매 각(60分)은 현대시간으로 14.4분에 해당되고, 10분(分)은 2.4분(=144초)에 해당한다. 여기까지는 일성정시의 백각환(지름 381mm)에 그려진 눈금의 표시이다. 그런데 간의의 백각환 지름은 1,325mm에 해당하므로 여기에 새긴 눈금 간격은 더욱 촘촘 했을 것으로 보인다. 그러므로 간의에서 10분(分)의 단위를 6등분으로 나누었다면 24초(10分→2.5분, 2.5분=150초, 150(초)÷6 (등분)=24초)의 간격으로 눈금을 그렸을 것이고, 10진법인 10등분으로 나누었다면 15초(150(초)÷10(능분)=15초)의 눈금 간격 으로 그렸을 것이다.

곳까지 눈금수를 세어나가면 1년 중 날짜를 알 수 있다.

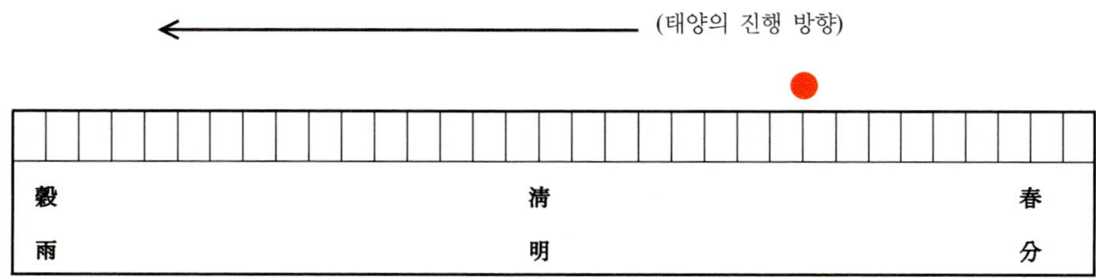

그림 2. 황도단환 북면의 24기

<그림 2>는 황도단환 북면의 24기를 나타낸 것으로 태양('●'로 표기)은 춘분(春分)과 청명(淸明)사이에 위치하고 있다. 태양의 위치는 춘분에서 보면 청명 방향으로 7눈금 지나서 있으므로 춘분날에 7일을 더해주면 된다. 예를 들면, 2007년의 춘분날이 3월 21일 이므로 태양이 위치한 곳까지 7일을 더해주면 3월 28일이 된다. 이런 방법으로 8눈금 더 진행하면 청명인 4월 5일이 되고, 다시 15눈금을 더하여 곡우(穀雨)에 이르면 4월 20일이 된다.

표 1. 24기에 따른 태양의 황경과 양력 날짜

명칭	태양의황경	양력 날짜	명칭	태양의황경	양력 날짜
입춘	315°	2월 4일 경	입추	135°	8월 8일 경
우수	330°	2월19일 경	처서	150°	8월23일 경
경칩	345°	3월 6일 경	백로	165°	9월 8일 경
춘분	0°	3월21일 경	추분	180°	9월23일 경
청명	15°	4월 5일 경	한로	195°	10월 9일 경
곡우	30°	4월20일 경	상강	210°	10월24일 경
입하	45°	5월 6일 경	입동	225°	11월 8일 경
소만	60°	5월21일 경	소설	240°	11월23일 경
망종	75°	6월 6일 경	대설	255°	12월 7일 경
하지	90°	6월22일 경	동지	270°	12월22일 경
소서	105°	7월 7일 경	소한	285°	1월 6일 경
대서	120°	7월23일 경	대한	300°	1월21일 경

<표 1>은 24기에 따른 태양의 황경과 양력 날짜를 나타낸 것이다. 태양의 황경이 0°가 되는 지점은 춘분이며, 3월 21일경이 된다. 황경이 180°가 되는 지점은 추분이며, 9월 23일 경이 된다. 태양의 황경에서 0°와 180°는 적도와 교점을 나타낸다. 혼천시계에서 황도단환위의 춘분점을 기준으로 반시계 방향(북극축을 중심에서 볼 때)으로부터 각도로 표시한 것이 황경이 된다.

지구는 태양의 주위를 매년 타원궤도로 공전하고 있다. 태양은 타원궤도의 초점에 있게 되는데, 지구의 공전속도는 근일점에서 빠르고 원일점에서 느리게 움직인다. 그러므로 24기의 입기시각은 태양의 황도상의 위치에 따라 정해지게 된다. 조선시대에는 24기의 입기시각을 정하는 방법으로 평기법(平氣法)과 정기법(定氣法)을 사용하였다.

평기법은 1년을 24등분해서 황도(黃道)상의 해당 지점에 절기와 중기를 배치하는 방법이다. 그러므로 절기와 중기의 시간 간격은 약 15.22일(360° / 24기)이 된다. 이와 달리 정기법은 황도에서 동쪽방향으로 15°간격으로 기점을 매겨 나가는 방법이다. 태양의 두 기점 사이를 지나는 데 걸리는 일수는 실제적으로 15.22일을 안팎으로 드나들게 된다. 중국의 경우 오래전부터 평기법을 사용하다가 6세기 말에 수나라 유작(劉焯)이 정기법을 제창하였고, 이 후 1000여 년이 지난 청나라의 시헌역법에서 처음으로 정기법을 사용하였다.[2]

평기법은 역계산에는 편리한 점이 있으나 실제 천체운행과는 다르다. 혼천시계에 그려진 24기의 위치는 평기법에 의한 표시로, 매년 발행되는 역서의 날짜와 황도단환위의 태양 위치는 하루 정도의 오차가 발생될 수 있다. 이런 경우 태양운행장치의 노끈을 당기거나 풀어줌으로써 24기 날짜를 조정해 줄 수 있다.

(3) 태양 위치에 따른 하루 중 시간 알기

혼천의 환에는 시간을 나타내 주는 백각환이 존재하지 않는다. 그러므로 정확한 시간을 읽을 수 없어 보인다. 하지만 태양장치가 동쪽에서 떠오르게 되면 오전이 되고, 천경흑쌍환에 이르면 정오가 되며, 이후 서쪽으로 넘어가면서 오후가 되

---

2) 이은성, 『역법의 원리 분석』(정음사, 1985), 127쪽; 야부우찌 기요시 저, 朴世熙 譯, 『中國의 數學』(전파과학사, 1981), 51~52쪽.

는 것을 알 수 있다.

그런데 과연 이렇게 대략적인 시간만 알 수 있었던 것일까? 우리는 천체의 운행이 규칙적으로 15°/1hr씩 운행한다는 것을 알고 있다. 태양의 운행도 예외가 될수 없는데, 만일 태양의 위치를 눈금이 그려진 환에만 투영시킬 수 있다면 현재의시간을 알 수 있게 된다. 그러므로 혼천의에서 고정되어 있는 천위적단환의 눈금을 활용하면 시간을 알 수 있게 된다. 즉, 천위적단환은 전체가 360°인 눈금이 그려져 있고 작은 눈금 10개씩을 묶어 10도 단위의 큰 눈금으로 그려져 있다. 그러므로 2시간이 지나면 큰 눈금 3개를 지나서 30°를 운행하게 될 것이고, 4시간이지나면 60°를 지나는 것을 알 수 있다.

결국 정오를 중심으로 15° 전에 태양이 위치하면 오전 11시가 되고, 정오보다15° 앞에 태양이 위치해 있으면 오후 1시가 되는 것이다. 하지만 일반적인 사람들이 태양의 위치로 한 번에 시간을 알아보기란 쉬운 일이 아니다. 그러므로 혼천의의 태양 위치로 현재 시간을 알려면 그만큼 잘 훈련이 되어 있어야 한다. 더 쉽게하루의 시간을 알고 싶다면 시간알림 창의 시패 시간을 읽으면 된다.

(4) 달의 위상으로 음력 날짜 측정

달의 삭망월 주기는 약 29.5일이다. 달의 위상변화는 태양과 지구와 달의 상대적인 위치에 따라 나타나는 것으로 합삭(合朔)에는 태양－달－지구의 배치에 해당하고 망(望, 보름)에는 태양－지구－달의 배치가 된다. 만일 달이 태양과 함께떠오르기 시작하여 하루가 지난다고 가정해 보자. 다음날부터 달은 매일 약 12°.2씩 늦게 떠오르게 됨을 알 수 있다. 달과 태양의 각도가 점점 벌어지게 되면, 달의밝은 부분이 점점 많이 보이게 된다. 태양－지구－달의 일렬 배치가 되면 달은 보름달이 된다. 그리고 시간이 더 흐르게 되면, 달의 밝은 부분이 점점 줄어들게 된다. 마침내 처음의 합삭 위치에 오면 태양－(그믐)달－지구의 배치가 되므로 육안으로 달을 확인할 방법은 없다.

예로부터 우리의 선조들은 이러한 달의 위상 변화로 날짜를 알 수 있었다. 오늘날의 달력에서도 음력 날짜가 사용되고 있다. 우리가 사용하는 추석이나 설, 정월대보름은 바로 이러한 음력 날짜를 표현한 것이다. 그러므로 혼천의 달운행장치에서 달의 위상을 관찰하면 음력 날짜를 알 수 있다. 또한 달운행장치(달)와 지구, 태양의 상대적인 위치도 알 수 있다.

달의 위상은 태양 빛이 달을 비추는 반사면 넓이의 변화를 나타낸 것이다. 그런데 달의 위상을 시간의 경과에 따른 변화로 나타낼 수 있다. 이런 표현을 월령(月齡, 달의 연령)이라고 말한다. 매년 한국천문연구원에서 발행하는 『역서』를 보면 월령은 합삭 후 매일 정오(12시)까지의 시간을 1일 단위로 표시한 것을 의미한다. 『역서』에는 1년 동안 날짜별 월령이 나와 있다. 만약 운행 중 오차가 생긴다면 수동으로 달운행장치의 6−핀기어를 회전시켜 달의 위상을 조정할 수 있다.

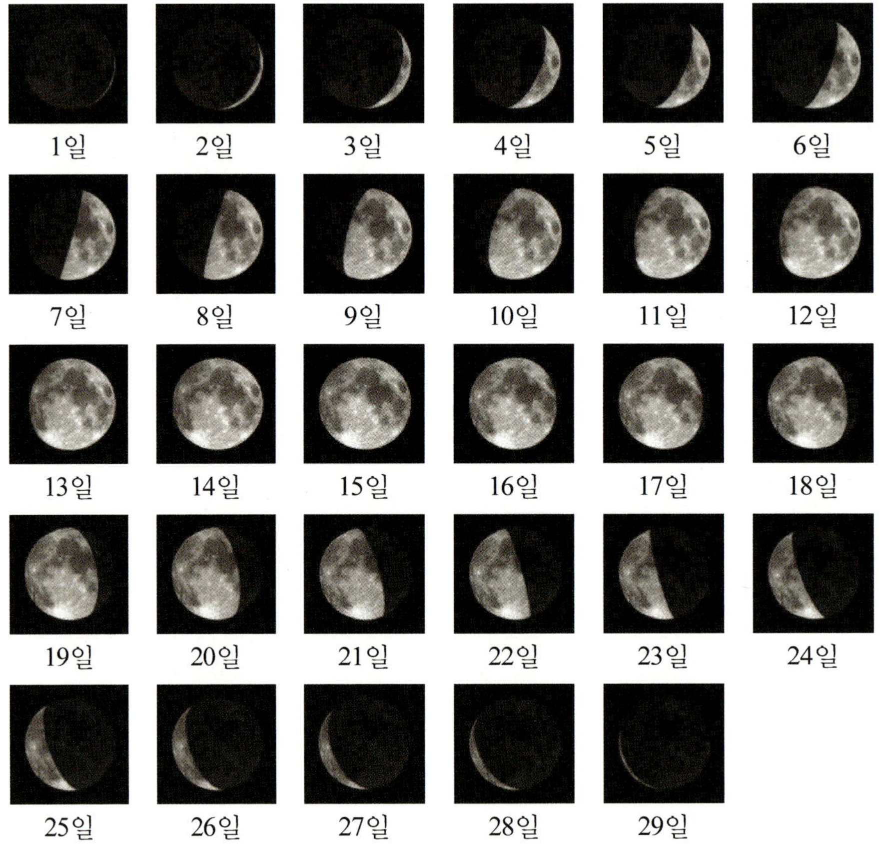

그림 3. 달의 위상에 따른 월령[3)

<그림 3>은 달의 위상에 따른 월령을 나타낸 것이다. 우리나라에서 보게 되는 실제 달의 위상은 오른편 아래부터 채워지다가 보름이 되면 밝은 면이 꽉 차게 되고 오른쪽 윗부분부터 어두워지기 시작한다. 이제 달운행장치의 위상 변화(월령 모습)를 활용하여 음력 날짜를 읽으면 된다.

2. 혼천의 좌표계와 관측성분

현대천문학에서 천체의 위치를 나타내는 방법으로 주로 적도좌표계를 사용한다. 적도좌표계의 위치 성분은 적경(赤經, Right Ascension=R.A.)과 적위(赤緯, Declination=Dec.)로 나타낸다. 우리가 지평좌표계에서 지표상의 임의 지점을 고도와 방위각으로 표시하는 것과 같은 원리라고 보면 된다.

천체라고 하는 것은 항성(별)과 행성, 소행성, 혜성 등을 모두 일컬어 부르는 용어이다. 이중에서 항성들은 모두 같은 방향성을 가지고 운행하고 있다. 예를 들면 우리가 살고 있는 위치(북반구 중위도)에서 북쪽 하늘을 보면 북극을 중심으로 별들은 반시계 방향으로 회전하고 있다. 동쪽 하늘의 별들은 떠오르고, 남쪽 하늘의 별들은 완만한 경사도를 유지하며 왼쪽에서 오른쪽으로 흘러가고, 서쪽 하늘의 별들은 지게 되는 것을 보게 된다. 물론 낮 시간의 태양운행도 마찬가지이다.

천체는 북극축을 중심으로 1시간에 15°씩 회전한다. 이것은 바로 지구가 1시간에 15°씩 자전하기 때문에 나타나는 현상이다. 별들의 운행에서 알 수 있듯이 각각 다른 방향성을 갖는 운동을 한다면 별들의 위치를 나타낼 수 없을 것이다. 다행히 항성의 운동은 매우 규칙적이다. 그러므로 별들의 위치를 적도좌표계로 표현하는 것은 동양의 오랜 전통이었고, 혼천의는 그 전통 속에서 만들어진 관측기기이자 천구모델이라고 할 수 있다. 혼천의의 이러한 구조로 인하여 관측할 수 있는 특정한 장치4)를 설치하여 별들의 위치를 측정할 수 있었다.

---

3) 김춘호, http://www.byulbee.com, '별이 내리는 밤'; 달의 이미지는 김춘호가 운영하는 인터넷 웹사이트의 것을 이용함.

4) 규형 또는 규관, 옥형으로 불리는 천체의 위치를 찾는 장치로 둥글거나 사각형의 망통 형태이거나 긴 판대에 직각으로 세운 지시표를 꼽아 사용하기도 했다.

<그림 4>의 좌측에는 이러한 위치 측정의 기준인 춘분점을 표시하였다. 춘분점으로부터 관측하고자 하는 천체까지의 각거리를 반시계방향으로 측정하는 것이 적경이다. 춘분점은 항성(별)이 회전함에 따라 그 위치가 함께 회전하게 되는데, 기준점인 춘분점과 별들이 함께 운행되므로 항상 그 위치를 찾을 수 있게 된다. 쉬운 예로 글씨가 많은 책을 가정해 보자. 기준이 되는 글자를 선택하게 되면 나머지 글자의 위치는 기준점으로부터 일정한 거리에 있게 된다. 좌표축을 유지한 상태로 아무리 움직여 봐도 찾는 글자는 항상 같은 거리에 위치해 있는 것을 알 수 있다.

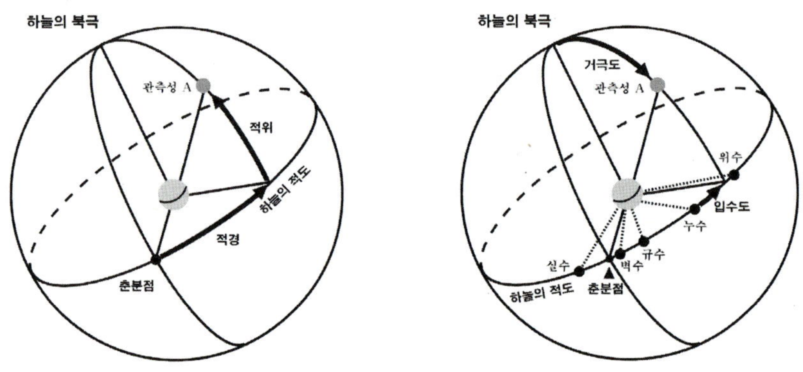

그림 4. 현대의 천체관측 성분(좌)과 조선시대 천체관측 성분(우) 비교

별의 또 다른 좌표는 적위 값이다. 이는 천구상 적도를 중심으로 수직권인 남·북극 축 방향으로 측정하는 값이다. 측정하고자 하는 천체가 적도 위에 있으면 +위 값을 갖게 되는 것이고, 아래 방향에 있으면 −적위 값을 취하게 된다. 천구의 북극은 +90°가 되고 천구의 남극은 −90°가 된다. 적경 값은 주로 시간각의 단위(h, m, s)로 표시하고 적위 값은 주로 각도 단위(°, ′, ″)로 표시한다. 이러한 적경 값은 혼천의로 관측할 때 '입수도'라는 용어로 표현했고, 적위 값은 '거극도'라고 표현했다.

<그림 4>의 우측에 있는 입수도와 거극도는 오늘날 적도좌표계의 측정법과 개념적으로는 일치하지만 약간의 다른 점이 존재한다. 입수도는 춘분점을 기준으로 심는 것이 아니라, 천구의 적·황도상에 펼쳐진 28수(28개의 기준별)를 기준으로

삼아 관측성 A를 적도면상으로 측정한 각거리이다. 거극도는 천구의 적도면을 기준으로 삼는 것이 아니라, 북극을 기준으로 삼아 관측성 A를 적도면과 수직방향으로 측정한 각거리이다. 360°법으로 표현한다면 적위 0°의 값은 거극도 90도가 되는 것이고, 적위 +90°의 값은 거극도 0도가 된다.

$$거극도 = 90° - 적위\ 값$$

이렇게 혼천의를 사용한 관측에서 별들의 위치는 입수도와 거극도로 측정한다. 태양의 위치는 앞서 언급한 바와 같이 황도좌표계를 이용하여 측정해야 한다. 과거에는 적도좌표계에서 얻은 측정값을 적절하게 변형시켜 사용한 값들이었다. 하지만 이러한 값들은 정확한 황도의 좌표 값이 되지 못했다.

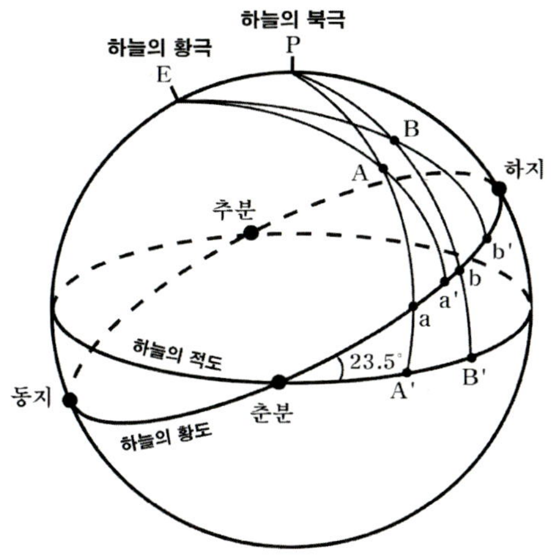

그림 5. 사황경(似黃經)과 사황위(似黃緯) 설명도

<그림 5>에서 A는 황도 28수 수거성(기준별)이다. B는 관측대상인 별이다. PA, PB는 각각 A와 B의 두 지점을 통과한 적경권5)이고, EA, EB는 각각 A와 B의 두 지점을 통과한 황경권6)이다. 이론적으로 A'B'는 수거성 A에서 관측성 B에 이르

---

5) 천극(북극)에서 적도로 내린 선으로 적도권와 수직이다.

는 적도상에서의 입수도이고, PB는 거극도로 그것의 여각은 적위가 된다. a'b'는 수거성 A에서 관측성 B에 이르는 황도상에서의 입수도로 삼고, Bb를 B성의 황위로 삼았다. 중국 고대에는 황위를 황도내외도(黃道內外度)라고 하였다. 따라서 이러한 개념에 따라 얻은 황경과 황위는 실제 수치와는 달라서 과학적인 황경, 황위 개념과는 차이가 나는데 사실상 명확한 황극 개념이 없기 때문에 이러한 황도 좌표는 결코 과학적이지 못하다는 것을 알 수 있다.

사람들은 이를 구별하기 위하여 이렇게 얻은 황도도수를 위황도도수(僞黃道度數), 사황도도수(似黃道度數) 또는 극황도도수(極黃道度數)라 불렀다. 극황도도수라는 명칭은 남북의 적극으로부터 측정한 황경, 황위라는 의미를 갖고 있다. 이러한 잘못된 관념은 상당히 오랫동안 지속되어 오다가 원·명대에 이슬람과 서양의 천문학이 중국에 전입된 이후에야 비로소 바로 잡히게 되었다.

조선에서 관측용으로 사용되었던 혼천의 중에서 이러한 오류를 극복한 것은 1850년대 남병철 혼천의에 이르러 가능해졌다.7) 남병철은 기존의 삼신권과 사유권 사이에 재극권(載極圈)8)을 신설하여 이러한 오류를 바로 잡았다. 남병철의 재극권은 황극축, 적극축, 천정극축의 좌표 변환을 자유롭게 사용할 수 있었던 혼천의였다.

3. 교육에서 활용하기 위한 전시기법

혼천시계의 우수성과 정밀성을 첨단화된 현대과학의 정밀성에 비교하는 견해가 있다. 물론 혼천시계가 알려주는 시간을 오늘날 기준의 정밀성의 잣대로 비교하는 것은 옳지 않은 일이다. 하지만 유물에 대한 이해가 비교적 낮은 일반인들이나 일선 현장에서 교육을 담당하고 있는 박물관이나 과학관 등에서도 이러한 정

---

6) 황극에서 황도로 내린 선으로 황도권와 수직이다.

7) 이용삼·김상혁·남문현, "남병철의 혼천의 연구 I", 『Journal of the Korean Astronomical Society』 34(2001), 54쪽; 중국의 경우 17세기에 청으로 들어온 서양선교사들에 의해서 황도좌표계를 측정할 수 있는 황도경위의를 제작함.

8) 남병철은 재극권의 창안으로 극축을 재극권에 삽입하는 방법으로 변환시켜 사용하였는데, 사유권의 극축을 재극권의 천정극공에 삽입하면 지평경위도를 측정하였고, 적극공에 삽입하면 적도경위도를, 황극공에 삽입하면 황도경위도를 측정할 수 있었다.

밀성에 문제를 제기하는 일이 심심치 않게 벌어지곤 한다. 물론 과학관이나 박물관의 경우 더 원론적인 문제에 봉착하게 된다. 그것은 다른 일반 전시품에 비해 고가의 비용을 지불한 과학유물에 대한 전시 효과를 높이기 위한 방안이라든지 유물의 유지 관리적 측면에서 해결해야 할 적지 않은 문제들이 남겨져 있기 때문이다. 아무리 과학적 의의와 역사적 가치가 뛰어난 유물이라고 할지라도 이러한 원론적인 문제의 해결 없이 대중적이고 공개적인 전시물로 나오기에는 어려움이 따른다.

우선 과학유물의 사용과 활용은 조선시대 일반 백성들이 주체가 아니었음을 상기할 필요가 있다.9) 혼천시계도 과학기술적 소양을 갖춘 전문가 출신들이 기기의 운영과 관리를 맡아왔다. 현재의 박물관이나 과학관에서 이러한 운영과 관리 능력을 갖춘 인력확보가 잘 이루어지고 있는지에 대해서는 회의적이라고 할 수 있다. 더구나 일반 관람자들이 한 두 번의 관람만으로 이러한 과학유물의 과학적 원리와 기능, 사용법까지 익힌다는 것은 많은 어려움이 뒤따른다. 여기서는 혼천시계 복원유물에 표시판이나 별도의 장치를 고안함으로써 효과적인 교육이 가능한 저비용의 전시기법을 중심으로 소개하고자 한다.

혼천시계의 경우 천체운행시스템인 태양과 달의 전체 메커니즘 모두 이해하기란 매우 어려운 일이다. 그런데 혼천의의 태양과 달의 위상을 보고 날짜와 시간을 쉽게 알 수 있는 방법은 없는 것일까? 태양이 황도상에서 1년 동안 움직이는 황도단환의 경우 24기가 한자로만 표기되어 있어 이것을 읽어내는 데에도 어려움이 따른다. 하지만 24기 글자를 오늘날 달력의 표현으로 바꾸어주면 쉽게 읽을 수 있다. 예를 들어 춘분의 경우 3월 21일경, 청명의 경우 4월 5일경, 곡우는 4월 20일경 등의 날짜로 환산해 주면 된다. 이때 복원한 유물에 새겨진 글자를 훼손하지 않고, 시스템 운영상 지장이 없는 범위에서 날짜판을 붙이거나 표기하는 방법을 사용하도록 한다.

그리고 태양의 하루 중 위치는 현재시간을 나타내는 자료가 되는데, 다른 해시계처럼 백각환(백각눈금)이 없으므로 혼천의의 천위적단환면에 24시간제를 나타

---

9) 과학유물의 운영주체와 관리주체를 의미한 것이며, 과학유물의 쓰임은 백성들의 삶과 밀접한 관련이 있었다.

내 주는 시간표시판을 붙이거나 표기해줌으로써 간단히 시간을 알 수 있다. 하지만 이 시간은 대략적인 시간의 정보만 제공할 뿐이다.

음력의 경우 달과 지구와 태양의 상대적인 위치에 따라 음력 날짜가 정해지게 된다. 물론 월령을 보고도 알 수 있지만 전문가가 아니라면 월령 1일째의 모습과 월령 2일째의 모습을 구분하기 힘들다. 이 경우에 달운행장치의 핀기어와 연동할 수 있는 별도의 장치를 만들어 주면 된다. 물론 자체 중량은 아주 작아야 한다. 이 장치에 아라비아 숫자로 1부터 29.5까지 매겨 음력 날짜를 쉽게 읽을 수 있도록 해준다.

다른 방법으로는 달 모양 크기의 반구형 투명구를 이용한다. 투명 반구의 윗부분은 월령 1일부터 15일까지 선으로 긋고, 아랫부분은 16일부터 29.5일까지 선을 긋는다. 이때 달의 흰색과 검은색의 경계면을 투명 반구에 그려진 음력 날짜선과 비교하여 당일의 음력 날짜를 알 수 있다. 이제 경계면의 진행이 보름(월령 15일경)을 향해가는 것인지, 그믐(월령 29.5일경)을 향해가는 것인지만 숙지하고 있으면 된다.

혼천시계의 실제적 시간을 알아보는 장치인 시간알림 창에는 96각법에 따른 시각눈금이 붙어 있다. 이를 현대의 시간표시를 함께 그려 넣은 혼용시각눈금을 제작하도록 한다. 오늘날의 24시간에 해당하는 시·분 시간과 조선 후기의 96각 12시법을 대응시켜본다. 이 중에서 혼천시계 시간알림 창에 장치되는 오늘날의 2시간의 범위만 떼어내어 부착해주면 옛날의 시간과 오늘날의 시간 모두를 알 수 있다.

교육적 활용을 위한 저가용 전시기법 말고 전시영상 매체인 프로젝션 TV나 키오스크(kiosk)[10]를 활용하여 더 효과적인 교육을 시행할 수 있다. 하지만 영상자료를 일방적으로 전달하는 TV형 모니터보다 키오스크를 설치하면 더욱 효과적이라고 할 수 있다. 키오스크는 터치스크린 방식으로 운영되는 검색기능을 갖고 있다. 그러므로 혼천시계의 과학적 원리를 탐구주제에 따라 세부 항목으로 나누어 살펴볼 수도 있고, 정보 및 자료를 검색할 수 있게 해준다. 이러한 전시매체를 활

---

10) 키오스크(kiosk)는 정부기관이나 지방자치단체, 은행, 백화점, 전시장 등 공공장소에 설치된 무인 정보단말기로 각종 행정절차나 상품정보, 시설물의 이용방법 등을 제공한다. 터치스크린과 사운드·그래픽·통신카드 등 첨단 멀티미디어기기를 활용하여 음성서비스, 동화상 구현 등 이용자에게 효율적인 정보를 제공하는 무인 종합정보안내시스템이다.

용한 과학유물의 복원전시는 복원유물의 소장가치를 높이고, 차별화된 전시 정책으로 다른 기관과의 경쟁력 확보에도 유리한 입지를 갖추게 될 것이다.

제2장 혼천시계의 운영과 관리

혼천시계의 전시는 반드시 항온항습이 가능한 전시공간이어야 한다. 이는 혼천시계의 시보장치가 나무로 만들어진 틀 안에 고정되었기 때문이다. 그리고 혼천시계는 여러 기어들의 조합과 탈진기와 진자장치, 혼천의의 천체운행시스템을 갖춘 정밀기계장치에 해당하므로 이에 대한 운영과 관리는 세부지침에 따라야 한다. 또한 혼천시계를 실제 운영하기 위해서는 관리자가 시간을 맞추고, 천체의 위치를 맞추어야하는 일련의 기계적 조작을 해야 한다.

혼천시계 시간 맞추는 방법을 알기 쉽게 요약하여 <표 2>에 정리하였고, <표 3>에 시간에 따른 타종시간표를 제시하였다. 혼천시계의 시간 맞추기는 혼천의와 시계장치로 구분할 수 있다. 혼천의에서는 태양의 위치와 달의 위상과 위치로 천체들의 시간을 맞춘다. 시계장치는 12지 시패장치와 타종수기어의 위치를 확인하여 시패 시간과 타종 시간을 맞춘다. 시간 맞추기에 앞서 동력 추를 제거하고, 시간 맞추기가 끝나면 동력 추를 걸어준다. 이제 시간 맞추는 방법과 주의사항에 대하여 자세히 살펴보도록 하자.

표 2. 혼천시계 시간 맞추기

혼천시계 동력차단
1. 시간지속장치(주동력)와 타종장치의 추를 안전하게 제거.
2. 시간지속장치와 연결된 시간지시장치와 혼천의의 연결 기어를 분리.
－시간지시장치 회전축의 핀 제거
－혼천의 동력축의 핀 제거

혼천시계 시간 맞추기
[혼천의 부분]
1. 혼천시계의 태양 위치를 맞춤.
－1년 중 황도상의 태양 위치
 ・태양과 실을 잡아당겨 현재의 24기(12절기나 12중기)를 맞춤
－하루 중 현재 태양의 위치
 ・『역서』를 보고 남중시간에서 시간각으로 계산(15도/1h 운행)
 ・시간지속장치를 수동으로 운행하여 태양 위치를 맞춤

2. 달의 위치와 모양 맞추기.
－달과 지구, 태양의 상대적 위치(달과 태양의 평균 이각을 맞춤)
 ・합삭(●)－0°, 상현(◑)－90°, 보름(○)－180°, 하현(◐)－270°
－『역서』를 보고 달 모양 맞춤(6－핀기어 조정)
 ・●: 합삭, ◑: 상현, ○: 보름, ◐: 하현

[시계장치 부분]
3. 시간지시장치의 시패회전 축을 움직여 현재시간에 맞춤.
4. 구슬신호발생장치에 쇠구슬 장착.
－이때 시간지시장치와 구슬신호발생장치를 충분히 가동한 후 장착
 ・동력발생 2시간 이후에 장착
 ・구슬신호발생장치와 시간지시장치의 불일치로 기계적 손상에 유의
－쇠구슬은 4개를 장착하여 매시간 타종신호를 보내도록 함
5. 타종장치의 타종수기어의 위치(시간)를 맞춤.
6. 분리한 핀을 장착하고 동력 추와 타종 추를 걸어 운행.

표 3. 타종시간표

시 간[11]		타종횟수	시 간		타종횟수
자시(子時) 23시~01시	자초 초각 23시 00분	9	**오시(午時)** 11시~13시	오초 초각 11시 00분	9
	자정 초각 24시 00분	1		오정 초각 12시 00분	1
축시(丑時) 01시~03시	축초 초각 01시 00분	8	**미시(未時)** 13시~15시	미초 초각 13시 00분	8
	축정 초각 02시 00분	1		미정 초각 14시 00분	1
인시(寅時) 03시~05시	인초 초각 03시 00분	7	**신시(申時)** 15시~17시	신초 초각 15시 00분	7
	인정 초각 04시 00분	1		신정 초각 16시 00분	1

---

11) 조선시대의 시각은 interval의 개념임. 매 시의 초와 정의 초각은 00분~15분에 해당함. 여기에서는 타격시점을 기술한 것이므

묘시(卯時) 05시~07시	묘초 초각 05시 00분	6	유시(酉時) 17시~19시	유초 초각 17시 00분	6
	묘정 초각 06시 00분	1		유정 초각 18시 00분	1
진시(辰時) 07시~09시	진초 초각 07시 00분	5	술시(戌時) 19시~21시	술초 초각 19시 00분	5
	진정 초각 08시 00분	1		술초 초각 20시 00분	1
사시(巳時) 09시~11시	사초 초각 09시 00분	4	해시(亥時) 21시~23시	해초 초각 21시 00분	4
	사정 초각 10시 00분	1		해초 정각 22시 00분	1

※ 조선에서 매시(時)는 오늘날의 2시간에 해당. 매 시의 정각에도 1회 타종하여 종소리를 울리게 함.
※ 타종수=타종수기어의 톱니 수.
※ 타종기어의 위치는 앞으로 타종할 시간이므로, 만일 사시의 사초(巳初) 초각(初刻)에 타종을 울리게 하려면 사초 초각에 해당하는 톱니위치에서 1톱니를 덜 진행시켜 놓는다(구슬주걱을 수동으로 조작하여 타종수기어를 회전시킴).

우선 혼천시계의 동력을 안전하게 제거해야 한다. 그리고 시간지속장치와 연결된 시간지시장치의 회전축과 혼천의로 연결된 동력축의 핀을 제거하도록 한다. 이제 혼천의의 태양장치를 움직여 24기 중 어디에 해당하는지를 위치시키고, 하루 중 현재시간에 맞는 태양 위치가 어디에 있는지를 맞추어야 한다. 1년 중 태양 위치는 태양운행장치의 실을 조금씩 조정하면서 위치를 정해주게 되는데, 실이 너무 느슨하거나 팽팽하지 않도록 주의해야 한다.

하루 중 태양 위치는 삼신의를 회전시켜 해당시간에 맞도록 위치시키는데, 현재시간은 매 시간 단위로 맞추는 것이 편리하다. 예를 들어 현재시간이 오전 9시면 자오선(천경흑쌍환)에서 동쪽으로 45° 지점에 놓고, 오전 10시면 자오선에서 동쪽으로 30° 지점에 놓는다. 그리고 현재시간이 오전 11시면 자오선에서 동쪽으로 15° 지점에 놓고, 12시 정각이라면 자오선에 태양이 오도록 맞추면 된다.

음력 날짜를 맞추기 위해서 달운행장치와 월운환을 함께 이끌어 달과 태양의 상대적인 위치에 오도록 맞춘다. 달과 지구, 태양의 상대적 위치를 맞추기 위해서 태양과 달의 평균 이각을 맞추어야 한다. 예를 들어 합삭(●)인 경우에는 0°, 상현(◖)인 경우에는 90°, 보름(○)인 경우에는 180°, 하현(◗)인 경우에는 270°에 오도

로 초각은 오늘날의 매시 00분으로 나타내었다.

록 맞추어 준다. 이후 해당 일에 대한 달의 위상을 맞추기 위해서 6-핀기어를 수동으로 조작하여 음력 날짜를 맞춘다.

태양이 하루 중 어느 위치에 있어야 하는지와 달과 지구의 상대적 위치가 어디쯤 될 것인가는 높은 천문학적 지식을 겸비해야 하는 것은 아니다. 하지만 앞서 기술한 천체운행에 대한 메커니즘을 완전히 숙지하지 않고서는 정확한 천체들의 위치들을 맞춘다는 것은 무척 어려운 일이 될 수 있다. 태양과 달에 대한 위치 정보는 한국천문연구원에서 매년 발행되는『역서』를 활용해야 한다.12) 조선시대에도 이러한 천문역서를 사용하여 천체의 위치나 일월식에 대한 정보를 얻었다.

시계장치에 해당하는 기어장치는 모든 기어들이 맞물려 있게 되므로 우선 진자장치를 탈진기로부터 강제적으로 이탈시켜야 한다. 여기서 말하는 강제 이탈은 진자장치를 탈진장치의 기어와 맞물리지 않도록 진자장치를 붙들고 있거나 운동 방향으로 90도 이상 회전시켜 고정하는 것을 말한다. 이제 본격적으로 시계장치의 시간을 맞추면 된다.

시간지시장치의 시패를 현재시간에 오도록 위치시킨다. 이때 구슬신호발생장치도 함께 운행되므로 구슬이 장착되어 있는 것을 모두 제거해주어야 한다. 시패장치를 맞춘 후 타종장치의 타종수기어를 수동으로 조절하여 해당 시간에 종이 울리도록 맞추어 놓는다. 타종신호는 구슬이 있어야 가능하지만 타종수기어의 조정은 운행 중에도 얼마든지 가능하다. 그리고 다시 구슬을 장치하려면 기계적 맞물림이나 기기의 오작동을 고려하여 동력을 공급한 후 2시간 이후에 넣어주는 것이 좋다.

혼천시계의 시간 맞추기가 끝나면 시간지속장치의 주동력 추를 걸고, 진자장치를 흔들어 혼천시계를 운행시킨다. 그리고 타종장치의 추도 걸어 매 시간마다 종이 울릴 수 있도록 해준다. 이것으로 혼천시계의 시간 맞추는 모든 작업과 절차는 끝나게 된다.

혼천시계의 일상적인 운영이나 점검 사항으로 시간지속장치의 추를 하루에 2회,

---

12) 한국천문연구원이 매년 발행하는『역서』에는 국민 생활에 필요한 해당 연도의 일력자료와 천문관측에 필요한 기본 자료 및 기타 참고자료를 수록하고 있다. 일력자료에는 일출몰과 월출몰 시각, 일남중 시각과 월남중 시각, 월령, 시민박명시간, 망해, 천문 박명 시간, 태양의 고도, 태양의 방위각 자료가 나와 있다.

타종장치의 추를 하루에 1회 올려주어야 한다. 그리고 현재시간(시간지시장치의 시패)의 확인, 구슬신호발생장치의 구슬 상태확인, 하루 중 태양운행과 1년 중 황도상 태양 위치 점검, 달의 위치와 모양(위상)을 점검하도록 한다. 그리고 동력기어와 타종기어 등의 기계장치에 이물질이 끼지 않도록 수시로 닦아주어야 한다.

장기적인 점검사항으로는 진자장치와 탈진장치 같은 민감한 부분을 세심하게 점검한다. 특히 왕관형기어를 받치고 있는 판스프링장치의 탄성력 상태와 나사의 풀림을 주의 깊게 점검하도록 한다. 또한 왕관형기어의 톱니의 마모상태도 점검하도록 한다. 마지막으로 태양운행장치는 1년에 한 번씩 처음 시작점인 하지 위치로 끌어놓는 것도 잊지 말아야 한다.

부록 2. 기계시계 관련문헌

Anthony F. Aveni, *Ancient Astronomers*(Smithsonian, 1993).

Arnold Pacey, *Technology in World Civilization: A Thousand-Year History*(The MIT Press, Reprint edition, 1991).

Baillie, C. H., *Clock and Watches: An Historical Bibliography*(London, 1951).

Beeson, Cyrill Frederick Charrington, *English church clock, 1280~1850: their history and classification* (Antiquarian Horological Soc., 1971).

Carlene E. Stephens, Smithsonian Institution, *On Time: How America Has Learned to Live Life by the Clock*(Bulfinch, 1st edition, 2002).

Christiaan Huygens, Richard J. Blackwell(Translator), *Christiaan Huygens' the Pendulum Clock or Geometrical Demonstrations Concerning the Motion of Pendula As Applied to Clocks* (Iowa State Pr, 1986).

Combridge, John H., "Astronomical clock towers of Chang Ssu-hsin and his Successors A.D. 976 to 1126," *Antiquarian Horology,* June(1975), pp.288~301.

Derek Roberts, *English Precision Pendulum Clocks*(Schiffer Publishing, 2003).

Derek Roberts, *Precision Pendulum Clocks: France, Germany, America, and Recent Advancements* (Schiffer Publishing, 2004).

Derek Roberts, *Precision Pendulum Clocks: The Quest for Accurate Timekeeping*(Schiffer Publishing, 2003).

Donald Cardwell, Wheels, Clocks, and Rockets: A History of Technology(W. W. Norton & Company, 2001).

Edmund Beckett Denison, *A Rudimentary Treatise on Clock and Watch Making: With a Chapter on Church Clocks; and an Account of the Proceedings respecting the Great Westminster Clock. With Numerous Drawings*(John Weale, 1850).

Edward J. Wood., *Curiosities of Clocks and Watches from the Earltest Times* (Richard Bentley, 1866).

Eric Bruton, *The History of Clocks & Watches*(Chartwell Books, 2004).

Eric Smith, *Clocks: Their Working and Maintenance* (David & Charles, 1979).

Gazeley, W. J., *Watch and Clock Making and Repairing*(Robert Hale Limited, 1997).

Jo Ellen Barnett, *Time's Pendulum: The Quest to Capture Time-From Sundials to Atomic Clocks* (Plenum Publishing Corporation, 1998).

Joseph Needham, Wang Ling, Derek J. Price, "Chinese Astronomical Clockwork," *Nature* 177, pp.600~602.

Kenneth Ullyett, *British Clocks and Clock Makers*(London, Collins, 1947).

Mody, N. H. N., *Japanese Clock*, 2nd ed. Rutland, Vermont, and Tokyo, 1967.

O. Neugebauer, *The Exact Sciences in Antiquity*(Barnes & Noble, 2nd ed edition, 1993).

Plomp, R., *Spring−driven Dutch pendulum clocks 1657~1710*(Interbook International, 1979).

Price, D. J., "Clockwork before the Clock," *Horological Journal,* 97(1955), p.810; 98(1956), p.31.

Price, D. J., "The Prehistory of the clock," Discovery, 17(1956), p.153.

Sigvard. Strandh, The History of The Machine(Bracken, 1989).

Smith, A. G., *What Time Is It*(Stoddart Kids, 1992).

Thomas Reid, *Treatise on Clock and Watch Making, Theoretical and Practical*(Carey & Lea, 1832).

菊池俊彦, 『図譜 江戸時代の技術 上・下』(恒和出版, 1988).

東京科學博物館, 『江戸時代の科學』(博文館, 1934).

澤田平, 『和時計―江戸のハイテク技術』(淡交社, 1996).

陆敬嚴・華党明, 『中國科學技術史: 机械卷』(科學出版社, 2000).

ジャック・アタリ 著, 蔵持不三也 訳, 『時間の歴史』(原書房, 1989).

긴상혁 ──────────

충북대학교 천문우주학과 졸업. 충북대학교 천문우주학과 대학원에서 「의기집설의 혼천의 연구」로 석사를 받은 후, 중앙대학교 과학문화학과에서 「송이영 혼천시계의 작동 메커니즘에 대한 연구」로 박사를 받았다. 중앙대·한양대·충북대·명지대·세종대·한국전통문화대학교에서 과학사 및 고천문학 분야의 강의를 진행했다. 국립문화재연구소와 충북대학교에서 Post-Doctor 연구원을 지냈고, 문화재청 일반동산문화재 과학기술분야 감정위원을 역임했다. 현재 한국천문연구원에서 과학문화재인 천문의기 복원연구를 진행하고 있다. 대표적인 논문으로는 「남병철의 혼천의 연구」, 「송이영 혼천시계의 천체운행 장치 구조와 작동원리 연구」, 「동아시아 천문관서의 자동 시보와 타종장치 시스템 고찰」, 「세종시대 천문시계인 옥루의 작동 메커니즘에 대한 연구」, 「조선시대 간의대의 배치와 척도에 대한 추정」, 「조선의 8척 규표 복원」 등 다수가 있다.

초 판 인 쇄 | 2012년 7월 5일
초 판 발 행 | 2012년 7월 5일

지 은 이 | 김상혁
펴 낸 이 | 채종준
펴 낸 곳 | 한국학술정보㈜
주　 　소 | 경기도 파주시 문발동 파주출판문화정보산업단지 513-5
전　 　화 | 031) 908-3181(대표)
팩　 　스 | 031) 908-3189
홈 페 이 지 | http://ebook.kstudy.com
E - m a i l | 출판사업부 publish@kstudy.com
등　 　록 | 제일산-115호(2000. 6. 19)

ISBN　　978-89-268-3520-3 93910 (Paper Book)
　　　　　978-89-268-3521-0 95910 (e-Book)